Perspektiven jenseits der neoliberalen Hegemonie

Zur Erinnerung an Herbert Schui

Artur Brückmann / Justus Henze / Paula Herrschel
Franziska Hildebrandt / Sinah Mielich / Florian Muhl
Norman Paech / Till Petersen (Hg.)

Perspektiven jenseits der neoliberalen Hegemonie

Zur Erinnerung an Herbert Schui

PapyRossa Verlag

Mit finanzieller Unterstützung der Gesellschaft der Freunde und Förderer des Fachbereichs Sozialökonomie (vormals HWP) e. V., des Fachschaftsrats Sozialökonomie der Universität Hamburg sowie von Florian Schui.

© 2020 by PapyRossa Verlags GmbH & Co. KG, Köln
Luxemburger Str. 202, 50937 Köln
Tel.: +49 (0) 221 – 44 85 45
Fax: +49 (0) 221 – 44 43 05
E-Mail: mail@papyrossa.de
Internet: www.papyrossa.de

Alle Rechte vorbehalten

Umschlag: Verlag
Coverabb.: Wiebke Boltes
Druck: Interpress

Die Deutsche Nationalbibliothek verzeichnet diese Publikation in der Deutschen Nationalbibliografie; detaillierte bibliografische Daten sind im Internet über http://dnb.d-nb.de abrufbar

ISBN 978-3-89438-735-8

Inhalt

Einleitung 9

***

WO STEHEN WIR?
Eine sozialökonomische und politische Bestandsaufnahme

Lucas Zeise
Über die zu beendende Herrschaft des Neoliberalismus 18

Klaus Ernst
»Der Kampf ums Teewasser« 30

***

»DER SOZIALSTAAT WAR UND IST FINANZIERBAR«
Zum Verhältnis von Kapitalismus und Demokratie

Werner Goldschmidt
Kritik des Neoliberalismus als politisch-sozialökonomisches Gesamtkonzept und eine Gegenperspektive 40

Artur Brückmann / Paula Herrschel / Franziska Hildebrandt
Wir leben unter unseren Verhältnissen!
Mit Keynes und Marx zur Humanisierung der Gesellschaft 55

Rudolf Hickel
Europäische Zentralbank im Minuszinskapitalismus
Geldpolitik durch den Abbau des Übersparens mit aktiver
Finanzpolitik und Vermögensdekonzentration komplettieren 72

Wolfgang Räschke
Thesen für eine offensive Gewerkschaftspolitik
8 Thesen zu den Aufgaben einer
offensiven Gewerkschaftspolitik in der IG Metall 87

Norman Paech
Die Militarisierung der EU 104

***

»WOLLT IHR DEN TOTALEN MARKT?«
Wirksam gegen Rechts handeln

»Politischer Einfluss wird genutzt, um Profite zu sichern«
Gespräch mit Stephanie Blankenburg 114

Kristian Glaser / Sinah Mielich / Florian Muhl
Zum Verhältnis von neoliberalem Kapitalismus
und der extremen Rechten am Beispiel der AfD 121

Patrick Schreiner
Vom Irrationalismus des Marktes
zum Irrationalismus des Lebens im Neoliberalismus 134

***

WISSENSCHAFT IN
GESELLSCHAFTLICHER VERANTWORTUNG

Rainer Volkmann
Gedanken zu einer verantwortungsvollen Wissenschaft 148

Torsten Bultmann
Cui bono? 161

Olaf Walther
**»Ja, ich glaube an die sanfte Gewalt
der Vernunft über die Menschen«** 166

✻✻✻

Fazit
Für eine Perspektive jenseits der neoliberalen Hegemonie 187

✻✻✻

Zu den Autor*innen und Herausgeber*innen 195

Veröffentlichungen von Herbert Schui
Eine Auswahl 200

Einleitung

»*Alle Verhältnisse umzuwerfen, in denen der Mensch ein erniedrigtes, ein geknechtetes, ein verlassenes, ein verächtliches Wesen ist*« – Perspektive nach der neoliberalen Hegemonie | Unter dieser Maxime fand das Symposium in memoriam Herbert Schui vom 24. bis 26. November 2017 im Fachbereich Sozialökonomie der Universität Hamburg statt. Eingeladen hatten der Fachschaftsrat Sozialökonomie und der Fachschaftsrat Erziehungswissenschaft der Uni Hamburg, Ute und Florian Schui sowie Norman Paech. Aus dem gesamten Bundesgebiet kamen zahlreiche Teilnehmer*innen zusammen, um gemeinsam über die notwendige Perspektive nach der neoliberalen Hegemonie zu diskutieren, zu streiten, sich auszutauschen und kennenzulernen. Alle sind als Mitstreiter*innen, Freund*innen, Kolleg*innen, Genoss*innen, ehemalige und aktuelle Student*innen, Bekannte und Interessierte mit Herbert Schui und seinem Wirken für ein gutes gemeinsames Leben verbunden. Als ein Ergebnis des Symposiums liegt dieser Tagungsband vor, mit dem die Analysen, Gedanken und Diskussionen des Symposiums für eine menschenwürdige Perspektive zusammengetragen und für Weiteres fruchtbar gemacht werden sollen.

Das Symposium fand statt in der tiefgreifenden und anhaltenden Krise des neoliberalen Kapitalismus, die spätestens seit der Weltwirtschaftskrise von 2007 deutlich wird. Es liegt zunehmend offen, dass dieses System unfähig dazu ist, konstruktive Antworten auf die großen sozialen und ökologischen Herausforderungen des 21. Jahrhunderts zu geben. Dies hat sich seit dem Symposium nicht nur nicht verändert, sondern vielmehr zugespitzt, wie die Ereignisse der jüngeren Vergangenheit zeigen. Ein »Weiter so« ist vor diesem Hintergrund nicht möglich. Auf dieses Dilemma des Neoliberalismus spielte auch schon der Titel des von Werner Goldschmidt u. a. herausgegebenen Sammelbands zu Herbert Schuis 60. Geburtstag an: »Neoliberalismus – Hegemonie ohne Perspektive«. Veröffentlicht im Jahr 2000, als der Neoliberalismus noch nicht so breit in Frage gestellt wurde.

Die aktuelle Krise besteht – mit Antonio Gramsci gesprochen – darin, dass das Alte stirbt und das Neue noch nicht zur Welt kommen kann. Das Alte stirbt insofern, als die Herrschenden angesichts der sozialen Zuspitzung keinen Plan haben, wie es weitergehen soll, den Widerspruch zwischen Arbeit und Kapital nicht mehr ausreichend zu befrieden vermögen und stattdessen versuchen, ihre Legitimation aggressiv-zerstörerisch zu retten. Das Neue kann zwar noch nicht zur Welt kommen, gleichzeitig ist es aber schon da – als unausgeschöpfte Möglichkeiten der menschlichen Zivilisation und in den sozialen Bewegungen zur Durchsetzung dieser, im Widerspruch zur global zunehmenden, massiven sozialen Ungleichheit.

Vor diesem Hintergrund steht es einmal mehr und neu an, diese Möglichkeiten »beim Schopfe zu greifen« (um bei dem Bild der Geburt zu bleiben) und, so wie Marx es treffend formuliert hat, »alle Verhältnisse umzuwerfen, in denen der Mensch ein erniedrigtes, ein geknechtetes, ein verlassenes, ein verächtliches Wesen ist.«

Eine neue Perspektive nach der neoliberalen Hegemonie ist von elementarer Bedeutung für eine demokratische und humane Entwicklung der Gesellschaft. Dafür müssen die Barrieren eingerissen werden, die es dem Neuen noch schwer machen. Eine dieser Barrieren, die davon abhält, gemeinsam die Geschichte in die Hand zu nehmen, ist das herrschende Menschenbild. Nach neoliberaler Manier wird spätestens seit den 90er Jahren der Bevölkerung eingeredet, die Menschen seien gesellschaftslose, einzig familiäre, unbedeutende und konkurrenzhafte Individuen. Unterwerfung unter diese Ordnung wird als Freiheit verkauft. Wer sich dem nicht reibungslos unterordnet, wird spätestens seit der Agenda 2010 mit der sozialen Vernichtung bedroht.

Der Absicherung dieser Ordnung dient auch die extreme Rechte, die auch in der Menschenbildfrage eine ideologische Allianz mit dem Neoliberalismus eingeht. Sie teilen die Ungleichheitsideologie, den konkurrenzhaften Bezug, die Installation der Kleinfamilie als Keimzelle der Gesellschaft, die Demokratiefeindlichkeit als Ausdruck ihrer Aversion gegen soziale Progression und ihre Vorliebe für das Durchsetzen des Stärkeren, kurz: Auslese und Unterwerfung als vermeintliche Natur des Menschen. Weil die Übereinstimmung mit den neoliberalen Glaubenssätzen in der Bevölkerung schwindet, wird die bröckelnde neoliberale Hegemonie mit allerlei Zwangselementen zu retten versucht.

Die These, dass der Neoliberalismus ideologisch am Ende ist, bedeutet nicht, dass die Barbarei, die von dieser Herrschaftsform ausgeht, bereits vorbei ist. Damit das Neue zur Welt kommen kann, braucht es ein egalitäres Menschenbild und die Assoziierung unter Gleichen. Das je vorhandene Menschenbild manifestiert sich in der Alltagspraxis als an Konkurrenz (wie die neoliberale Ideologie nahelegt) oder Solidarität (die den Bruch mit dieser Ideologie vertiefen kann) orientiert. Anknüpfungspunkt für nachhaltige Veränderungen ist damit die Alltagspraxis und das Bewusstsein, die sich wechselseitig bedingen.

Wenn es aktuell immer mehr Menschen richtig finden, die Austeritätspolitik sowie die »Klimakrise« zu überwinden und den Gesundheitsbereich zu kommunalisieren und zu demokratisieren, wird die soziale Spaltung und Einrede der Alternativlosigkeit zunehmend nicht mehr mitgemacht, sondern der Perspektive einer umfassend solidarischen und souveränen Gestaltung der Gesellschaft Leben eingehaucht.

Um eine Perspektive nach der neoliberalen Hegemonie zu bilden, braucht es geduldige Menschen, die sich mit dem Optimismus des Willens und dem Pessimismus des Verstandes (Gramsci) nicht einschüchtern lassen und auf Opposition zu diesen Verhältnissen und radikale Bewegung setzen.

Für diese Oppositionsperspektive steht Herbert Schui, stets hat er vertreten: Lasst uns uns nicht klein halten lassen, lasst uns vielmehr die Mythen aufklären – gewitzt und solidarisch –, die die Funktion haben, die Mehrheit der Bevölkerung in der Illusion der Ohnmächtigkeit zu halten und lasst uns die gesellschaftliche Entwicklung gemeinsam in die Hände nehmen.
Eine solche gesellschaftliche Opposition kam im November 2017 zum Beispiel zum Ausdruck im Widerstand gegen die Freihandelsabkommen TTIP und CETA, für Demokratie und gegen Austerität in Südeuropa, in der sozialen Bewegung um Bernie Sanders in den USA und in den breiten zivilgesellschaftlichen und diskursiven Protesten gegen den G20-Gipfel in Hamburg. Dagegen versuchen die Herrschenden – mit den Rechten –, ihre Pfründe zu sichern und die bestehenden Verhältnisse mit Brutalität zu verteidigen. Seitdem ist die gesellschaftliche Opposition zur Verwaltung und Verteidigung des Kapitalismus stetig gewachsen und auch die reaktionären Kräfte steigern ihre Aggressivität.

Wir befinden uns in einer Umbruchssituation. Wie diese Krise ausgeht, wie es weitergeht, dabei kommt es auf jeden und jede, auf uns alle an: in Wissenschaft, Partei, Gewerkschaft; hier, europa- und weltweit. Unsere Aufgabe ist es dabei, den Bruch mit dem neoliberalen Kapitalismus weiter voranzutreiben. Mit Herbert Schui gehen wir davon aus, dass dieser Bruch mit der neoliberal-kapitalistischen Theorie und Praxis, durch Aufklärung über ihre Mythen, durch das tätige Lernen aus der Geschichte, durch soziales und kulturelles Mündigwerden möglich ist.

Der Zielhorizont war und ist dabei eine lebenswerte Zukunft für alle Menschen, soziale Gleichheit, die Verwirklichung von Demokratie als Alltagsprinzip und eine emanzipatorische Kultur, kurz: eine menschliche Gesellschaft.

Die Hochschule für Wirtschaft und Politik
Das Symposium fand im Fachbereich Sozialökonomie der Uni Hamburg statt. Dieser Fachbereich ist der Nachfolger der Hochschule für Wirtschaft und Politik (HWP). Diese Hochschule wurde im Jahr 1948 von Gewerkschaften, Genossenschaften und der SPD als »Akademie für Gemeinwirtschaft« gegründet. Im selben Jahr wurde das »Blaue Gutachten« veröffentlicht, in dem ein Programm für den Aufbau eines demokratischen Hochschulwesens in Norddeutschland dargelegt wird. Darin heißt es: »Wir glauben, dass Hochschulbetrieb nur soweit gerechtfertigt ist, als er Dienst am Menschen bleibt. […] Menschliches Leben ist gemeinsames Leben von verantwortlichen Personen in der Welt. Nur als Teil dieses Lebens ist die Hochschule gerechtfertigt.«[1]

Für diesen Sinn waren die Bedingungen in der HWP – besonders nach der Studierendenbewegung »68« – ausdrücklich gut: hier wurde leidenschaftlich gestritten, wissenschaftlich gewerkschaftsnah und eingreifend gearbeitet, die Hochschulorganisation gehörte zu den demokratischsten der BRD, forschendes Lernen wurde im interdisziplinären Projektstudium realisiert, es gab eine vitale Kultur eigenständiger Forschung und mit der Möglichkeit des Hochschulzugangs ohne Abitur entwickelten sich zahlreiche Studierende über vorgefertigte Bahnen hinaus. Herbert Schui hat hier mit diesem Impetus als »Genosse Professor« von 1980 bis 2005 gewirkt.

Im Jahr 2005 ist diese Hochschule vom damaligen rechten Schill-Senat in die Uni Hamburg zwangsintegriert worden. Die Ideologie der »unternehmerischen Hochschule« sollte aggressiv gegen kritische Wissenschaft in die Uni

---

1 Gutachten zur Hochschulreform vom Studienausschuß für Hochschulreform (Blaues Gutachten) 1948, in: Rolf Neuhaus (Hg.), Dokumente zur Hochschulreform 1945-1959, Wiesbaden 1961, S. 289-368, hier S. 296.

gedrückt und Wissenschaft in den Dienst von Partikularinteressen gestellt werden. Auf Grundlage der politisch hergestellten Unterfinanzierung sind allerlei Konkurrenzinstrumente von Bachelor-Master-Quälerei über Dauer-Befristung bis Drittmittel-Jagd installiert worden, die Wissenschaftler*innen und die Universität insgesamt tendenziell in den Burn-out treiben. Die neoliberale Ideologie wirkt hier zusehends und zunehmend hochgradig dysfunktional.

Das Anliegen mit dem Symposium war es, mit dem Aufgreifen des Werks und Schaffens Herbert Schuis auch einen Beitrag im Sinne der im »Blauen Gutachten« vorgenommenen Zweckbestimmung von Wissenschaft zu leisten – durch den Austausch von Aktiven aus den Bereichen Wissenschaft, Gewerkschaft, Partei. Dieser Tagungsband soll Teil davon sein. Er möchte aus der Geschichte lernend die Debatte über die Analyse als auch die Überwindung der aktuellen allumfassenden Krise vorantreiben und dabei anregen und ermutigen, Teil der von Herbert Schui gelebten Opposition zu diesen Verhältnissen und damit Perspektive zu sein.

In Einheit von Lernen, Streiten, Reflektieren und Feiern hat sich das Symposium in die Auseinandersetzung für eine neue, eine humane Perspektive geworfen. Diese Einheit spiegelte sich im Programm wider mit Vorträgen, Workshops, Plenumsdiskussionen, Kulturabend und gemeinsamer Party. Der vorliegende Tagungsband will die verschiedenen Gedanken, Diskussionen und Blickwickel auf diese Auseinandersetzung zusammentragen.

Norman Paech endete seine Trauerrede bei der Beerdigung von Herbert Schui mit den Worten: »Lest den Schui, das bringt uns weiter!«[2] Dieser Aufforderung folgend ist am Ende des Bandes eine Literaturliste mit den Werken Herbert Schuis zu finden.

Zu den Beiträgen im Einzelnen:
Lucas Zeise eröffnet die sozialökonomische und politische Bestandsaufnahme mit einem Ritt durch die kurze Geschichte des Neoliberalismus als Reaktion auf eine starke Arbeiterbewegung, die unter der Bedingung des »Kalten Kriegs« die Umverteilung von unten nach oben bremste. Er arbeitet dabei die Ursachen für die 2007 ausgebrochene und auch 2019 noch keineswegs überwundene Weltwirtschaftskrise als typische Überproduktionskrise her-

---

2   Zu finden hier: http://www.die-linke-hamburg-mitte.de/fileadmin/user_upload/bv_mitte/Schui_Debattenbeitraege_Web.pdf, S. 8-12.

aus. Der Neoliberalismus sei ideologisch am Ende, jedoch polit-ökonomisch noch wirkend. Seine These dabei ist, dass die aktuelle Periode die Krise des Neoliberalismus und damit sein Ende markiert.

Klaus Ernst beleuchtet in seinem Beitrag die politökonomischen Veränderungen der letzten zwanzig Jahre und fasst diese als Prekarisierung, Deregulierung und verstärkte materielle Ungleichheit zusammen. Er vertritt die These, dass der Neoliberalismus sich nach der letzten großen Krise wieder (re)stabilisiert habe und analysiert die Schwierigkeiten der Linken, eine überzeugende Alternative zum Status quo zu formulieren. Zur Überwindung der Herrschaft des Neoliberalismus argumentiert der Autor dafür, die materielle Verbesserung der Lage der gesellschaftlich Abgehängten in den Mittelpunkt linker Politik zu stellen und dafür in Bündnisorientierung zwischen kämpferischer Gewerkschaft, sozialer Bewegung und inklusiver linker Partei zu streiten.

Werner Goldschmidt kritisiert den Neoliberalismus als politisch-sozialökonomisches Gesamtkonzept, das im Kern auf die Destruktion der Solidarität von Arbeitenden ziele. Als Perspektive nach der neoliberalen Hegemonie plädiert er für die Herausbildung einer Lebensweise als homo politicus, der sich zur rationellen Regelung der in Gemeinschaft produzierenden und lebenden Individuen in freier Kooperation zusammenschließt. Dafür geht es um rationale Aufklärung, widerständige sozial-politische Initiative der Aktivist*innen und soziale, ökologische und politische Alternativen über den Kapitalismus hinaus in einem solidarischen Bündnis der Vielen.

Artur Brückmann, Paula Herrschel und *Franziska Hildebrandt* arbeiten in ihrem Beitrag den radikalen Humanismus als Gemeinsamkeit von John Maynard Keynes und Karl Marx heraus und analysieren die aktuelle Krise mit Hilfe beider Autoren als eine der Unterkonsumtion bzw. Überakkumulation. Es bestehe Mangel im Überfluss, welcher durch zentrale Planung der Wirtschaft zu steigender Produktion, Wohlfahrt und Beschäftigung überwunden werden könne. Im Sinne der MEMO-Gruppe gehe es um die Überwindung der Unmündigkeit in wirtschaftlichen Angelegenheiten durch Umverteilung, Beschäftigungsprogramme, Arbeitszeitverkürzung, Wirtschaftsdemokratie und die Rekonstruktion von Sozialstaatlichkeit; auch als produktive Verbindung des reformerischen (Keynes) und revolutionären (Marx) Ansatzes.

Rudolf Hickel plädiert für eine Ergänzung der aktuell notwendigen, aber mit problematischen Nebenwirkungen einhergehenden expansiven Geldpolitik der EZB durch eine aktive Finanzpolitik im Gleichschritt zu monetären Impulsen. Sie sei notwendig, um das gegenwärtige Übersparen abzubauen und die anhaltende Nachfrageschwäche zu beenden. Dafür skizziert er in seinem Beitrag, wie eine Vermögensdekonzentration und eine kreditfinanzierte Investitionsoffensive konkret ausgestaltet werden können.

Wolfgang Räschke diskutiert anschließend die »Thesen zu den Aufgaben einer offensiven Gewerkschaftspolitik in der IG Metall«. Diese zielen darauf ab, die gesellschaftliche Verantwortung von Gewerkschaften für die Überwindung des Neoliberalismus hin zu einer solidarischen Gesellschaft programmatisch zu beleuchten. Ausgehend von dem Interessengegensatz von Kapital und Arbeit geht es dabei um den Kampf gegen die kapitalistischen Strukturen in den Bereichen Sozial- und Steuerpolitik, die Bündnisarbeit mit anderen Gewerkschaften, den Erhalt und den Ausbau der öffentlichen Infrastruktur auf allen Ebenen sowie den Kampf um die Gleichstellung von Frauen, um Frieden und für sozial-ökologischen Umbau, Demokratie und Selbstbestimmung.

Norman Paech beleuchtet in seinem Beitrag die Maßnahmen und Initiativen, mit denen in den vergangenen Jahrzehnten die Militarisierung der Europäischen Union – jüngst forciert durch die Permanent Structured Cooperation (PESCO) – und ihrer »Entwicklungsfonds« vorangetrieben wurde. Er stellt fest, dass diese Entwicklung mit dem vielbeschworenen »Friedensprojekt Europa« nicht viel zu tun hat.

Stephanie Blankenburg analysiert im Gespräch mit Simon Zeise die Rückkehr des Rentiers in Form großer institutioneller Anleger als dynamisierte Konzentration des globalen Kapitals infolge der Privatisierungsprogramme der 1990er Jahre. Sie lenkt den Blick auf den Zusammenhang von politischer und ökonomischer (Markt)Macht sowie Verschuldung und skizziert vor dem Hintergrund der Ergebnisse des »Trade and Development Reports 2017« der Welthandels- und Entwicklungskonferenz der Vereinten Nationen (UNCTAD) zu ergreifenden Gegenmaßnahmen für progressive Politik.

Um genauer zu verstehen, warum die extreme Rechte in der Krise des Neoliberalismus erstarkt, beziehen sich *Kristian Glaser*, *Sinah Mielich* und *Florian Muhl* auf die von Herbert Schui herausgearbeitete programmatische Verbindung zwischen Neoliberalismus und extremer Rechten und zeigen auf, inwiefern die AfD ein Bindeglied zwischen Heimat, Nation und Volksgemeinschaft sowie Markt, Wettbewerb und Selektion darstellt. Abschließend diskutieren sie Perspektiven und Praxis einer wissenschaftlichen und politischen Gegnerschaft.

Patrick Schreiner arbeitet in seinem Beitrag heraus, dass es sich beim Neoliberalismus nicht nur um Wirtschafts- und Sozialpolitik, soziale Ungleichheit und Marktextremismus handelt, sondern dass dieser einhergeht mit einem Bild von Mensch und Gesellschaft, welches das Denken und Handeln der Menschen noch im banalsten Alltag prägt. Er zeigt dies am Beispiel bestimmter Ratgeber-Literatur auf und geht der Frage nach, warum Menschen sowas mitmachen.

Rainer Volkmann geht auf die Suche nach verschiedenen Elementen gesellschaftlich verantwortlicher Wissenschaft. Dafür untersucht er die (eigene) Geschichte der Hochschule für Wirtschaft und Politik, das Memorandum Alternative Wirtschaftspolitik sowie das Politische der Volkswirtschaftslehre. Letztere habe demnach den historischen Entwicklungsprozess der Gesellschaft zu begleiten, das historische Auftreten und die Notwendigkeit volkswirtschaftlicher Theorien begreifbar zu machen, die darin abgebildeten Interessen zu klären und sich an der Entwicklung einer sozialen Perspektive zu beteiligen.

Torsten Bultmann argumentiert anschließend, dass Wissenschaft gegenüber der Gesellschaft eine kritisch auf Veränderung gerichtete Rolle spielen sollte und beleuchtet dabei das Spannungsverhältnis von wissenschaftlicher Erkenntnis und demokratischer Beteiligung. Ausgehend von dem seit Mitte der 90er Jahre in der Hochschullandschaft dominierenden Leitbild der »unternehmerischen Hochschule« bezieht er sich auf die damit verbundene Wettbewerbsideologie (inklusive Exzellenzbereichen) und stellt dieser Praxis den Kampf um die notwendige Grundfinanzierung zur Ermöglichung demokratischer Wissenschaft gegenüber.

In dem Beitrag von *Olaf Walther* sind unter dem Bertolt Brechts »Leben des Galilei« entlehnten Motto »Ja, ich glaube an die sanfte Gewalt der Vernunft über die Menschen« die Beiträge der Lesung dokumentiert, die er im Rahmen des Kulturabends gegen Intellektuellenfeindlichkeit auf dem Symposium vorgetragen hat. Im Kontrast zu Helmut Schmidt und Olaf Scholz kommen u. a. Kurt Tucholsky, Johann Wolfgang von Goethe, Heinrich Heine und Carl von Ossietzky zu Wort. Der Beitrag schließt mit einem lyrischen Plädoyer für Internationalismus, Gerechtigkeit und Frieden.

Den Sammelband beschließt ein Fazit der Herausgeber*innen sowie eine Literaturliste, in der eine Auswahl von Veröffentlichungen Herbert Schuis zum Weiterlesen und Vertiefen zu finden ist.

Wo stehen wir?
Eine sozialökonomische und politische Bestandsaufnahme

Lucas Zeise

Über die zu beendende Herrschaft des Neoliberalismus

Die Hegemonie des Neoliberalismus ist real noch nicht beseitigt, aber ideologisch ist der Neoliberalismus sehr wohl am Ende. Selbst bis in die Spitzen der Regierung und der sie beratenden ›Think Tanks‹ hinein wird nicht mehr das Heil schlechthin von Privatisierungen erwartet. (Sie werden natürlich weiter vorangetrieben, weil das große Geld dringend Anlage sucht.) Wirtschaftsminister Altmaiers Neuentdeckung der staatlich nicht nur geförderter Großkonzerne, sondern auch einer stärkeren Koordinierung ihrer Investitionen und Übernahmetätigkeit zeigt, dass das neoliberale Vertrauen in die Kräfte des Marktes, also der jeweils stärksten Akteure stark gelitten hat. Der für den Neoliberalismus so wichtige Kernsatz der Freiheit des Kapitalverkehrs wird nun ganz offiziell in Zweifel gezogen. Wenn die Chinesen kommen, gilt er jedenfalls nicht. Nur ist das bisher nicht mehr als ein Versuch, die auch bisher schon opportunistische Politik zugunsten der deutschen Kapitalisten mit dem Anschein einer systematischen und vorausschauenden Wirtschaftspolitik zu versehen. Real herrscht die Politik des Neoliberalismus weiter. Kurz gefasst ist das der Hauptgrund, weshalb die Weltwirtschaftskrise, die 2007 als Finanzkrise begann, immer noch andauert.

Was ist dieser Neoliberalismus überhaupt? Ideologisch ist er, wie der Name sagt, eine Spielart oder Erneuerung des Liberalismus, also der Überzeugung, dass eine Volkswirtschaft dann am besten gedeiht, wenn sie den ökonomisch Handelnden, also dem freien Spiel des Marktes selbst überlassen bleibt. Im ursprünglichen Liberalismus ist diese Forderung nach freiem Warenhandel noch gegen die Privilegien des Adels und die Willkür der Fürsten gerichtet. Im Neoliberalismus richten sich die Forderungen gegen die Eingriffe des Staates, vor allem aber gegen die Selbstorganisation der Arbeiterklasse, die nicht auf dem Markt entsteht, sondern auf der Grundlage gemeinsamer Interessen die Konkurrenz der Anbieter der Ware Arbeitskraft auf dem Arbeitsmarkt wenigstens gelegentlich aufhebt. Der Neoliberalismus ist damit auch eine Reaktion auf die Herausbildung des staatlich durchorganisierten Kapitalismus in der ersten Hälfte des 20. Jahrhunderts, der in der marxistischen Diskussion als ›Staatsmonopolistischer Kapitalismus‹, kurz ›Stamokap‹, bezeichnet wird. Als Stammvater des Neoliberalismus kann Friedrich August von Hayek gelten, der in seinem Buch »Der Weg zur Knechtschaft« (1945) jede staatliche Regulierung als Beschneidung der Freiheit der Unternehmer und damit als Sozialismus (= Knechtschaft) ansah.

Am besten ist der Neoliberalismus zu verstehen, wenn man sich den Kern der Ideologie ansieht. Der besteht in dem einfachen Ziel, die Profite des im jeweiligen Lande heimischen Kapitals auf dem direktest möglichen Weg zu steigern. Es geht dabei vor allem darum, die Kosten für die Unternehmen zu senken. Wichtigster Kostenpunkt ist der Lohn der Arbeitskraft. Ihn gilt es zu drücken oder, marxistisch gesprochen, die Mehrwertrate zu erhöhen. Ronald Reagan in den USA und Margaret Thatcher in Britannien sind mit dem Programm angetreten, die Macht der Gewerkschaften zu brechen. Sie haben dieses Programm auch radikal und brutal durchgesetzt. Dies geschah durch gewerkschaftsfeindliche Gesetzgebung, durch provozierte Konflikte, den Einsatz der Medien, der Polizei und der Gerichte. Wichtigstes Werkzeug jedoch waren tiefe Rezessionen in beiden Ländern. In Wirtschaftskrisen steigt die Arbeitslosigkeit. Die Konkurrenz zwischen den Lohnabhängigen steigt mit der Angst um den Arbeitsplatz. Streiks oder andere Aktionen um höhere Löhne oder bessere Arbeitsbedingungen werden sehr schwierig.

Der zweitwichtigste Kostenblock für Kapitalisten sind Steuern und Abgaben an den Staat oder vom Staat betriebene Sozialeinrichtungen wie das Renten- und Gesundheitssystem. Deshalb vor allem ist eine Kernforderung des Neoliberalismus der ›schlanke Staat‹, der die Unternehmer möglichst wenig kostet. Ein neoliberal organisierter Staat gibt wenig Geld aus für Infrastruktur, Bildung und Soziales. Auch Subventionen an Unternehmen gelten als schlecht. Nur Ausgaben für Rüstung, Militär, Polizei, Gerichte und Gefängnisse gelten als tolerierbar. Am meisten schätzen Neoliberale die Privatisierung von Staatseigentum. Hier verbindet sich der Wunsch nach einem schlanken Staat mit Lohndruck und Gewerkschaftsentmachtung, die bei einem Wechsel zu privaten Eigentümern regelmäßig die Folge sind.

Die Freiheit des Kapitalverkehrs

In Darstellung und Realität hat die möglichst hohe Profitabilität des jeweils heimischen Kapitals den zusätzlichen Zweck, Kapital in dieses neoliberale Heimatland zu locken. Liberale und Neoliberale sind, obwohl sie für den Abbau nationaler Grenzen und Schranken eintreten, sonderbarerweise meist immer auch glühende Nationalisten. Wenn in einem Land besonders hohe Profite möglich sind, strebt das Kapital dahin, um am Gewinnboom teilzunehmen. Voraussetzung ist allerdings, dass der Kapitalverkehr keinen Beschränkungen unterliegt. Der nach allen Seiten hin offene Kapitalmarkt ist im ökonomischen Weltbild der Neoliberalen und ganz im Einklang mit dem Funktionieren des Kapitalismus der freien Konkurrenz daher die ordnende und entscheidende zentrale Instanz. Der Kapitalmarkt entscheidet im Wettbewerb der Kapitalisten untereinander und ebenfalls im hehren Wettbewerb der Nationen um die Gunst des Kapitals.

Der in den 70er Jahren des vorigen Jahrhunderts zur herrschenden Weltwirtschaftspolitik gewordene Neoliberalismus löste eine andere Phase der Regulierung des Weltkapitalismus ab. Dieses Vorgängermodell war wirtschaftspolitisch vom Keynesianismus geprägt, es orientierte auf eine teilweise Befriedung der Arbeiterklasse, es setzte stärker als je zuvor staatliche Mittel zur Stärkung der jeweils nationalen Kapitalakkumulation ein. Es wird von manchen wegen der in großen Industriebetrieben mit langen Fertigungsstraßen gewonnenen größeren Arbeitsproduktivität auch als ›Fordismus‹ bezeichnet. Treffender scheint der Ausdruck ›Periode des Klassenkompromisses‹ zu sein. Er widerspiegelt die damalige Bereitschaft der herrschenden Klassen, angesichts der Stärke der Arbeiterbewegung und der Existenz eines sozialistischen Lagers, die niederen Schichten der Gesellschaft am von ihnen geschaffenen Reichtum etwas teilhaben zu lassen und das Konkurrenzverhalten der kapitalistischen Staaten gegeneinander etwas einzudämmen. Die Beschränkung der interimperialistischen Konkurrenz wurde ganz wesentlich durch das von John Maynard Keynes inspirierte Abkommen von Bretton Woods (1944) erreicht. Es sah feste Wechselkurse zwischen den Währungen der kapitalistischen Staaten und ihre feste Bindung an den US-Dollar vor. Im Gegensatz zum oben geschilderten neoliberalen Modell konnte hier der Kapitalmarkt international nicht unbegrenzt agieren. Das Finanzkapital war insoweit eingedämmt.

Politisch war die Periode nach dem Zweiten Weltkrieg vom Kalten Krieg bestimmt. Im kapitalistischen Lager waren die USA die unbestrittene Führungsmacht. Die Gegnerschaft zum sozialistischen Lager bestimmte in starkem Maße auch die Wirtschaftspolitik. Durch das European Recovery Program (alias Marshallplan), durch die Offenhaltung des eigenen Binnenmarktes und durch großzügige Schuldenregelung gegenüber den durch den Weltkrieg geschwächten Staaten haben die USA den wesentlichen Beitrag zum Wirtschaftsaufschwung im Kapitalismus beigetragen. Der Historiker Eric Hobsbawm hat diese Periode vom Kriegsende bis in die 1970er Jahre zu Recht als »Goldenes Zeitalter des Kapitalismus« bezeichnet. Der Kapitalismus funktionierte als staatsmonopolistischer Kapitalismus besser als zu anderen Zeiten. Die Wachstumsraten der Volkswirtschaften waren höher als früher. Georg Fülberth zitiert in »G Strich« (2005) eine Kalkulation der Wachstumsraten der entwickelten Länder seit 1830, in der die Periode 1950 bis 1970 mit einer durchschnittlichen Wachstumsrate des Bruttosozialprodukts von 4,0 Prozent vor allen anderen liegt und jedenfalls deutlich vor den dann folgenden zwanzig Jahren von 1970 bis 1990, die bereits in die Phase des Neoliberalismus fallen. Die Kapitalakkumulation funktionierte. Der Kapitalismus expandierte nach außen, in bisher nicht erschlossene oder wenig industrialisierte Länder. Er expandierte auch nach innen, während Frauen, früher in der Landwirtschaft Beschäftigte und Immigranten in die zentralen Regionen des Kapitalismus strömten.

Dass diese Periode in ökonomischer Hinsicht ein goldenes Zeitalter darstellt, wird heute kaum bestritten. Strittig ist hingegen die Frage, was die entscheidenden Gründe für den relativen Erfolg des kapitalistischen Systems in den 25 bis 30 Jahren nach dem Zweiten Weltkrieg waren. Sehr beliebt ist die Wiederaufbau-These, wonach die im Krieg zerstörten Produktionsanlagen wiederhergestellt werden mussten und deshalb für genügende Nachfrage nach Produktionsmitteln sorgten. Als Faktor für die Anfangsphase mag das eine Rolle gespielt haben. Ebenso wichtig war es jedoch gerade in dieser Anfangsphase der Nachkriegszeit, dass die Nachfrage dank staatlich gestützter Finanzierung, etwa durch den Marshallplan auch zur effektiven Nachfrage werden konnte. Nach dem Ersten Weltkrieg war genau das anders gewesen. Beliebt ist auch die These, dass wir es mit einer ›Erschöpfung‹ der Akkumulationskräfte zu tun haben und/oder der Wirkung des tendenziellen Falls der Profitrate, die sich aus der Überakkumulation von Realkapital ergäbe. Es besteht kein Grund, diese Theorien von vornherein zu verwerfen. Aber sie haben den grundlegenden Mangel, dass sie 1945 zur neuen ›Stunde Null‹ des Kapitalismus erklären. Warum sollten die langfristigen Tendenzen erst im Zuge des Nachkriegskapitalismus entstanden sein? Wie erklärt eine solche Theorie, dass die ›Erschöpfung‹ in 150 Jahren vor dem Zweiten Weltkrieg ausweislich der Wachstumsraten schon größer war?

Bei weitem plausibler erscheint da die These, dass die herrschende Klasse durch die Stärke des Sozialismus, der organisierten Arbeiterbewegung im Innern plus der realen Alternative der Sowjetunion und später der anderen sozialistischen Staaten zu ihrem Glück, nämlich einem erstaunlich gut funktionierenden Kapitalismus, gezwungen wurde. Der mörderische Konkurrenzkampf jeweils nationaler Bourgeoisien gegeneinander wurde eingedämmt. Der internationale Handel trieb durch außerordentlich hohe Wachstumsraten Investitionen und Produktion an. Der Kapitalmarkt war dank der Reformen des New Deal in den USA, dank der Verabredungen von Bretton Woods und dank der vorübergehenden Entmachtung des Finanzkapitals in den Staaten außerhalb der USA stärker eingedämmt als in der Zeit zwischen den großen Kriegen. Schließlich konnten sich die Lohnabhängigen einen höheren Anteil am erwirtschafteten Reichtum sichern. Damit stieg die effektive Nachfrage über viele Jahre hinweg ähnlich schnell wie die Produktionskapazitäten. Der für den Kapitalismus typische Widerspruch zwischen vergesellschafteter Produktion und privater Aneignung, also der übliche Grund für die kapitalistische Überproduktionskrise, war damit entschärft, und die Überproduktionskrisen waren selten und wurden leicht überwunden.

Ende des Klassenkompromisses

Dieses erfolgreiche kapitalistische Modell, diese geschichtliche Phase im Kapitalismus ging aufgrund einer Mischung aus inneren Widersprüchen und äußerem Widerstand zu Ende. Weil die USA als wohlwollende Hegemonialmacht ihren Markt den anderen kleineren Nationen offenhielten, selber aber wesentlich Kapitalexport betrieben, erzielten wichtige Länder Europas, insbesondere Westdeutschland und Frankreich, erhebliche Außenhandels- und Leistungsbilanzüberschüsse, während die USA tief ins Defizit gerieten. Sie stimulierten im Innern die Nachfrage, führten weltweit Kriege, und stationierten ganz wie heute überall ihre Soldaten und betrieben eine kostspielige Hochrüstung. Die Überschussländer häuften erhebliche Mengen an Dollarreserven an, die die US-Notenbank jederzeit bereitstellen konnte. Zunächst wurden sie gemäß den Bretton-Woods-Verträgen auch noch zum Kurs von 35 Dollar je Unze in Gold getauscht. US-Präsident Richard Nixon kündigte 1971 die Umtauschpflicht von US-Dollar in Gold. Die D-Mark wurde in drei Schritten gegenüber dem Dollar aufgewertet, bis 1973 die europäischen Länder die feste Bindung ihrer Währungen zum Dollar aufkündigten.

Parallel dazu intensivierte sich der Klassenkampf. Politisch erzielte in den USA die schwarze Bürgerrechtsbewegung in den 60er Jahren beträchtliche Erfolge. In Europa intensivierten sich gleichzeitig die gewerkschaftlichen Kämpfe, die auch im Gefolge der politischen Mobilisierung eines Teils der Jugend mit seinem Höhepunkt im Mai 1968 ganz wie in den USA deutliche Verbesserungen bei sozialer Sicherung und Bezahlung zur Folge hatten. Um die Gewinnspannen zu sichern, begannen die Unternehmen, die Preise schneller zu hochzusetzen. In allen Ländern des Kapitalismus stiegen die Inflationsraten. Als die ölexportierenden Länder 1973 höhere Preise für Erdöl durchsetzten, beschleunigte sich die Inflation.

Der Neoliberalismus der folgenden Jahrzehnte kann am besten als die Reaktion der herrschenden Klassen in den wichtigsten kapitalistischen Ländern auf die oben genannten Schwierigkeiten begriffen werden. Er ist somit eine strategische Änderung bei der Niederhaltung der anderen Klassen und zu ihrer ökonomischen Ausbeutung. David Harvey stellt in seiner »Kleinen Geschichte des Neoliberalismus« (2007) den Aspekt des ökonomischen Klassenkampfes in den Vordergrund. Die Vermögens- und Einkommensverteilung war in den Jahren des Klassenkompromisses spürbar zuungunsten der obersten Schichten verlaufen. Der jetzt so viel diskutierte Thomas Piketty zeigt, dass so etwas in der Geschichte des Kapitalismus nicht die Regel, sondern die Ausnahme war. Der Neoliberalismus hatte ein Konzept, wie das umzukehren war.

Im Rückblick stellt man fest, dass das Ziel ungleicher werdender Einkommens- und Vermögensverteilung vollkommen gelungen ist. Deutlich wird das in der volkswirtschaftlichen Gesamtrechnung, wo sich seit 1980 bis heute der Anteil der Einkommen aus Vermögen auf Kosten des Anteils der Lohneinkommen massiv erhöht hat. Das gilt für alle entwickelten kapitalistischen Länder.

Abgesehen von Chile, wo der Neoliberalismus mit seinen wichtigsten Elementen Gewerkschaftsschwächung, Lohndruck und Privatisierung von Staatsvermögen im Gefolge des Putsches von 1973 vorgetestet worden war, gilt die Regierung von Thatcher in Großbritannien als der Vorreiter neoliberaler Umgestaltung. Man sollte sich aber daran erinnern, dass die brutale Rezession, die zum ›Winter of Discontent‹ mit großen Streikwellen und erheblichen Produktionsausfällen führte, bereits vorher der Labour-Regierung James Callaghans vom Internationalen Währungsfonds befohlen worden war. Die Bevölkerung hatte die Streiks und Stromausfälle satt, was Thatcher 1979 an die Regierung brachte und es ihren neoliberalen Stoßtrupps leicht machte, die Gewerkschaften zu entmachten. Der Verkauf der Ölgesellschaft BP und der Telefongesellschaft British Telecom, sowie die Zerschlagung und Privatisierung der staatlichen Eisenbahn sind wichtige Eckdaten des von der Regierung verfolgten Kurses. Nicht minder wichtig war die Entkartellisierung der City of London durch den so genannten ›Big Bang‹. Er festigte die Position der Stadt als zweitwichtigster Finanzplatz des Globus (nach New York). Fast alle englischen Investmentbanken wurden von ausländischen Banken aufgekauft.

Ganz ähnlich wie in Großbritannien wurde auch in den USA die zur Schwächung der organisierten Arbeiterschaft erforderliche Rezession schon vor Amtsantritt Reagans noch unter Carter und Paul Volcker eingeleitet. Volcker hielt die Zinsen der Notenbank bis August 1983 oben. Der Dollar, der zuvor massiv abgerutscht war, schoss wegen der hohen Zinsen in den USA nach oben, ein Zeichen für die massive Kapitalzufuhr in die USA. Der Einbruch der Wirtschaft führte wie in Britannien zu einer drastischen Lohnsenkung und einer Entwertung des Kapitals auf breiter Front. Zusammen mit dem großen Rüstungsprogramm der Regierung Reagan, lockten diese Faktoren frisches Kapital in die USA. Der längste und größte Börsenboom der Geschichte begann, als 1982 die Zinsen sanken, und dauerte bis März 2000. Ganz nebenbei führten die hohen Zinsen von damals zur Schuldenkrise Lateinamerikas und dessen ein Jahrzehnt dauernde Depression.

In Deutschland hatte die Bundesbank schon darauf gewartet, dass der feste Wechselkurs der D-Mark zum Dollar abgelöst werden würde. Als es endlich, im März 1973, geschah, sah sie sich in der Lage, eine eigene Geldpolitik zu verfolgen, die – ein halbes Jahrzehnt vor Volcker – darin bestand, die Zinsen hochzuziehen, um den ›Übermut‹ der Gewerkschaften zu brechen. Um ihr Handeln zu rechtfertigen, führte die Bundesbank Ende 1974 die sogenannte ›Geldmengensteuerung‹ ein, wobei sie sich auf den Monetarismus des Neoliberalen Milton Friedman berief. Die Bundesbank war damals die einzige Notenbank, die gesetzlich unabhängig von Weisungen von Regierung und Parlament war. Sie war damit in der Lage, als erste den Gewerkschaften in Deutschland einen neoliberalen Rezessionsschock zu verabreichen. Noch heute rühmen die neoliberal getrimmten Notenbanker der Welt die frühen Erfolge der Bundesbank bei der Bekämpfung der Inflation. Der Neoliberalismus als Wirtschaftspolitik wird in Deutschland erst 1982 mit dem Regierungswechsel von Helmut Schmidt zu Helmut Kohl offiziell. Ihm geht das Lambsdorff-Papier voraus, das die vom Sachverständigenrat formulierte »Angebotstheorie« oder die von Kohl formulierte »geistig-moralische Wende« zum Programm erhob.

Die radikale Finanz- und Börsenorientierung des angelsächsischen Neoliberalismus galt in Deutschland aber im Rest der 80er Jahre noch als unseriös. Das änderte sich radikal, als die DDR übernommen wurde. Deren Produktionspotenzial schnell entweder zu vernichten oder es billig unter den Kapitalisten Westdeutschlands zu verteilen, erforderte eine Menge an Finanz-Know-how. Die Investmentbanker von Goldman Sachs, Merrill Lynch usw. flogen täglich von London ein. Zur gleichen Zeit wurde der EU 1992 in Maastricht eine gemeinsame Währung und ein neoliberales Vertragswerk verpasst, das den Kapitalismus und den Wettbewerb der Mitgliedsstaaten um die Gunst des Kapitals als Organisationsprinzip festschrieb.

Die Finanzkrise von 2007
Es ist vermutlich nicht falsch, wenn man die 2007 ausgebrochene und auch 2019 noch keineswegs überwundene Weltfinanz- und Weltwirtschaftskrise als Krise des Neoliberalismus begreift. Marxisten und keynesianisch orientierte Ökonomen hatten eine solche Krise schon viel früher erwartet. Wenn der Neoliberalismus seinem eigenen Programm gemäß ein Regime ist, das die Profitrate im jeweils eigenen imperialistischen Lager auf direktem Wege über die Steigerung der Mehrwert- oder Ausbeutungsrate, also durch ganz gemeinen Lohndruck zu erhöhen trachtet, muss das eigentlich den altbekannten Widerspruch zwischen hohen Profiten und hohen Investitionen einerseits und zurückbleibenden Lohneinkommen andererseits, also die typische Überproduktionskrise noch schneller als ohnehin zum Ausbruch bringen.

Drei wichtige Entwicklungen im Kapitalismus der letzten dreißig Jahre haben den Ausbruch einer solchen großen Überproduktionskrise verzögert

und damit das über Gebühr lange Überleben des neoliberalen Regimes ermöglicht:
- Die technische Revolution der Mikroelektronik/Informationstechnik hat die Profite gesteigert und zugleich einen neuen Investitionszyklus eröffnet, der die Profite absorbieren konnte.
- Die Niederlage des Sozialismus in Europa und der Sowjetunion sowie die Einbeziehung Chinas in den Kapitalismus haben fast zwei Milliarden Menschen in das System der Mehrwertproduktion neu einbezogen und neue reale Anlagesphären erschlossen.
- Drittens entwickelte das neoliberale Regime einen enorm aufgeblähten Finanzsektor, der die Profitmassen absorbierte, von der gemeinen Mehrwertproduktion scheinbar unabhängige Profitquellen erschloss und zugleich durch die Verschuldung nicht nur der Kapitalisten und des Staates sondern auch der Lohnabhängigen erhöhte, damit deren Kaufkraft erhöhte und so die eigentlich fällige Überproduktionskrise verzögerte.

Die überproportionale Ausweitung des Finanzsektors ist ein wesentliches Kennzeichen des Neoliberalismus. Es ist deshalb nicht falsch, wenn man diese Periode, die mit der Krise der 70er Jahre des vorigen Jahrhunderts einsetzt und deren Ende von der aktuellen Krise eingeläutet wird, wie Jörg Huffschmid als »finanzmarktgetriebenen« Kapitalismus bezeichnet. Der Finanzsektor spielt in diesem System in vielfacher Hinsicht eine wichtige Rolle. Sein ungeheures Wachstum ist einerseits Resultat der beschleunigten Umverteilung des erarbeiteten Reichtums von unten nach oben. Zugleich dient der Finanzsektor als wichtiger Hebel, um diese Umverteilung von Arm nach Reich zu beschleunigen.

Im Sommer 2007 brach die Finanzkrise aus und beendete die Verschuldungssause. Im vierten Quartal desselben Jahres gerieten die USA in die zunächst leichte Rezession. Die globale Wirtschaft drohte an dieser Stelle in eine Abwärtsspirale zu geraten, etwa wie folgt: Die sinkende Produktion in der Industrie führt zu Entlassungen, zu geringeren Aufträgen für Dienstleistungen und Waren aller Art und zu Pleiten von Zulieferbetrieben. Die damit auf breiter Front steigende Arbeitslosigkeit führt dann zu nicht nur stagnierenden, sondern schrumpfenden Ausgaben der Haushalte. Das wiederum dämpft die Geschäfte des Handels und senkt die Produktion weiter und in weiteren Branchen. Es folgen noch mehr Entlassungen und noch größere Arbeitslosigkeit.

Die neoliberale Wirtschaftspolitik hat nie bedeutet, dass der Staat, wie es die Ideologie eigentlich suggeriert, sich aus ökonomischen Angelegenheiten weitgehend heraushält. Seit Herbst 2008, als das internationale Finanzsystem im Gefolge der Pleite einer New Yorker Investmentbank zu kollabieren drohte, setzten die kapitalistischen Staaten alle ihnen zur Verfügung stehenden Mittel ein, um das Wirtschafts- und Finanzsystem zu stabilisieren. Diese Aktionen waren wenig koordiniert, dennoch waren sie sehr ähnlich.

- Erstens stützten die Notenbanken durch zusätzliche Kreditschöpfung die Geschäftsbanken, die auf dem Finanzmarkt keinen Kredit mehr erhielten.
- Zweitens setzten die Regierungen Steuergeld ein, um den Banken zusätzliches Eigenkapital und Garantien zukommen zu lassen.
- Drittens ersetzten die Staaten die zusammenbrechende Kreditnachfrage des Privatkapitals und legten große Konjunkturprogramme auf.

Diese Maßnahmen stabilisierten die Weltnachfrage und verhinderten so die oben skizzierte Abwärtsspirale. Es gelang aber nicht, einen selbst tragenden Aufschwung zu produzieren. Nicht einmal der Finanzsektor kam wieder in Schwung. Auf ihm entstanden lediglich zeitweise kleine Spekulationsblasen. Jedoch blieb der Finanzsektor dank der staatlichen Stützung in seinem in dreißig Jahren enorm aufgeblähten Zustand. Den Großteil der privaten Verschuldung haben allerdings die Staaten übernommen. Die Staatsschuldenkrise, die sich im neoliberal konstruierten Euroland besonders negativ auswirkte, ist somit eine Erscheinungsform der Weltwirtschaftskrise.

Viel spricht dafür, dass es sich bei der aktuellen Finanz- und Weltwirtschaftskrise nicht nur um eine der einigermaßen regelmäßigen Konjunkturkrisen oder Rezessionen handelt. Denn zum einen erfasst diese Krise den ganzen Globus. Zum anderen hat die Krise in den imperialistischen Hauptländern Europas, Nordamerikas und Japan den stärksten Einbruch von Produktion und Bruttosozialprodukt seit dem Zweiten Weltkrieg hervorgerufen. Es handelt sich also um eine außergewöhnlich tiefe Krise. Sie beeinträchtigt zudem in ganz besonderer Weise das führende imperialistische Land, die USA, und gefährdet seine Vorherrschaft. Schließlich dauert diese Krise mit bisher beinahe zwölf Jahren außergewöhnlich lang.

Das Wort Krise scheint für eine so lange Periode unpassend. Es stellt sich die Frage, ob wir es nicht vielmehr mit einem Dauerzustand zu tun haben, in dem die Wirkungsweise des seit den siebziger Jahren des vorigen Jahrhunderts praktizierten Neoliberalismus sich unverändert fortsetzt, ohne auf nen-

nenswerten Widerstand zu stoßen? Die Realität, die Ökonomie des Alltags spricht für die Kontinuitätsthese. Ein Organismus, der unverändert krank ist, befindet sich dem gemeinen Sprachverständnis nach nicht in der Krise. Vielmehr würden Ärzte von einem chronischen Leiden sprechen.

Davon, dass die Finanz- und Wirtschaftskrise, die im August 2007 offen ausgebrochen ist, zu einem Ende des Neoliberalismus geführt hat, kann keine Rede sein. Im Gegenteil, die für den Neoliberalismus typischen staatlichen Eingriffe zur Niederhaltung der Arbeitslöhne haben mit den Knebelungsverträgen innerhalb des Eurogebiets eine neue, intensivere Qualität erreicht. Selbst die Dominanz des Finanzsektors in der Globalökonomie scheint ungebrochen. Ihr typisches Gebrechen, zur Befeuerung der Nachfrage und Akkumulation auf einen großen und expandierenden Finanzsektor angewiesen zu sein, tritt noch deutlicher hervor als vor Ausbruch der Krise. Darin besteht denn auch der kleine, aber entscheidende Unterschied. Der Befeuerungsmechanismus funktioniert nicht mehr.

Verhinderte Kapitalentwertung
Kapitalistische Krisen haben eine reinigende Funktion. Weil Teile des Kapitals sich wegen des mangelnden Absatzes nicht verwerten können, verlieren sie an Wert oder werden ganz vernichtet. Die Konkurrenten finden bessere Verwertungsbedingungen vor. Auch bei mäßiger Nachfrage kann so die Akkumulation wieder in Gang kommen. Die Entwertung und Vernichtung des Kapitals ist in dieser Weltwirtschaftskrise durch den besonders massiven Einsatz staatlicher Mittel teilweise verhindert worden. Die Fortdauer des übergroßen Finanzsektors kommt hinzu. Sie bewirkt, dass ein nach wie vor zu großer Anteil des Gesamtprofits in Richtung der Finanzkapitalisten (der Eigentümer finanzieller Vermögenswerte) fließt. Das hält die Mehrwertrate künstlich hoch und verschärft damit den Krisenprozess.

Typischerweise entstehen kapitalistische Krisen in der Hochkonjunktur und werden von Lohnsteigerungen und dem entsprechenden Druck auf die Profitrate ausgelöst. Vor dieser großen Weltwirtschaftskrise hat es keine überproportionalen Lohnsteigerungen gegeben. Der Auslöser der Krise war kein Rutsch der Profitrate, sondern der Nachfrageeinbruch, der vom Finanzboom verdeckt worden war und nun plötzlich wirksam wurde. Die Verteilungsverhältnisse zwischen Kapital und Arbeit waren damit schon bei Ausbruch der Krise extrem ungünstig für die Arbeiterklasse. Nach dem kurzen drastischen Gewinneinbruch zu Beginn, haben sich die Profite nicht in allen, aber in einigen wichtigen Kernländern des Kapitalismus (USA, Deutschland zum Beispiel) kräftig erholt. Auch das verstärkt den stagnativen, depressiven Charakter der Wirtschaftskrise. Ohne einen Sturz der Profitrate bei relevanten Teilen des Monopolkapitals und seiner Entwertung ist ein kapitalistischer Ausweg aus dieser Krise nicht denkbar.

Mit der aktuellen Weltwirtschaftskrise (oder der chronischen Krankheit der Weltwirtschaft) haben wir es mit einer Systemkrise des Kapitalismus zu tun. Die Produktionsweise hat schon einige solcher Systemkrisen überstanden und im Zuge dieser Krisen ihre Funktionsweise (nicht grundsätzlich, sondern in einigen nicht unwichtigen Details) geändert. Die Funktionsweise, die jetzt zur Änderung ansteht, ist der Neoliberalismus. Ohne eine solche Änderung ist ein Ausweg aus dieser Krise nicht möglich. In diesem Sinne markiert die aktuelle Periode das Ende des Neoliberalismus. (Die Tatsache, dass alle Regierungen weiterhin neoliberale Politik betreiben, ändert an dieser Feststellung nichts.)

Ein derartiger kritischer Zustand der Weltökonomie bedeutet zugleich eine politische Krise. Es liegt auf der Hand, dass das Herrschaftssystem insgesamt wackliger wird. Es liegt aber auch auf der Hand, dass die herrschende Klasse (und die innerhalb dieser Klasse dominante Gruppe) zu radikaleren Mitteln der Herrschaftsausübung greift. Das bedeutet Repression im Innern, Aggression nach außen, Rückkehr zum Kolonialismus und häufigere Kriege. Es ist nicht sinnvoll, hier von einer Vielfalt verschiedener Krisen (des politischen Systems, der bürgerlichen Demokratie, der Staatsfinanzen etc.) zu sprechen. Der Begriff Weltwirtschaftskrise ist vollkommen ausreichend, um jedermann klarzumachen, dass diese Krise die gesamte kapitalistische Gesellschaft umfasst und dass es dabei – sehr wohl vergleichbar mit den 30er Jahren des vorigen Jahrhunderts – um die Zukunft der Zivilisation geht.

Deshalb ist es sinnvoll, erstens von einer Fortdauer der großen Weltwirtschaftskrise bis heute (und vermutlich noch einige Jahre mehr) zu sprechen. Zweitens ist nach wie vor richtig, dass diese Krise ohne einen Bruch mit dem neoliberalen ökonomischen Regime nicht lösbar ist. Dabei kommt dem Finanzsektor immer noch die entscheidende Rolle zu. Ohne seine Dominanz zu brechen, ohne ihn drastisch zu verkleinern, wird ein Ausweg aus der Krise nicht möglich sein.

Klaus Ernst

»Der Kampf ums Teewasser«

Dieser Beitrag ist eine verdichtete und thesenartige Ausformulierung des mündlich und frei gehaltenen Beitrags auf dem Symposium.

Zur Einheit von Wissenschaft, Gewerkschaft und Partei – eine Anekdote

In den Räumen, in denen wir hier heute sitzen, habe ich selber noch studiert und Prüfungen geschrieben. Da kommt die eine oder andere Erinnerung hoch. Eine davon möchte ich zum Besten geben. Nach Abschluss meines Studiums habe ich zuerst in den Gewerkschaften gearbeitet und dort auch mit Herbert gemeinsam Seminare organisiert. Oft haben wir uns auch geschrieben.

An einem Brief hing ein Notizzettel (den ich heute noch habe), auf dem stand: »Wann treten wir endlich aus dem Sauhaufen aus?«. Die Umschreibung als Sauhaufen galt der SPD, in der wir zu dieser Zeit noch Mitglieder waren. Ich schrieb ihm daraufhin zurück: »Mit Pauken und Trompeten, wenn es soweit ist!«. Soweit kam es dann 2003/2004, da haben wir uns gemeinsam auf den Weg gemacht, die »Wahlalternative Soziale Gerechtigkeit« (WASG) zu gründen.

In Anbetracht dieser kurzen Anekdote möchte ich einen Schritt zurück machen und versuchen, eine Analyse der gesellschaftlichen Situation zu formulieren, in der wir uns gerade befinden. Eine politisch-ökonomische Herleitung dieses Status Quo werde ich voranstellen.

Dies ist als mein Beitrag zur aufgeworfenen Frage zu verstehen, in welcher Verfasstheit sich die Klassensubjekte gerade befinden und vor welchen Herausforderungen wir in Anbetracht der aktuellen gesellschaftlichen Krisen stehen.

Kapitalismus und Neoliberalismus überwinden – »das müssen wir schon selber machen«

Zu Beginn muss dabei gesagt werden, dass ich die hier auf dem Symposium aufgeworfene These von einem »brüchigen Neoliberalismus, welcher sich von selbst erledigt« nicht teilen kann. Der Neoliberalismus ist bei weitem noch nicht erledigt, er erscheint mir in stabiler Verfasstheit nach einer Phase kräftiger Entwicklung. Meines Erachtens sind Analysen, in denen beispielsweise die sogenannte Industrie 4.0 als Anfang vom Ende der Ware Arbeitskraft prophezeit wird, nicht ausreichend. Trotz globaler Krisen, einem zunehmend verschärften Verteilungskampf zwischen Oben und Unten oder anderen Phänomenen, welche den Glauben an die Selbstheilungskräfte des »freien Marktes« beeinträchtigt haben, ist die Dominanz des Neoliberalismus in den Köpfen und Parteien davon unbeirrt. Diese gesellschaftliche Organisationsidee und Herrschaftsstruktur sitzt weiter mehr oder minder sicher im Sattel.

Wenn wir den Neoliberalismus überwinden wollen, dann müssen wir das konkret selber machen, das bedeutet Kampf und Organisierung. Die Zuspitzung gesellschaftlicher Widersprüche wird uns diesen Weg zur Abschaffung des Kapitalismus nicht von selbst bereiten und uns allen als politisch handelnde Akteure diese Aufgabe abnehmen.

Zur Zuspitzung ökonomischer Widersprüche – Die Prekarisierung von Arbeits- und Lebensverhältnissen

Was erleben wir gegenwärtig? Die Frage der Verteilung dessen, was wirtschaftlich hergestellt wird, steht neu im Mittelpunkt, seitdem klar geworden ist, dass die produzierten Werte noch ungerechter verteilt werden. In den letzten Jahren und Jahrzehnten ist eine vollkommen »neue« Entwicklung zu beobachten, wenn wir uns die Verteilungssituation des späteren 20. Jahrhunderts im Kontrast dazu vor Augen führen.

Dies lässt sich einfach mit ein paar ökonomischen Kennzahlen konkretisieren. Nach neuen Studien besitzen die acht reichsten Personen dieser Erde genauso viel wie die ärmere Hälfte der Menschheit. Diese Zahl schrumpft bekanntermaßen stetig, noch vor kurzem waren es in dieser Relation 30 Personen, welche die Hälfte des weltweiten Besitzes auf sich vereinten.[1] Die Aus-

---

1 Inzwischen hat Oxfam aufgrund verbesserter Datengrundlage die Angaben korrigiert: Im Jahr 2017 besaßen 49 Menschen so viel wie die ärmere Hälfte der Menschheit, im Jahr 2018 waren es nur noch 26 Menschen. Die Grundaussage bleibt also

einandersetzung um die Verteilung des Produzierten spitzt sich so in einem obskuren Ausmaß zu.

Nicht nur im globalen Maßstab ist dies konkret zu beobachten. Die aktuelle Situation der Einkommensungleichheit in der BRD steht quasi für die Spitze dieser Entwicklung. Allein zwischen 2013 und 2014 ist das Vermögen derer, welche schon über 30 Millionen Euro besitzen, in der Gesamtheit um 200 Milliarden Euro gestiegen. Vom gesamtgesellschaftlichen Wachstum der deutschen Volkswirtschaft profitiert real nur ein kleiner Teil der Bevölkerung. Der Besitz der Vermögenden in dieser Gesellschaft ist in einem Jahr um circa zehn Prozent gestiegen. Diese Entwicklung auf der einen Seite der Schere stellt sich dabei noch besonders frappierend dar, wenn man sich die Lohnentwicklung der letzten Jahre vor Augen führt.

Das Deutsche Institut für Wirtschaftsforschung hat dazu Zahlen veröffentlicht, die aufzeigen, dass die untersten 40 Prozent der Einkommenspyramide auf dem materiellen Stand sind von vor 15 Jahren. Der Einkommenszuwachs eines großen Teils der erwerbstätigen Bevölkerung beträgt nahe null. Während die ärmsten zehn Prozent der Bevölkerung statistisch gesehen deutlich weniger in der Tasche haben, hat das Vermögen der reichsten zehn Prozent kräftig zugelegt. Das sind keine zufälligen parallelen Entwicklungen, diese bedingen sich als Produkt der Verteilungskämpfe der letzten Dekade gegenseitig. Das ist die reale ökonomische Entwicklung, mit der sich diese Gesellschaft konfrontiert sieht.

Dass dies als Zuspitzung zentraler ökonomischer Widersprüche und als eine Verschärfung des Verteilungskampfes gelesen werden muss, tritt dann deutlich zu Tage, wenn man sich die Wachstumsraten der Volkswirtschaft allgemein vor Augen führt. Wir erleben zum einen kontinuierliche Wachstumsraten, die von solcher Dynamik sonst nur aus den 60er und 70er Jahren bekannt sind und zum anderen eine Erwerbslosigkeit, die statistisch betrachtet weitaus geringer ist als viele Jahre zuvor. Dabei ist natürlich nicht zu vergessen, dass sich bei genauer Betrachtung die Situation gar nicht so prosperierend darstellt. Die Arbeitslosenzahlen sinken, das Arbeitsvolumen hat jedoch nicht stark zugenommen. In diesem Wirtschaftssystem heißt das nichts anderes, als dass die vorhandene Arbeit einfach anders verteilt ist. Die

---

zutreffend (vgl. https://www.oxfam.de/blog/globale-ungleichheit-dramatisch-nimmt-antwort-methodenkritik).

aufgewendeten Arbeitsstunden sind tendenziell stabil geblieben, durch Minijobs und Teilzeitregelungen wirkt die Arbeitsmarktentwicklung deutlich dynamischer als sie real für die Menschen ist. Im Gegensatz zur herrschenden Meinung ist es also so, dass die allgemeine wirtschaftliche Entwicklung zwar gut ausschaut, ein großer Teil der Bevölkerung von dieser jedoch überhaupt nichts hat. Vielen geht es von den ökonomischen Möglichkeiten schlechter als noch vor zehn oder fünfzehn Jahren, zum Beispiel Rentnerinnen und Rentnern. Im Zuge weitreichender Deregulierung und teilweise vollzogener Privatisierung der gesetzlichen Rente wurden vielen Bezugsempfängern die Renten gekürzt. Wir haben eine Lohnhöhe, von der viele weder im Erwerbsleben noch im Rentenalter leben können, da hat auch der Mindestlohn nicht viel geändert. Der wirtschaftliche Aufschwung zeigt sich für viele eher im Gewand von sozialer Prekarisierung, zunehmender ökonomischer Unsicherheit und realem Kaufkraftverlust.

Politische Einschätzung – Rechtsruck und Polarisierung
Es lässt sich meines Erachtens weit und breit keine revolutionäre Stimmung erkennen. Dementgegen verfangen eher die Antworten, die von rechts auf die beschriebene Verrohung und gesellschaftliche Spaltung gegeben werden. Es gibt einzelne Gruppen, die von links gegen die zunehmende Ungleichheit aktiv werden, aber in der Gesamtschau ist nicht zu erkennen, dass dies ausreicht, um zunehmenden gesellschaftlichen Druck aufzubauen. Die Ergebnisse der letzten Wahlen verdeutlichen einen klaren Rechtsruck. International betrachtet ist die Situation nicht viel anders, eher schwieriger. Frankreich, die Niederlande, Polen – in vielen Nachbarländern erstarken rechte, völkische Parteien und Bewegungen. Diese fischen mit ihren Ideen der Ungleichheit und Ausgrenzung, der Spaltung und Verrohung auf dem Boden der Entwicklung, die ich oben zu beschreiben versucht habe und dies tun sie sogar zunehmend erfolgreich.

Materielle Verbesserung statt Sündenböcke – Soziales gegen Rechts
Diese ökonomische Entwicklung hat nicht dazu geführt, dass wir einen deutlichen gesellschaftlichen Aufbruch erleben, der diese Verhältnisse grundlegend in Frage stellt. Im Gegenteil, jene, die sich vom herrschenden Gesellschaftssystem nicht mehr mitgenommen und repräsentiert fühlen, tendieren eher zu rechten Antworten.

Daran haben das Agieren und die politische Entwicklung der Linken auch relevanten Anteil. Wir als Partei DIE LINKE haben bei der letzten Bayern-Wahl einen Achtungserfolg von 6,1 % [Zweitstimmenergebnis der Partei DIE LINKE bei der Bundestagswahl 2017 in Bayern, Anm. d. Red.] erreicht, aber bei den aktuellen Verhältnissen und der Entwicklung gesellschaftlicher Krisen müsste dies eigentlich weit mehr sein. Aber genau dies spiegelt diese Situation, in der die Prekarisierten aufgrund aktueller Politiken entweder zu resignierten Nichtwähler*innen werden oder in rechten, ausgrenzenden Thesen die Antwort auf die drängenden Fragen suchen. Das ist ein akutes Problem, das wir Linke als Partei und Bewegung haben.

In einer Situation, in der Zuwanderung die Konflikte um die geringen Ressourcen und materiellen Grundlagen genau *der* Menschen noch verschärft, die am unteren Rand der Gesellschaft leben, und die Menschen, die in diesen Verhältnissen leben und abgehängt werden, den Eindruck haben, dass durch die neuen Mitbürger*innen der Verteilungskampf um knappen bezahlbaren Wohnraum, um zu wenig Kitaplätze und um eine adäquate Behandlung im Gesundheitswesen noch schärfer wird, dann werden wir für linke Positionen wie eine offene Einwanderungskultur kaum Zustimmung bekommen. Genau das erlebe ich an den Wahlkampfständen und in Veranstaltungen. Dies stellt uns vor massive Herausforderungen in der Reflexion unserer linken Politik.

Eine Anekdote von diesen Wahlkampfstandsituationen verdeutlicht aber genauso, was in dieser Lage als Linke zu tun wäre. Als Reaktion auf viel Unmut, der mir zur aktuellen Einwanderungssituation entgegenkam, entgegnete ich, ob denn die Aufregung über die Situation immer noch so stark wäre, wenn mein Gegenüber 3.000 Euro statt 1.000 Euro Rente zur Verfügung hätte. Die Reaktion war so klar wie deutlich. »Ne, dann wär's mir Wurscht!«

Genau diese Anekdote ist ein Fingerzeig, wo wir in Zukunft mit linker Politik hinmüssen und wie wir eine positive Idee der weiteren Entwicklung aus der Krise heraus aufzeigen können. Die grundlegende Verbesserung der Arbeits- und Lebensbedingungen insbesondere derer, die in den letzten 20 Jahren von Agendapolitik, Lohnsenkung und Rentenkürzung betroffen gewesen sind, ist ein wirksames Programm gegen Verrohung und Rechtsruck und genau für diese Verbesserung der realen Lebensverhältnisse müssen wir kämpfen.

Unsere Politik muss insbesondere denen zugutekommen, die am Rand der Gesellschaft den Alltag meistern müssen. Sie müssen weiter der Adressat linker Politik sein. Jene, die im Niedriglohnsektor von diesen Produktionsverhältnissen am stärksten betroffen sind, jene bei denen die Rente oder der Lohn nicht mehr ausreicht, jene die alleinerziehend ihre Lebensrealität meistern und von dem Rückzug des Staates aus zentralen Bereichen der sozialen Daseinsvorsorge eingeschränkt werden. Das sind die gesellschaftlichen Gruppen, die uns als Anwalt ihrer Interessen wahrnehmen müssen. Das muss Fokuspunkt linker Politik sein.

Lenin hat das mal ungefähr so ausgedrückt: »Vergesst mir den Kampf ums Teewasser nicht!«. Genau darum geht es ja bei universalistischer Klassenpolitik: um Wohnungen und um Löhne, um Renten und Pensionen, um die humane Versorgung und Bildung.

Was tun gegen Spaltung und Ungleichheit? –
Einheit von kämpferischer Gewerkschaft, sozialen Bewegungen und inklusiver Partei

Als Zusammenfassung und weiterer Ausgangspunkt lässt sich formulieren: Die ökonomische Situation ist absolut gespalten in wenige Gewinner und immer mehr Verlierer in Folge der wirtschaftlichen Verhältnisse. Aber eben jene gehen nicht automatisch in den Widerstand gegen diese Verhältnisse, sondern sind eingebunden in das alltägliche »Durchkommen«. Ein Widerstand setzt voraus, dass realistische Alternativen erkennbar sind, die zu einer echten Verbesserung ihrer Lebenssituation führen.

Eine neue, kämpferische Belebung der Gewerkschaften ist unabdingbar. Mit der Gründung der WASG wurde genau dieser Versuch unternommen, die großen Gewerkschaften aus der Umklammerung der Sozialdemokratie zu lösen und weg von einer aus politischer Rücksichtnahme bestehenden hin zu einer an den eigenen Interessen orientierten Politik zu bewegen. Die besondere Nähe bspw. der IG Metall zur SPD entbehrte spätestens seit 1998 jeder inhaltlichen Grundlage. Spätestens seit Riesterrente, den Steuerreformen der Schröderzeit und der Agenda 2010 muss klar sein, dass eine solche sozialdemokratische Politik nicht mehr mit gewerkschaftlichen Positionen vereinbar ist. Selbst unter Kanzler Kohl gab es keinen Niedriglohnsektor dieses Ausmaßes und einen besseren, weil höheren Spitzensteuersatz. Die Gewerkschaften haben jedoch alle sozialpolitischen Fürchterlichkeiten der Agenda 2010 im Wesentlichen mitgemacht. Nach einer erfolgreichen Phase einer eigenständigeren Gewerkschaftspolitik gegenüber der SPD erleben wir gerade eine neue Anpassung.

Wir Linken müssen in und mit den Gewerkschaften aktiv dafür streiten, dass es eine an den Interessen der Gewerkschaftsmitglieder orientierte Politik gibt. Wir müssen dazu beitragen, dass sich die Gewerkschaften nicht als Vorfeldorganisation der SPD betrachten. Nur so werden sich die gesamtgesellschaftlichen Kräfteverhältnisse ändern.

Dies wird jedoch nicht einfach so passieren, es liegt auch an uns als Linke in den Gewerkschaften, für dieses Anliegen zu streiten und zu werben. Dafür müssen wir als Mitglieder und Politiker unserer Partei wieder verstärkt in IG Metall, ver.di und Co. mitarbeiten. Es gibt auch einige Stimmen in der Linken, die den Gewerkschaften eher ablehnend gegenüberstehen, ja einige, die mit gewerkschaftlicher Arbeit nichts zu tun haben wollen. Oft sind ihnen Gewerkschaften zu konservativ, zu wenig kämpferisch. Das kann aber nicht unsere Position sein. Denn eine wesentliche Rolle zur Überwindung dieser Verhältnisse haben weiterhin die Gewerkschaften, da eben jene die Möglichkeit haben, gruppenübergreifend die Leute zu politisieren, zusammenzuführen und für die eigenen Klasseninteressen zu organisieren. Natürlich ist diese Arbeit mühsam und anstrengend, aber auch untrennbar mit unserer alltäglichen politischen Arbeit in Parlamenten, auf der Straße und in den Hochschulen verbunden. Einer Linken, die nicht in der organisierten Arbeitnehmerschaft vertreten ist, fehlt schlichtweg die Grundlage.

Wir dürfen nicht anfangen, die einzelnen politischen Sphären gegeneinander auszuspielen, sondern müssen diese im Gegensatz dazu konsequent zusammendenken. Denn eine zweite Schlüsselrolle in der politischen Bewegung kommt den sozialen Initiativen und zivilgesellschaftlichen Organisationen zu. Die Bündnisse gegen TTIP und CETA sind dazu ein wunderbares Beispiel. Genau das stellte ein gelungenes, breites Bündnis aus Parteien, Gewerkschaften und Initiativen aus Zivilgesellschaft und Wissenschaft dar. Ein wesentliches Moment im Kampf gegen den Neoliberalismus wird sein, dass wir solche Bündnisse weiter festigen.

Die Linke als Sprachrohr
der sprachlos Gemachten und Plattform der Widerständigen

Dazu muss permanent daran gearbeitet werden, weitere Möglichkeiten der Vernetzungen zu schaffen und an Auseinandersetzungen, die real schon stattfinden, angeknüpft werden. So haben wir uns als LINKE immer auch verstanden: Als Sprachrohr für jene, die sonst parlamentarisch nicht vertreten werden.

Mit dieser Bündnisorientierung im Hintergrund sollen nun zum Ende des Beitrags noch einige parteipolitische Überlegungen folgen. Der Niedergang der SPD, den wir aktuell erleben, ist und bleibt ein Trauerspiel und ein großes Problem für die weitere Entwicklung der gesellschaftlichen Linken. Nach der größten Niederlage, die die SPD erlitten hatte – 20 Prozent bei der letzten Bundestagswahl –, gibt der Parteivorsitzende die Losung »Es gibt keinesfalls eine Regierungsbeteiligung« aus. Doch schon jetzt, wo abzusehen ist, dass ein anderes Bündnis vielleicht scheitern wird, mobilisiert der rechte Flügel der SPD innerparteilich und öffentlich für ein neues Bündnis mit der Union. Der Parteivorstand sagt zwar geschlossen, dass der Weg in die Opposition der einzig mögliche ist, aber ich garantiere euch, dass die SPD dann am Ende doch wieder in die Regierung eintreten wird. Das macht es für uns nicht leichter, linke Positionen durchzusetzen. Auch ein anderer Mainstream und genügend außerparlamentarischer Druck ist zurzeit nicht erkennbar. Für die Durchsetzung linker Positionen brauchen wir die SPD weiter als Bündnispartnerin. Ein Blick nach Österreich zeigt uns im Übrigen, wie sich eine Partei in endlosen großen Koalitionen selbst ruinieren kann.

Als Perspektive bleibt für uns Linke, klare politische Positionen zusammen mit der Zivilgesellschaft zu entwickeln und im Parlament zu vertreten. Diese Bewegung aus der Gesellschaft fängt bei den Studenten an, die um eine demokratische Hochschule und ausreichend BAföG kämpfen und endet letztendlich bei den Rentnerinnen und Rentnern, die um eine angemessene, ausreichende Rente streiten müssen. Nur so ist es möglich, die Kraft zu entwickeln, die notwendig ist, um dem Neoliberalismus entgegenzuwirken. Er wird sich nicht von selbst erledigen.

»Der Sozialstaat war und ist finanzierbar«

Zum Verhältnis von Kapitalismus und Demokratie

Werner Goldschmidt

Kritik des Neoliberalismus als politisch-sozial-ökonomisches Gesamtkonzept und eine Gegenperspektive[1]

*Für Herbert Schui, den homo politicus,
der nie ein homo oeconomicus war oder werden wollte.*

Am liebsten würde ich so beginnen: »Wieder Frühling in Paris«. Ich bin sicher, das würde Herbert gefallen. Aber, wir sind nicht nur faktisch, sondern auch symbolisch im November in Hamburg. Und zwischen jenem Interview mit *Pierre Bourdieu* anlässlich eines bemerkenswerten Erfolges jugendlicher Berufsanfänger im Frühjahr 1994, den sie über eine konservative Regierung in Frankreich errungen hatten, die vorgeblich zur Bekämpfung der Jugendarbeitslosigkeit die Einstiegslöhne um 20 % unter das Niveau des gesetzlichen Mindestlohnes reduzieren wollte – zwischen diesem Erfolg und heute scheinen Epochen zu liegen, man denke an den doch eher bescheidenen Widerstand gegen Macrons viel weiterreichende »Arbeitsmarktreformen«. Lang ist es her, dass soziale Bewegungen in Europa eine Regierung zur Aufgabe eines antisozialen Gesetzes zwingen konnten. Damals hatte der Neoliberalismus in Frankreich allerdings den Höhepunkt seiner Hegemonie noch keineswegs erreicht.

I

Ein Dutzend Jahre später, überall war der »Dritte Weg« eines sozialdemokratisch eingefärbten Neoliberalismus praktisch gescheitert, kam die große

---

1 Manuskript des Vortrags vom 25.11.2017 auf dem Symposium in Erinnerung an Herbert Schui. Für die Veröffentlichung leicht bearbeitet; mit Unterstützung von Peter Degkwitz und Paul Oehlke.

Krise. Die politisch Mächtigen blickten – nach eigener Aussage (Merkel und Steinbrück) – »in den Abgrund«. Die blanke Angst brachte selbst die eifrigsten Vertreter des Neoliberalismus nicht nur in der Politik, sondern auch in Wissenschaft und Medien in Verlegenheit. In Deutschland – um nur dieses Beispiel zu nehmen – erschien das »Handelsblatt« mit einem ganzseitigen Konterfei von Karl Marx auf dem Titel, und das schöngeistige Feuilleton der FAZ, in Gestalt seines Chefredakteurs Schirrmacher, kam ins Grübeln: Ob die Linken nicht doch recht hätten? Auch das scheint lange her, wenngleich tatsächlich nicht einmal zehn Jahre vergangen sind.

Wären wir heute an diesem Punkt, ich würde kaum zögern, vom Ende der neoliberalen Hegemonie zu sprechen und optimistisch nach alternativen Perspektiven zu fragen – wie es im Titel dieses Symposiums heißt. Nun mag es sympathisch sein, den »Optimismus des Willens« über den »Pessimismus des Verstandes« (Gramsci) triumphieren zu lassen, ob es aber auch politisch klug und der realen Situation angemessen ist, wage ich zu bezweifeln. Ich fürchte eher, wir sind an das Ende einer bestimmten Form des Neoliberalismus, an das definitive Ende des »Dritten Wegs« gelangt, ohne dass der Linken – wie einst gehofft – wenigstens in einigen Teilen der Welt (etwa in Lateinamerika) die sozialistische Transformation gelungen wäre oder in Europa – von den USA und Asien ganz zu schweigen – auch nur die glaubhafte Hoffnung auf eine kurz- oder mittelfristig zu erreichende sozial-ökologische oder gar sozialistisch-ökologische Gesellschaftsformation geblieben ist.

Wir stehen vielmehr – so meine *erste These* – am *Beginn einer neuen, nunmehr kaum verhüllten (Macron) oder offen autoritären oder reaktionären (Trump) Phase des Neoliberalismus,* in der Sozial- und Demokratieabbau Hand in Hand gehen und die Kriegsgefahr in vielen Teilen der Welt dramatisch zugenommen hat. Die Möglichkeit, gegebenenfalls sogar die »Notwendigkeit« einer solchen Variante des Neoliberalismus war von seinen intellektuellen Vordenkern – Hayek, Friedman u. a. – mehr oder minder offen als Ultima Ratio, gelegentlich sogar als Idealzustand vorhergesehen oder propagiert worden. Herbert Schui, Ralf Ptak, Stephanie Blankenburg und andere haben schon früh darauf hingewiesen.[2]

---

2 H. Schui et al. (1997): Wollt ihr den totalen Markt? Der Neoliberalismus und die extreme Rechte, München.

II

Sucht man nach den Ursachen für das »befremdliche Überleben des Neoliberalismus« (Colin Crouch) nach dem Ausbruch der ökonomischen Krise und seinem nun potentiellen Übergang zu einer autoritären Entwicklungsphase[3], so wird man die Gründe dafür einerseits in den eigentümlich zählebigen *Strukturen des Neoliberalismus* selbst – ich komme darauf zurück –, zum anderen aber auch in der weltweiten *Schwäche einer linken Opposition* zu suchen haben. Meine *zweite These* lautet nun freilich, dass diese beiden unterschiedlichen system- bzw. handlungstheoretischen Erklärungsmodelle nur zwei Seiten desselben Phänomens abbilden.

Bourdieu hat einmal[4] das *Wesen des Neoliberalismus* in einer strategischen Zielsetzung, in der *Destruktion von Solidarität* der Arbeit(enden) untereinander gegenüber dem Kapital gesehen. Insofern begreift er den Neoliberalismus in seinem Kern als *ein Projekt des Klassenkampfes von oben*. Betrachtet man dessen zentrale Losungen, wie sie beispielsweise vor kurzem satirisch zugespitzt, aber im Kern richtig, in der ZDF-Sendung »Die Anstalt«[5] als das »Mantra« des Neoliberalismus bezeichnet wurden: »Privatisierung, Steuersenkung, Sozialstaatsabbau« – Deregulierung, Flexibilisierung und Individualisierung ließen sich noch ergänzen – dann wird man dieser Deutung wohl zustimmen.

Dabei muss man sich über die volle Tragweite dieses Vorgangs klar werden: *Die systematische Destruktion von Solidarität zielt nämlich nicht nur auf die Schwächung oder Zerschlagung der Gewerkschaften und ähnlicher Zusammenschlüsse zur gemeinsamen Verteidigung der Rechte und Lebensbedingungen der unterdrückten und/oder ausgebeuteten Volksschichten, sie zielt zugleich auf ein wesentliches, wenn nicht das entscheidende soziale Fundament eines freien menschlichen Zusammenlebens*, auf die gesamte Verfasstheit des gesellschaftlichen Lebens: auf *Entpolitisierung* des Staates und der Bevölkerung (auf asymmetrische Demobilisierung bei den Wahlen) und damit auf die Aushöh-

---

3 Vgl. W. Brown (2015): Die schleichende Revolution – Wie der Neoliberalismus die Demokratie zerstört, Berlin; C. Crouch (2011): Das befremdliche Überleben des Neoliberalismus – Postdemokratie II, Berlin; F. Deppe (2013): Autoritärer Kapitalismus. Demokratie auf dem Prüfstand, Hamburg; W. Streeck (2013): Gekaufte Zeit. Die vertagte Krise des demokratischen Kapitalismus, Berlin

4 Es war nicht unbedingt sein letztes Wort dazu!

5 Folge vom 7.11.2017, online verfügbar unter: www.claus-von-wagner.de

lung der Demokratie zugunsten einer allgemeinen und zudem noch kapitalistisch verzerrten *Ökonomisierung* (»marktkonformen Demokratie«) – auch auf kultureller (man denke etwa an das Bildungswesen) und nicht zuletzt auch auf beruflicher und privater Ebene. Auch hierauf ist zurückzukommen.

III

Dies wirft die Frage auf, warum die kaum verhüllte *Kriegserklärung des Kapitals* an die Arbeitenden auf einen – angesichts dieser fundamentalen Herausforderung – alles in allem so relativ geringen Widerstand der Betroffenen gestoßen ist und sogar bei einem zahlenmäßig nicht zu vernachlässigenden Teil im Laufe der Jahre seither zu einer scheinbar »freiwilligen Unterwerfung« unter die neoliberalen Imperative geführt hat. Ja, dass in jüngster Zeit nicht wenige Arbeiter, darunter auch gewerkschaftlich organisierte, in den USA wie in Europa sogar äußerst rechte bis rechtsextreme Kandidaten und Parteien unterstützt und gewählt haben.

Es ist unbestritten, dass die soziale und politische Linke, sozialkritische Bewegungen, Gewerkschaften und Parteien europa- und weltweit gegen die Offensive des Kapitals auch nach der großen Krise immer wieder mit Streiks, Demonstrationen, Aufklärung und politischer Programmatik anzugehen versucht haben und in einzelnen Fällen auch durchaus – zumeist aber nur vorübergehend, man denke an Griechenland – Erfolg hatten. Aber gerade das Beispiel Griechenland zeigt auch, dass die von der Linken traditionell so hochgehaltene *internationale Solidarität* ihre einstige mobilisierende Kraft weitgehend verloren hat. Es scheint, als habe sich die neoliberale Strategie einer Destruktion des Prinzips der Solidarität unter den Arbeitenden als erfolgreich erwiesen.

Es wäre andererseits im wahrsten Sinne des Wortes *verkehrt*, den Begriff der Solidarität für die politisch-ideologische Organisiertheit der Kapitalseite zu verwenden, aber zweifellos ist die nationale und internationale *Organisiertheit* ein wesentliches Moment der *Macht des Kapitals*, und sie trägt zur Erhaltung der neoliberalen *Hegemonie* bei.

Die *internationale Organisiertheit* des globalisierten Kapitals besteht einerseits in Form der neoliberal regierten Staaten bzw. Staatensysteme – man denke etwa an die durch Verträge (Maastricht, Amsterdam, Lissabon) gefestigte neoliberale Struktur der EU, auf globaler Ebene: Weltbank, IWF, WTO, die internationalen Freihandelsabkommen, die G7/8 bzw. G20-Gipfel, usw. Von nicht geringerer Bedeutung ist aber auch die *zivilgesellschaftliche Organisation der Kapitalmacht*. Dabei denke ich nicht nur an die traditionellen, zumeist nationalen *Verbände* des Kapitals, sondern auch an die *internationalen ideologischen Apparate*, wie etwa das *Weltwirtschafsforum* in Davos, die Bilderberg-Konferenz u. ä., aber auch die zahlreichen »*Think Tanks*«, von denen ja die Mont-Pèlerin-Gesellschaft nur den – allerdings immer noch einflussreichen – Prototyp darstellt, dann natürlich auch *die einschlägigen Universitäten* und »wissenschaftlichen« Institute, die *Sachverständigen-Räte*, die Produzenten von *Management-Literatur* usw., usw. Das alles zusammen im Verein mit den großen, sogenannten *Qualitätsmedien*, die all diese Einflüsse aufnehmen und weiterreichen an die *Massenmedien* und deren breite Konsumenten, alles natürlich in entsprechend aufbereitetem Niveau.

Diese hier kurz zusammengefasste Kritik des Neoliberalismus als vorwiegend ideologische Praxis ist alles andere als neu. Mir scheint aber die – wie ich sie hier etwas pauschal zusammenfassend nennen will – *Manipulationsthese – nicht ausreichend*, das heißt sie ist nicht unbedingt falsch, aber nicht hinreichend zum Begreifen des »befremdlichen Überlebens« des Neoliberalismus nach der großen Krise.

IV

Damit komme ich zum schwierigsten und zugegebenermaßen wohl auch problematischsten Teil meiner Überlegungen. Die erste Frage, die meines Erachtens mittels der Manipulationsthese nicht befriedigend beantwortet werden kann, ist die Frage, wie – mit welchen äußeren, und das ist neu, mit welchen »inneren« Mitteln – gelang es dem »Neoliberalismus« (das System einmal als Subjekt betrachtet), *die Solidarität unter den Arbeitenden*, von denen viele zu den meisten der eben genannten *ideologischen Instrumente oder Apparate* – bis auf die Massenmedien – normalerweise keinen Zugang haben, wenn nicht gänzlich zu brechen, so doch zumindest zu *untergraben*.

Hier zunächst ein knapper, teils stichwortartiger politischer bzw. *sozialhistorischer Aufriss*: Wir erinnern uns an den Auftakt in den frühen 1980er Jahren in Großbritannien. Margaret Thatcher hatte unter dem Vorwand, die Inflation zu bekämpfen, ein rigoroses Austeritätsprogramm[6] mit den später

---

6   Zur Geschichte der Austeritätsidee vgl. F. Schui (2014): Austerität. Politik der Sparsamkeit: Die kurze Geschichte eines großen Fehlers, München.

klassisch werdenden Mitteln des Neoliberalismus aufgelegt (Deregulierung, Steuersenkungen für die Unternehmen, Privatisierung, Sozialabbau) und das System der britischen Gewerkschaften mit noch traditionell konservativen Mitteln aufgebrochen. Das Schlüsselereignis war die *Niederschlagung des Streiks der britischen Bergarbeiter* gegen die Schließung bzw. Privatisierung der Zechen 1984/85. Das war gewissermaßen der »take off«, der Ausgangspunkt, der so etwas wie die »ursprüngliche Akkumulation« im neoliberalen Kampf des Kapitals gegen die Arbeit darstellte: die mehr oder minder offene Anwendung von sozialer und politischer Gewalt – ein restriktives *Gewerkschaftsgesetz*, von dem sich die britischen Gewerkschaften seither nicht mehr wirklich erholt haben. Das System selbst – einmal etabliert – funktionierte dann, das heißt es *reproduzierte* sich auf eine andere, ihm eigene Weise, wie Marx es einmal ausdrückte, durch den *stummen Zwang* der neuen Verhältnisse[7].

In der BRD ging man – wieder einmal – einen *Sonderweg*. Ich gebe nur Stichworte: Politisch der Koalitionswechsel der FDP (Lambsdorff-Papier) – und die Bereitschaft der Gewerkschaften zur Kooperation im »*nationalen Wettbewerbsstaat*« Deutschland – *Korporatismus*, wirtschaftlicher Nationalismus als Surrogat für Solidarität, Exportnation. Daher auch der *verspätete* Übergang vom verdeckten zum offenen – allenfalls durch den Euphemismus eines »Dritten Wegs« verkleisterten – Neoliberalismus, das heißt der Übergang von Kohl zu Schröder.

Auch auf die im engeren Sinne ökonomischen Voraussetzungen des Übergangs vom Fordismus zum Neoliberalismus kann ich hier nur verweisen – auf die *Profitkrise* des Kapitals (nicht zuletzt auch aufgrund einer durch relativ kampfstarke Gewerkschaften angestiegenen Lohnquote!) um die Mitte der 1970er Jahre, die durch die klassischen keynesianischen Methoden wegen der damals so genannten Tendenz zur »*Stagflation*« nicht mehr korrigierbar schien, ebenso wie auf die dadurch beförderten *Anfänge der mikroelektronischen Revolution*.

All dies machte vom *Standpunkt der Kapitalverwertung* eine Reorganisation der *Produktions- und Betriebsweise* und damit auch neue Inhalte und Formen der industriellen und mehr und mehr auch der Arbeit in den neuen, der Produktion assoziierten Dienstleistungssektoren erforderlich. Der enorme

---

7   K. Marx, Das Kapital, Bd. 1, MEW 23, 765.

Aufschwung der *Arbeitswissenschaften* und der *Managementtheorien* in den Jahren zwischen 1975 und 1985 belegt die Relevanz dieses Basisproblems.

Betrachtet man diesen Vorgang zunächst bloß von seiner materiell-technischen Seite, so liegt darin letztlich das begründet, was man mit Gramsci als die *Hegemonie*[8] des Neoliberalismus bezeichnen kann, seine in dieser Hinsicht tatsächliche *Überlegenheit* gegenüber der vorangegangenen, fordistischen, auf tayloristischer Arbeitsteilung, Fließband- und Massenproduktion beruhenden, zugleich aber von relativ hohem Lohnniveau und sozialstaatlicher Absicherung gestützten Produktions- und Betriebsweise.

Ich weiß sehr wohl, dass diese Paradoxie, der Hinweis auf die Überlegenheit der Produktionsweise bei gleichzeitiger objektiver Unterlegenheit der realen Produzenten, als Provokation empfunden werden kann. Ich füge aber gleich hinzu, dass die von mir hier so genannten progressiven Momente der neoliberalen Hegemonie nur für eine bestimmte (Aufstiegs-)Periode des Neoliberalismus gelten, schon nicht mehr für die seit etwa Mitte der 1990er Jahre sich durchsetzende Dominanz des Finanzkapitals und schon gar nicht für die aktuell sich abzeichnende rechtskonservativ bis rechtsextrem-autoritäre Variante.

Mit der These von der Existenz bzw. Wirksamkeit progressiver Eigenschaften der neoliberalen Hegemonie – zu denen ich in letzter Instanz auch die »Globalisierung« der Produktion und die internationale Arbeitsteilung zähle – bewege ich mich auf dem oben angedeuteten unsicheren Feld, denn klar ist, dass diese progressiven Elemente ausnahmslos einen ambivalenten, zumeist höchst widersprüchlichen Charakter aufweisen.[9]

Progressiv also in welcher Hinsicht? Zu den Eigentümlichkeiten der neoliberalen Hegemonie gehört die kaum zu leugnende Tatsache, dass viele der betroffenen Lohnabhängigen, Arbeiter, Dienstleister etc. viele der damals

---

8   Hegemonie ist also kein bloß ideologisches (oder bewusstseinsimmanentes, subjektives) Phänomen – obwohl die Kultur im weitesten Sinne dabei eine zentrale Rolle spielt. Sie ist immer auch ein objektives (materiell begründet, im Sinne von unabhängig vom subjektiven Bewusstsein) existierendes Phänomen.

9   Mit dem Begriff der Globalisierung verhält es sich ähnlich wie mit dem der Ökonomie (Ökonomisierung), stets wird die historisch bestimmte, kapitalistische Form mit dem eigentlichen Inhalt verwechselt und mit diesem Inhalt identifiziert. Zur historisch progressiven »Funktion« der Globalisierung vgl. K. Marx / F. Engels, Kommunistisches Manifest, MEW 4, 466 und K. Marx, Das Kapital, Bd. 3, MEW 25, 457; hier auch zum Kreditwesen.

neuen Inhalte und Formen ihrer Arbeit nicht nur nicht als restriktiv oder entfremdet, sondern – wie es die Management-Literatur jener Jahre zu proklamieren wusste – vielfach sogar als befreiend, die Kreativität der individuellen und scheinbar selbständig sich assoziierenden Arbeit befördernd empfanden, was sich freilich zumeist früher oder später, unter wachsendem Anpassungs- und Leistungsdruck als Illusion erweisen sollte.

Denn die aus bürokratischen und hierarchischen Zwängen befreite (Selbst-)Organisation der Arbeit durch die Arbeitenden – in Form von Gruppenarbeit und ähnlichen Kooperationsformen an der betrieblichen Basis – hatte und hat (der Logik der kapitalistischen Produktionsverhältnisse entsprechend) in letzter Instanz den *entscheidenden Zweck, die Profitabilität des Kapitals zu erhöhen.* Das heißt, die gefühlte und für das arbeitende Individuum partiell auch tatsächliche *Befreiung der Arbeit vom unmittelbaren Kommando des Kapitals – was Marx als formelle Subsumtion bezeichnet hatte – erwies sich schließlich doch als bloß vermeintlich selbstorganisiert, tatsächlich aber als reelle Subsumtion unter das Kapital.* Diese Paradoxie war und ist bis zu einem gewissen Grad auch heute noch eines der widersprüchlichen Basismomente neoliberaler Hegemonie. Und sie kann meines Erachtens nicht einfach überwunden werden durch die Rückkehr zu den fordistischen Verhältnissen der 1960er/70er Jahre, schon gar nicht zu deren Arbeitsformen, aber auch nicht zum traditionellen Gewerkschaftswesen oder zum traditionellen Sozialstaat jener Jahre.[10]

---

10 Ich merke nur an, was ich hier nicht weiter ausführen kann, dass ich die beschleunigte Globalisierung, die mit dem Aufstieg des Neoliberalismus verknüpft war und ist, ebenfalls zu den im dialektischen Sinne progressiven Tendenzen des Neoliberalismus zähle. Hier kann ich nur auf die entsprechenden Überlegungen von Marx im Kommunistischen Manifest verweisen. (Auf das hier vermutlich auftauchende Gegenargument, dass die junge, aufstrebende Bourgeoisie nicht zu verwechseln sei mit den spätimperialistischen Methoden der neoliberalen Globalisierung, verweise ich nur auf die Tatsache der kapitalistischen Gewalt und Ausbeutung (man denke nur an Indien) schon in den frühen Jahren der Herstellung des Weltmarkts. Darin jedenfalls vermag ich *keinen prinzipiellen Unterschied* zur neuesten Phase der Globalisierung zu sehen.) Zur Ambivalenz von »globalization« vgl. auch P. Bourdieu (2002), Einigen und herrschen – vom nationalen zum internationalen Feld. In ders., Der Einzige und sein Eigenheim, Hamburg. Ich beziehe mich vor allem auf den Schlusssatz: »Es ist also müßig, darauf zu hoffen, dass diese durch ›Harmonisierung‹ der Gesetzgebungen gewährleistete Einigung kraft ihrer Eigenlogik zu einer echten, von einem Universalstaat wahrgenommenen Universalisierung führen möge. Aber es ist gewiss nicht unvernünftig zu erwarten, dass die Auswirkungen der Politik einer kleinen, allein auf ihre kurzfristigen ökono-

V

Die Überlegenheit der neoliberalen Produktions- und Betriebsweise bei gleichzeitiger Unterlegenheit der real existierenden Produzenten, diese von mir als paradox bezeichnete These, bildet nun aber den Ausgangspunkt meiner *Überlegungen zur Überwindung der Unterlegenheit der Produzenten*, ohne die objektiv überlegenen Errungenschaften der modernen High-Tech-Produktionsweise preiszugeben. Ich greife hier auf eine eigentümliche Gedankenfigur von Gramsci zurück, die meines Erachtens aber auch schon bei Marx implizit enthalten war. Jede neue, gegebenenfalls auch jede neue Stufe einer bestimmten Produktionsweise erfordert einen neuen Produzententypus und Gramsci wusste auch, dass die entwickelten Produktionsweisen des Kapitalismus mehr und mehr auch die Momente der Verteilung, der Konsumtion, also der gesamten gesellschaftlichen Reproduktion, inklusive der Lebensweise der gesellschaftlichen Individuen einen solchen veränderten »*Menschentyp*« erfordern.[11] Nun trifft heute der Ausdruck »Menschentyp« auf eine ganze Reihe durchaus berechtigter Vorbehalte, so dass ich hier eher von einem historisch und sozial-ökonomisch spezifischen *Sozialcharakter* sprechen möchte, vielleicht wäre hier die Kategorie eines sozial (nicht unbedingt klassenspezifisch) differenzierten *Habitus* produktiv zu verwenden.[12]

In der wissenschaftlichen Literatur wird häufig davon gesprochen, dass – wie der Neoliberalismus überhaupt für eine durchgehende Ökonomisie-

---

mischen Interessen bedachten Oligarchie das allmähliche Aufkommen von ebenfalls weltweiten Kräften fördern können, die im Stande sind, nach und nach die Schaffung von transnationalen Instanzen zu erzwingen, die die herrschenden ökonomischen Kräfte zu kontrollieren und sie wahrhaft universellen Zwecken unterzuordnen haben.« (238). Vgl. auch Fußnote 9.

11   Bei Gramsci ist der Begriff (oder bloß Terminus?) »Amerikanismus« die der konkreten Lebensweise und Kultur entsprechende Kategorie zum »Fordismus«.

12   Vgl. M. Vester et al. (2001): Soziale Milieus im gesellschaftlichen Strukturwandel – Zwischen Integration und Ausgrenzung, Berlin und M. Vester et al. (2007): Die neuen Arbeitnehmer. Zunehmende Kompetenzen – wachsende Unsicherheit, Hamburg. Vester spricht im Zusammenhang mit der Generationenfolge der Arbeitnehmer auch von Metamorphosen des Habitus: »Die Kinder erlebten die Öffnung des sozialen Raums eher als Chance der Emanzipation aus klassen- und geschlechtsspezifischen Bevormundungen.« (M. Vester et al. (2001): Soziale Milieus im gesellschaftlichen Strukturwandel, 325). Bei Bourdieu spielt dabei die praktische, alltägliche Einübung und/oder Gewöhnung in der Reproduktion gesellschaftlicher Verhältnisse eine große Rolle. Nachfolgende Generationen kennen gar keine anderen Verhältnisse, sie empfinden sie in gewisser Hinsicht als »natürlich«.

rung der Gesellschaft verantwortlich sei – der spezifisch neoliberale Sozialcharakter oder Habitus, jedenfalls dem Ideal nach, als *homo oeconomicus* begriffen werden müsse, und dass nach seinem Vorbild nicht nur die Akteure auf dem ökonomischen Feld, sondern in der Gesellschaft überhaupt zu begreifen seien. Das ist – was den Neoliberalismus betrifft – in verschiedener Hinsicht allerdings bloß so etwas wie die halbe Wahrheit. Das Entscheidende ist nicht (was etwa die *Verhaltensökonomie* empirisch dagegen sagt), dass die real existierenden Menschen sich nicht nach den Prinzipien des homo oeconomicus verhalten. Die schlichte, aber offenbar vielen verborgene Wahrheit ist, dass dabei der *allgemeine Begriff der Ökonomie* – als rationelle Form der Auseinandersetzung der in Gesellschaft lebenden Menschen mit der Natur zum Zwecke der Erhaltung und Gestaltung ihres gemeinsamen Lebens (und man müsste vielleicht hinzufügen, ihres nachhaltigen Überlebens) – *mit der spezifisch kapitalistischen Form der Ökonomie verwechselt wird*, deren letzter Zweck die Verwertung des Kapitals unter rücksichtsloser Vernutzung der Natur und des lebendigen Arbeitsvermögens der Menschen ist. Was also heute als *homo oeconomicus* bezeichnet wird, wäre richtigerweise als *homo capitalisticus,* oder aktueller noch als *homo neoliberalissimus* zu bezeichnen.

Im Begriff des *Humankapitals* (Gary Becker) für die Gesamtheit der körperlichen, psychischen und intellektuellen Fähigkeiten eines Menschen zum Zwecke der eigenen, selbstsüchtigen Entwicklung durch Maximierung oder langfristigen Optimierung seines eigenen, als Revenue auf die Investition in sich selbst interpretierten Lohns oder Gehalts – gegebenenfalls und manchmal bewusst in mehr oder minder rücksichtsloser Konkurrenz zu Anderen – gewissermaßen als *Entrepreneur seiner selbst, als Ich-AG,* kommt die ganze menschliche Verkehrtheit oder (Selbst)Entfremdung des *homo neoliberalissimus* zum Ausdruck. Dass das »Humankapital« – jedenfalls für die meisten – im gesellschaftlichen Prozess der Kapitalverwertung fremdem Geld- oder Finanz-Kapital einverleibt, von ihm angeeignet und dabei immer wieder auch entwertet wird, hat der »flexible Mensch« des Neoliberalismus – wie ihn Richard Sennett beschrieben hat – wenn überhaupt, erst zu spät begriffen.

Diesen spezifisch neoliberalen Sozialcharakter oder Habitus zu überwinden durch die *Herausbildung* eines anderen, der gesellschaftlich-kooperativen Eigenart der menschlichen Individuen entsprechenden, also im strikten Sinne humanistischen Typs oder Sozialcharakters/Habitus, der auch in seinen ökonomischen Aktivitäten nicht auf individuelle Nutzenmaximierung aus ist, sondern der sich zur rationellen Regelung der in Gemeinschaft produzierenden und lebenden Individuen den notwendigen Stoffwechsel mit der äußeren Natur nachhaltig in freier Kooperation zusammenschließt, wäre eine denkbare Alternative.

Ich habe hier bewusst von *Herausbildung* und nicht etwa von Erziehung eines neuen Menschentyps (Sozialcharakter, Habitus) gesprochen, denn das Modell der Erziehung leidet bekanntlich an dem Umstand, dass die Erzieher selbst erzogen werden müssen. Unter »Herausbildung« verstehe ich hier – orientiert an Marx – die allein in der gesellschaftlichen Praxis mögliche *Selbstveränderung* der Individuen – wobei freilich das Moment der auf Erfahrung dieser Praxis beruhenden Erziehung durchaus eine Rolle spielen kann und muss.

VI

Voraussetzung einer solchen Selbstveränderung als Strategie gegen die neoliberale Subsumtion unter die Kapitalinteressen ist der meines Erachtens durchaus gegebene Umstand, dass die in solchen Verhältnissen lebenden Menschen sich auf Dauer – trotz der retardierenden Kraft der Gewohnheit – nicht mit den *neoliberalen Surrogaten von Freiheit, Gleichheit und Selbstbestimmung* abfinden können und wollen. Die schließlich kaum noch zu übersehende dramatische Ungleichheit von Einkommen und Vermögen, von Bildung, Gesundheit und Lebensweise ebenso wie die katastrophale Bedrohung der Umwelt, des Klimas und des Weltfriedens wird aber vermutlich kaum spontan, wohl aber durch *rationale Aufklärung, einen Anstoß zur Selbstveränderung* geben können. Freilich ist der Weg von – häufig bloß resignativer – Einsicht zum aktiven politischen Handeln nach aller Erfahrung weit. Mit den traditionellen Mitteln und Methoden der *Aufklärung allein*, wie sie von Linken bis heute betrieben wurde, wird dies in Zukunft aber *nicht zu leisten* sein – das scheint mir jedenfalls die Lehre der vergangenen Jahre zu sein.

Das bedeutet keineswegs, die tradierten Organisations-, Mobilisierungs- und Kampfformen der Linken, der Arbeiter-, Frauen- und Intellektuellenbewegungen, also Gewerkschaften, Genossenschaften, Kooperativen und Parteien, Streiks, Demonstrationen, Kampagnen, darunter auch Wahlkämpfe usw. für obsolet zu erklären. Vielmehr gilt es, in all diesen Formen das Moment der *widerständigen Eigeninitiative* der Teilnehmer zu stärken, so dass aus Funktionären, Mitgliedern oder auch nur Mitläufern sich auf allen

Ebenen und bei allen Aktionen ebenso engagierte wie reflektierte *Aktivisten* entwickeln, wie das für viele der neueren sozialen Bewegungen charakteristisch ist. Es gilt also *klassische und neuere Organisationsformen* – gewiss nicht widerspruchsfrei – diskursiv und programmatisch in gemeinsamen, *solidarischen* Aktionen miteinander zu *verbinden*.

Und es gilt, aus bloßen Abwehrkämpfen gegen die Zumutungen des neoliberalen Kapitals tendenziell positive soziale, ökologische und politische Alternativen »über den Kapitalismus hinaus« zu entwickeln. Dazu haben etwa die *Transformationstheoretiker* der RLS – ich nenne hier nur Michael Brie, Dieter Klein und Klaus Steinitz – seit Jahren produktive Vorschläge entwickelt. Klein und Steinitz waren übrigens Mitherausgeber der Festschrift zu Herbert Schuis 60. Geburtstag.

Commons – »*Reale Utopien*«? | Zu diesen alternativen Projekten, die der Tendenz nach über den Kapitalismus hinausweisen, gehört die Bewegung der sogenannten *Commons (Gemeingüter)*.[13] Ihren Aufschwung nahm die Bewegung zunächst im Widerstand gegen die neoliberale Privatisierung öffentlicher Güter (Infrastrukturen, Bildung, Gesundheit u. a.). Commons sind in mancher Hinsicht mit traditionellen Genossenschaften verwandt und knüpfen an die Idee und Realität vorkapitalistischen Gemeineigentums (Allmende) an. Sie sind freilich nicht bloße Non-Profit-Unternehmen, sondern streben darüber hinaus an, ihre Produkte möglichst kostenfrei der Allgemeinheit zur Verfügung zu stellen. Darin werden sie durch die Entwicklung der mikro-elektronisch-digitalen Revolution und die dadurch in vielen Bereichen gegen Null sinkenden Grenzkosten unterstützt.

Insofern zielen sie darauf ab, die oben erwähnten progressiven Momente der High-Tech-Produktionsweise von den Fesseln der kapitalistischen Verwertung zu befreien und damit das hochtönende Versprechen des Neoliberalismus von einer freien und kreativen Entfaltung der kooperativen Arbeit in gelebte Wirklichkeit umzusetzen.

Natürlich handelt es sich bei diesen Projekten derzeit immer noch um soziale Experimente in einem Meer von kapitalistischen Unternehmen, aber sie zeigen beispielhaft die Möglichkeiten sozialer, ökologischer und kultu-

---

13 Wesentlich problematischer als die Commons erscheinen mir dagegen die vielfach gut gemeinten Ideen für eine sharing-economy, die, wie die Erfahrung beweist (Uber, Airbnb sind nur Beispiele), durchaus neoliberal gewendet werden können.

reller Alternativen ohne in romantischen Träumen zu verharren. Inwieweit es sich dabei – um eine Formulierung von Marx leicht abzuwandeln – um eine »durch und durch ausdehnungsfähige« Alternative zur kapitalistischen Produktionsweise, zunächst vor allem auf informationellem, geistig-kulturellem Gebiet, aber durchaus auch auf einzelnen Gebieten der materiellen Produktion, der Infrastrukturen usw. handelt, ist sicher nicht ohne Grund umstritten. Hier gilt: *The proof of the pudding is in the eating.*

Immerhin bietet das neue Niveau der digitalen Technik des 21. Jahrhunderts die tendenziell unbegrenzte Möglichkeit der Vernetzung der vielfältigen Commons zu einem – letztlich globalen – arbeitsteiligen System gesellschaftlicher Produktion und Verteilung auf vielen Gebieten, wie sie den von Marx angesprochenen Kommunarden noch nicht zur Verfügung standen. Unbestreitbar ist jedenfalls, dass die Commons in ihren selbstgesetzten Zielen und den Methoden über den Kapitalismus, wenigstens so wie wir ihn kennen, hinausweisen. Gleichzeitig aber – um an die oben angedeutete Überlegung zu den sozial-differenzierten neoliberalen Habitusvarianten und ihrer Veränderung anzuknüpfen – bilden sich in ihrer praktischen Gestaltung und Tätigkeit jene neuen Produzententypen heraus, deren sozialer Charakter oder *Habitus* auf dem ökonomischen Feld dem der widerständigen und selbstbewussten sozial-politischen Aktivisten vergleichbar sind.

Übrigens: Viele der neueren Arbeiten der Transformationstheoretiker im Umkreis der RLS erschienen als gedruckte Bücher im VSA-Verlag; sie sind aber auch im Internet unter einer sogenannten Creative-Common-Lizenz kostenfrei herunterzuladen. Informationen über die Commons-Bewegung finden sich bei *Wikipedia* – selbst ein Commons-Projekt.

VII

Ich habe hier den Neoliberalismus nicht als Wirtschaftstheorie oder -philosophie und auch nicht als bloße Politikform behandelt, obwohl er gewiss auch beides ist oder enthält, sondern als eine historische Entwicklungsetappe der kapitalistischen Produktionsweise. Als eine solche wird er also weder wissenschaftlich widerlegt, noch durch den bloßen politischen Willen überwunden werden können. Es ist eine merkwürdige Legende, die sich im historischen Bewusstsein der linken Organisationen und Bewegungen gegen alle Erfahrungen festgesetzt hat, dass ein Formationswechsel – etwa vom Kapitalismus zum Sozialismus, mit dem Endziel Kommunismus – durch politische Revolutionen realisiert werden könnte. Es gibt in der gesamten Weltgeschichte nicht ein einziges Beispiel dafür – weder hat die französische (englische, amerikanische) Revolution des 18. Jahrhunderts den Kapitalismus hervorgebracht, noch die russische Revolution des 20. Jahrhunderts den Sozialismus/Kommunismus – das gilt offenkundig auch für die chinesische und die kubanische Revolution – selbst wenn die letzteren sich dieses Ziel ausdrücklich gesetzt hatten. Und es zeigt sich seit einigen Jahren immer deutlicher, dass dies auch für den sogenannten »Sozialismus des 21. Jahrhunderts« in Lateinamerika zutrifft.

Marx hat übrigens Revolutionen als »Lokomotiven« und nicht etwa als Demiurgen der Geschichte begriffen. Sie können also – falls erfolgreich, wie etwa die genannten des 18. Jahrhunderts – allenfalls, aber immerhin einen bereits in der vorangegangenen Gesellschaftsformation fortgeschrittenen Prozess der Erosion der alten und das Erstarken einer neuen Produktionsweise beschleunigen und damit den Übergang befördern: »Eine Gesellschaftsformation geht nie unter, bevor alle Produktivkräfte entwickelt sind, für die sie weit genug ist, und neue höhere Produktionsverhältnisse treten nie an die Stelle, bevor die materiellen Existenzbedingungen derselben im Schoß der alten Gesellschaft selbst ausgebrütet worden sind.«[14]

Dies ist nun aber auch keineswegs ein Plädoyer für eine Reformpolitik, wie sie etwa die deutschen Sozialdemokraten seit Godesberg programmatisch betreiben, bei der die Dominanz der kapitalistischen Verhältnisse ausdrücklich oder stillschweigend anerkannt wird. Gleichzeitig hat die Orientierung auf einen langfristigen, gegebenenfalls auch etappenweisen Übergang, wie er von den Transformationstheoretikern der RLS für möglich und notwendig gehalten wird[15], aber die Einsicht zur Folge, dass das herrschende neoliberale Regime nicht durch ein einzelnes Ereignis, sondern nur durch eine langfristig angelegte Strategie einzelner und gegebenenfalls auch gebündelter Maßnahmen auf politischer wie auf gesellschaftlicher Ebene überwunden werden kann. Wenn und insofern diese Maßnahmen oder Reformen nicht nur – aber selbstverständlich auch – die unmittelbare Lage der vom Neoliberalismus betroffenen Klassen und Schichten verbessern, sondern zugleich auf ein höheres Niveau der gesellschaftlichen Produktionsweise und

---

14 K. Marx, Zur Kritik der politischen Ökonomie, MEW 13, 9.
15 Zur internationalen Debatte vgl. http://thegreattransition.net

der politischen Demokratie verweisen, wenn es sich also – um einen Ausdruck von Rosa Luxemburg aufzugreifen – um *revolutionäre Reformen* handelt, so scheint mir dies der richtige Maßstab für eine langfristig angelegte Transformationsstrategie der gesellschaftlichen und politischen Linken zu sein (vgl. auch Fußnote 12).

Hierfür im Hier und Heute um gesellschaftliche Mehrheiten zu kämpfen, ist die schwierige, aber unumgängliche Aufgabe, und sie wird nicht von einer einzigen Organisation, sondern nur im freien, diskursiven und gleichberechtigten, also *solidarischen Bündnis* Vieler – darunter neben Parteien, Gewerkschaften usw. auch die Vielzahl alternativer Ideen, Projekte und Bewegungen mit ihren engagierten und phantasievollen AktivistInnen – zu lösen sein.

Artur Brückmann / Paula Herrschel / Franziska Hildebrandt

Wir leben unter unseren Verhältnissen!

Mit Keynes und Marx zur Humanisierung der Gesellschaft[1]

Oktober 2019. Es hat sich »ausgespart«[2] in der BRD, die »Schuldenregeln wackeln«[3]. In einer Umfrage fordern 87% der Befragten mehr Geld vom Staat »für Klimaschutz, moderne Schulen und Universitäten sowie eine bessere Ausstattung der Bahn«, 78% finden, die Privatisierung von öffentlichen Leistungen in Deutschland sei zu weit gegangen.[4] Seit Jahren kämpfen Bewegungen in Südeuropa für ein Ende der Austerität (griechisch für »Entbehrung«). In Chile – wo seit dem Putsch gegen den sozialistischen Präsidenten Salvador Allende im Jahr 1973 unter Bedingungen einer Militärdiktatur ein neoliberales Laboratorium errichtet wurde – kommen Millionen Menschen für ein Ende der marktfundamentalistischen Politik und eine demokratische Verfassung zusammen. In Hamburg machen wir uns als Initiative für einen Volksentscheid[5] daran, die Schuldenbremse aus den Köpfen und der Hamburgischen Verfassung zu streichen.

---

1 Dieser Artikel ist entstanden im Anschluss an die Diskussion (u. a. mit Florian Schui) im Rahmen des Workshops »*Mit Keynes gegen Marx oder gemeinsam zur Humanisierung der Gesellschaft?*« auf dem Symposium. Hauptintention ist es, kluge Texte zum produktiven Verhältnis von Keynes und Marx zugänglich zu machen bzw. zu deren Lektüre anzuregen. Insbesondere Rainer Volkmann hat mit engagierter Kritik wichtige Beiträge zum Gelingen geleistet.
2 Brost, Marc / Mark Schieritz (2019), Ausgespart, Die Zeit, 35/2019
3 Böcking, David (2019), Warum die Schuldenregeln wackeln, Spiegel online, 20.08.2019
4 Diekmann, Florian (2019), Deutsche wollen mehr Staat, Spiegel online, 30.10.2019
5 Kampagne »International solidarisch – Schluss mit Austerität«, in: www.schluss-mit-austeritaet.de (zuletzt eingesehen am 18.9.2019)

Zehn Jahre nach der letzten großen Finanzkrise ist die Ideologie der schwarzen Null enorm brüchig. Angesichts der von Friedens-, Klima-, Frauen- und sozialer Bewegung bearbeiteten sozial-ökologischen Vielfachkrise steigt der gesellschaftliche Handlungsdruck. Nach Jahren des Gürtel-Enger-Schnallen-Sollens durch Agenda 2010 und Austerität ist es nun höchste Zeit klarzustellen: »Wir« leben nicht *über* unseren Verhältnissen. Wir leben gesellschaftlich *unter* unseren Verhältnissen! Aber was ist damit genau gemeint?

Phänomene sind bspw. der enorme Investitionsstau in den Kommunen der BRD. Laut Kreditanstalt für Wiederaufbau (KfW) hat sich dieser im Jahr 2018 auf satte 138,4 Mrd. € erhöht.[6] Die Zahl der Erwerbslosen beträgt über 3,1 Mio. Im Jahr 2016 sparten allein die nicht-finanziellen Kapitalgesellschaften in der BRD über 128 Mrd. €, wohingegen sie nur 16,3 Mrd. € für Nettoinvestitionen ausgaben.[7] Riesigem privatem Reichtum stehen sowohl private wie auch öffentliche Armut gegenüber. Allein für letztere gilt, dass der gesamte Investitionsstau öffentlicher Kommunen – Schulen, Straßen, ÖPNV, KiTas, Sportstätten, Bäder, Kultur, Brand- und Katastrophenschutz etc. – sich sofort auflösen ließe, mit weniger als zwei Dritteln des Vermögens der 25 reichsten Deutschen. Im Schnitt blieben diesen 25 Reichen dann immer noch jeweils 3,8 Mrd. € übrig.

Was sind die Ursachen dafür? Und vor allem: Was ist zu tun? Wir halten es da mit Herbert Schui: »*Krise und Arbeitslosigkeit sind nicht Schicksal – sie entstehen, weil der Produktionsprozeß falsch organisiert ist, organisiert durch die Leitlinie des Profits und nicht nach vernünftigen Gesichtspunkten. Zwar wird viel Propaganda darauf verwendet vorzutäuschen, daß das Profitprinzip*

---

6   KfW Bankengruppe (2019): KfW-Kommunalpanel 2019, Frankfurt am Main

7   Insgesamt kann die falsche Verwendung von »Reichtum« anhand der Gewinnverwendung der Unternehmen nachgewiesen werden. Aus der gesamten Menge an Finanzierungsmitteln in Höhe von 440 Mrd. €, die Unternehmen im Jahr 2018 in der BRD zur Verfügung standen, wurden 255 Mrd. € für Sachvermögensbildung (Brutto- bzw. Ersatzinvestitionen), 185 Mrd. € für reine Geldvermögensbildung – also Finanzanlagen – genutzt und nur 38 Mrd. € für die für das Wachstum entscheidenden Nettoinvestitionen (= 8,8 Prozent). Offenbar erfüllen die Gewinne der Unternehmen nicht ihre lehrbuchmäßige Funktion der Schaffung von Investitionen und Arbeitsplätzen; dennoch werden sie durch die neoliberale Politik der Gewinnsteigerung auch durch armutsschaffende Umverteilung weiterhin gepflegt (vgl. Monatsbericht der Bundesbank, Dezember 2018, S. 39).

auch das einzig vernünftige Prinzip sei, doch bei näherem Hinsehen zeigt sich, daß Krisen das logische Ergebnis eines profitorientierten Produktionsprozesses sind: Profit und Vernunft schließen als Lenkungsprinzipien der Wirtschaft einander aus.« (Schui 1983: 79)

Das kapitalistische Gesellschaftssystem schafft das paradoxe Kunststück des Mangels im Überfluss. Das Ganze ist nicht etwa Ergebnis schlechter klimatischer Bedingungen, von Faulheit oder mangelnder Hygiene von Arbeiter*innen und Erwerbslosen[8], von »externen« Eingriffen des Staates in die sensible Automatik des Marktes etc. Der Mangel im Überfluss ist Teil der DNA des Kapitalismus und eine Konsequenz aus den derzeit ungünstigen Machtverhältnissen im Klassenkampf um Produktion und Verteilung des gesellschaftlichen Mehrprodukts. Aber wie kommen wir zu einer Gesellschaft und Wirtschaft, in der nicht Profit, sondern menschliche Entfaltung im Mittelpunkt steht? Während die einen die sofortige Abschaffung des Kapitalismus (Revolution) fordern, verlangen andere (erst einmal) die Verbesserung der Lebensbedingungen innerhalb des Kapitalismus (Reform). Doch ist dies ein Widerspruch? Wenn wir Marx und Keynes zusammendenken lautet die Antwort ganz klar: nein!

Angesichts der brüchig werdenden neoliberalen Hegemonie ist es dringend nötig, sich als gesellschaftliche Linke das ökonomische und politische Rüstzeug des aufgeklärten Bürgers John Maynard Keynes aus seinem verdrängten Nischen-Dasein herauszuholen. Die marxsche Perspektive der theoretisch-praktischen Überwindung der kapitalistischen Verhältnisse bleibt dabei (aber) die zentrale Leitlinie. Für ein dringend notwendiges Revival des Keynesianismus und Marxismus und damit einer produktiven Dialektik von Reform und Revolution ist die Überwindung des überkommenen, unproduktiven Gegeneinanders von Keynesianer*innen und Marxist*innen aufzuheben. Dafür treten wir mit diesem Artikel an.

Keynes selbst hielt Marx »für eine Figur aus der ›Unterwelt der Ketzer‹, die weniger mitzuteilen habe als der obskure Geldreformer Silvio Gesell« (Schui 2009: 27) und seine Schriften für »unlogisch, überhöht, wissenschaftlich falsch und für die heutige Welt ohne Interesse oder Anwendungsmöglichkeit« (Keynes 1926: 48). Welch ein Glück, dass Herbert Schui, Stephanie

---

8 Der damalige SPD-Vorsitzende Kurt Beck erfand kurzerhand einen »Hygiene-Zyklus der Erwerbslosigkeit« als er zu einem Erwerbslosen sagte: »Wenn Sie sich waschen und rasieren, dann finden Sie auch einen Job.« (vgl. dazu u. a. Schui 2014: 82).

Blankenburg, Rainer Volkmann, Harald Mattfeldt, Paul Mattick u. a. sich davon nicht haben abhalten lassen und die Gedanken des Ökonomen aus Cambridge für eine klassenkämpferische Synthese mit dem revolutionären Impetus von Karl Marx nutzbar gemacht haben. Mit Marx und Keynes also über beide hinaus. So sehen Stephanie Blankenburg und Herbert Schui in ihrem 2008 verfassten Stichwortartikel »Keynesianismus« im Historisch-Kritischen Wörterbuch des Marxismus diesen »als Ausgangspunkt für die Überwindung des Kapitalismus«, weil ihm ein radikaler Humanismus zu Grunde liegt, durch dessen Maßnahmen die Profitrate gesenkt, die Kapitalmacht empfindlich eingeschränkt wird und die disziplinierende Wirkung der Erwerbslosen-Reservearmee wegfällt. Kurz: ein konsequenter Keynesianismus muss den Widerstand des Kapitals hervorrufen, weil er die Verfügungs- und Eigentumsverhältnisse berührt (vgl. Blankenburg/Schui 2008). Joan Robinson, eine der bedeutendsten Schüler*innen von Keynes, interpretiert ihn folglich im weitergehenden Sinne: »*Wenn ein System privater Unternehmen mit potenziellem Überfluss nicht umgehen kann, dann müssen wir es in ein System umändern, das es kann*« (Robinson/Wilkinson 1977: 11).

Für unsere Auseinandersetzung hin auf eine Perspektive nach der neoliberalen Hegemonie fragen wir uns im Folgenden, was nun genau die Gemeinsamkeiten des Revolutionärs Karl Marx und des aufgeklärten Bürgers John Maynard Keynes sind. Um dies zu ergründen, gehen wir vom Humanismus von Marx und Keynes aus: Beiden geht es darum, die menschliche Entfaltung in den Mittelpunkt des Wirtschaftens zu stellen. Darauf aufbauend eignen wir uns die Kritik der beiden an den inneren Widersprüchen des Kapitalismus an, die nicht zuletzt eine Widerlegung der zum Naturgesetz verklärten Gleichgewichtsautomatik bürgerlicher Marktökonomietheorie ist. Beide analysieren den Kapitalismus als ein System, das den Mangel im Überfluss »kultiviert« und dadurch die Krise in sich trägt wie die Wolke den Regen. Dementgegen können wir mit Marx und Keynes die Unmündigkeit in wirtschaftlichen Angelegenheiten theoretisch-praktisch überwinden. Zum einen durch gesamtwirtschaftliche staatliche Planung statt privat-konkurrenzhafter Marktanarchie der Produktion. Zum anderen durch die Selbstbefreiung von neoliberalen Mythen und demokratische Teilhabe der Produzent*innen am Produktionsprozess.

Der Humanismus von Keynes und Marx
Der kategorische Imperativ, »*alle Verhältnisse umzuwerfen, in denen der Mensch ein erniedrigtes, ein geknechtetes, ein verlassenes, ein verächtliches Wesen ist*«, treibt den jungen Karl Marx zur Kritik einer Politischen Ökonomie, welche den Menschen zum Zwecke der Profitmaximierung einer kleinen Minderheit eine ausgebeutete und entfremdete Existenz fristen lässt. Die Perspektive der revolutionären Theorie und Praxis von Karl Marx und Friedrich Engels ist die Aufhebung des Klassengegensatzes von Arbeit und Kapital zu Gunsten einer »*Assoziation, worin die freie Entwicklung eines jeden die Bedingung für die freie Entwicklung aller ist.*« Ziel der kommunistischen Bewegung ist die Vergesellschaftung der Produktionsmittel, um die immense durch den Kapitalismus freigesetzte Produktivkraftentwicklung für eine Reduzierung der notwendigen Arbeitszeit zur Reproduktion des gesellschaftlichen Status quo und der Freisetzung verfügbarer Zeit zu nutzen. Arbeit – die produktive gesellschaftliche Tätigkeit, die kollektive und darin je persönliche Verfügung über die gemeinsam hervorgebrachten Lebensbedingungen – ist bei Karl Marx das erste Lebensbedürfnis des Menschen: »*Gesetzt wir hätten als Menschen produziert: Jeder von uns hätte in seiner Produktion sich selbst und den anderen doppelt bejaht. Ich hätte 1. in meiner Produktion meine Individualität, ihre Eigentümlichkeit vergegenständlicht und daher sowohl während der Tätigkeit eine individuelle Lebensäußerung genossen, als im Anschauen des Gegenstandes die individuelle Freude, meine Persönlichkeit als gegenständliche, sinnlich anschaubare und darum über allen Zweifel erhabene Macht zu wissen. 2. In deinem Genuß oder deinem Gebrauch meines Produkts hätte ich unmittelbar den Genuß, sowohl des Bewußtseins, in meiner Arbeit ein menschliches Bedürfnis befriedigt, also das menschliche Wesen vergegenständlicht und daher dem Bedürfnis eines andren menschlichen Wesens seinen entsprechenden Gegenstand verschafft zu haben, 3. für dich der Mittler zwischen dir und der Gattung gewesen zu sein, also von dir selbst als eine Ergänzung deines eigenen Wesens und als ein notwendiger Teil deiner selbst gewußt und empfunden zu werden, also sowohl in deinem Denken wie in deiner Liebe mich bestätigt zu wissen, 4. in meiner individuellen Lebensäußerung unmittelbar deine Lebensäußerung geschaffen zu haben, also in meiner individuellen Tätigkeit unmittelbar mein wahres Wesen, mein menschliches, mein Gemeinwesen bestätigt und verwirklicht zu haben*« (MEW 40: 462f.).

Die Marxsche Befreiungsperspektive besteht also in der Freisetzung der menschlichen Produktivität und Gesellschaftlichkeit aus der Kapital-, Lohnarbeits- und Warenform, die Übernahme der Produktionsmittel durch die Produzent*innen und die Vergesellschaftung – also die bewusste kooperative Planung – der bisher privat und konkurrenzhaft organisierten Produktion. Man könnte auch sagen, es geht um die Weiterführung der französischen Revolution: Freiheit, Gleichheit, Solidarität soll auch die ökonomische Sphäre ergreifen. Demokratie gehört auch in die Wirtschaft.

Die Position von John Maynard Keynes geht mit der von Karl Marx soweit zusammen, als die wirtschaftliche Sphäre und Produktivität der politischen Vernunft unterzuordnen sei zum Zwecke der Wohlentwicklung der Menschheit, nicht zum Zwecke der Profitmaximierung. Keynes möchte dafür die ökonomische Effizienz des Kapitalismus steigern, indem die ihm inhärenten Konstruktionsfehler (und damit Krisentendenzen) der Unterauslastung von Produktionskapazitäten und damit unfreiwillige Arbeitslosigkeit durch staatlichen Eingriff (hinein bis in die unternehmerischen Investitionsentscheidungen) ausgeglichen werden sollen. So sollen alle Menschen von der Arbeitslast befreit und ihnen so mehr Zeit zur Muße freigesetzt werden *außerhalb* der Ökonomie.

»Keynes [...] sorgte sich nicht um die langfristige politische Durchsetzbarkeit seines Modells, sondern darum ob die Menschheit auf eine Zukunft vorbereitet sei, in der sie durch anhaltendes Produktivitätswachstum langsam von der Notwendigkeit produktiver Arbeit befreit sein würde. [Er] nennt besonders das Pflegen von Freundschaften und die Kultivierung ästhetischer Feinfühligkeit durch die Kontemplation schöner Objekte als wichtige Elemente eines guten Lebens, denen durch die sinkende Arbeitszeit mehr Raum geschaffen wird. Er wurde dabei durch die Vorstellungen Aristoteles und des Cambridger Philosophen G. E. Moore geprägt. [...] Für Keynes war es eine vorrangige Aufgabe, die Menschheit durch Bildung auf ihre Zukunft vorzubereiten und ihr die Angst vor der Arbeitsfreiheit zu nehmen. Ein solche Ausweitung der öffentlichen Bildungsanstrengung passte im Übrigen auch zur von ihm ausgemachten ökonomischen Notwendigkeit, das Volumen staatlicher Ausgaben zu vergrößern« (Schui 2018).

Karl Marx geht es weitergehend darum, die Arbeit – als erstes menschliches Lebensbedürfnis – von der Geißel der Lohnarbeitsform zu befreien. So wird von ihm die Frage aufgeworfen, wie die von Lohnarbeit freie Zeit genutzt wird: »*Die freie Zeit – die sowohl Mußezeit als [auch] Zeit für höhere Tätigkeit ist – hat ihren Besitzer natürlich in ein anderes Subjekt verwandelt und als dieses andere Subjekt tritt er dann auch in den unmittelbaren Produktionsprozess*« (MEW 42: 599). Kurz gesagt betont Marx die Gesellschaftlichkeit des Menschen auch in der Frage der Nutzung der Freizeit: für Zerstreuung oder zur Erweiterung der Verfügungsmöglichkeiten über den gesellschaftlichen (und damit auch ökonomischen) Prozess.

Zwar kommen Keynes und Marx in der Frage nach der Notwendigkeit revolutionärer Überwindung des Kapitalismus keinen Millimeter zueinander. Einigkeit besteht aber darin, die politische Gestaltung ökonomischer Prozesse zur Verbesserung der Lage aller Menschen in die Hände der Bevölkerung bzw. des von dieser gewählten Staates zu nehmen.

Kritik der Politischen Ökonomie und des Laissez-faire

Von diesem Humanismus ausgehend knieten sich beide mit Leidenschaft in die Analyse und Kritik ökonomischer Entwicklungsgesetze des Kapitalismus. Sie suchten nach Hebelpunkten zur politischen Einflussnahme.

Sowohl Karl Marx als auch John Maynard Keynes begannen damit, einen wesentlichen Teil ihrer theoretischen Arbeiten mit der freudigen Zerstörung der Mythen der Mainstream-Nationalökonomen ihrer Zeit zu bestreiten. Während Karl Marx seinem Hauptwerk »Das Kapital« den Untertitel »Kritik der Politischen Ökonomie« (von Smith, Ricardo u. a.) verpasste, begann Keynes seine Kritik der Neoklassik mit der Entlarvung des Sayschen Theorems, wonach jede Produktion sich automatisch ihre dazu passende Nachfrage herbeizaubere, was bereits von Marx widerlegt worden war (vgl. Blankenburg/Schui 2008: 598). Mit ungnädigem Humor – der stellenweise an Marx' lästerliche Rede vom doppelt freien Lohnarbeiter erinnert – zieht Keynes in einem Aufsatz des Jahres 1926 über die »metaphysischen und allgemeinen Prinzipien« des Laissez-faire der ökonomischen Gleichgewichtsapologeten her: »*Es ist nicht wahr, dass jedes Individuum eine vorgeschriebene ›natürliche Freiheit‹ seiner wirtschaftlichen Tätigkeit besitzt. Es gibt keinen ›Vertrag‹, der denen, die schon besitzen oder die noch erwerben, ewige Rechte überträgt. Die Welt wird von oben her nicht so regiert, dass private und allgemeine Interessen immer zusammenfallen. Sie wird von unten her nicht so verwaltet, dass diese beiden Interessen in praxi zusammenfallen. Aus den Prinzipien der Nationalökonomie folgt nicht, dass der aufgeklärte Egoismus immer zum allgemeinen Besten wirkt. Es ist auch nicht wahr, dass Egoismus im Allgemeinen immer aufgeklärt ist, meistenteils sind die Individuen, die einzeln ihre egoistischen Interessen verfolgen, zu unwissend oder zu schwach, um auch nur diese zu erreichen. Die Erfahrung lehrt nicht, dass Individuen, die sich zu einer gesellschaftlichen Gruppe zusammenschließen, immer weniger klarsichtig sind, als wenn sie einzeln handeln«* (Keynes 1926: 27).

Damit sind der metaphysischen ›unsichtbaren Hand‹ des Marktes – die sich zu Unrecht unter Bezug auf den Moralphilosophen Adam Smith von interessierter Seite als Propagandatrick angeeignet wurde – eine Absage genauso erteilt wie dem die Gesellschaft als Anhäufung individueller Atome verbrämenden methodologischen Individualismus. Und die Türen sind somit geöffnet für makroökonomische Betrachtungen und kollektive politische Aktivität in der ökonomischen Sphäre zur Maximierung der allgemeinen Wohlfahrt.

Die neoklassische Ökonomie, die derzeit die VWL-Institute deutscher Hochschulen ideologisch verstopft, führt wirtschaftliche Krisen auf externe Eingriffe des Staates in die Gleichgewichtsautomatik des Marktes zurück. Ökonomie wird als nach ewigen Gesetzen sich verhaltende Naturgewalt ideologisch aus dem gesellschaftlichen Kontext zu entbetten versucht. Der unauflösliche Konflikt zwischen Wert schaffenden Arbeiter*innen und den diese ausbeutenden Kapitaleigner*innen wird durch die Flucht aus dem Reich der Produktion in die harmonische Welt der Nutzenmaximierung gleicher Akteure in der Marktsphäre von der volkswirtschaftlichen Bildfläche zu verbannen versucht (vgl. Rainer Volkmanns Beitrag in diesem Buch).

Mit dieser Voodoo-Ökonomie standen Marx und Keynes beide auf Kriegsfuß.

Wie entstehen Krisen im Kapitalismus?
»Die kapitalistische Produktion entwickelt [...] nur die Technik und Kombination des gesellschaftlichen Produktionsprozesses, indem sie zugleich die Springquellen alles Reichtums untergräbt: die Erde und den Arbeiter« (MEW 23: 530). Der Kapitalismus ist ein System, das auf den eigenen Untergang zusteuert. Darin waren sich Marx und Keynes einig. Anders gewendet: Die Produktivkräfte wachsen den Produktionsverhältnissen über den Kopf.

Keynes vertritt in einem Radiobeitrag in der BBC am 14. März 1932 zum Krisenproblem: »*In Zeiten der Wirtschaftskrise erscheint das Paradoxon des Verhungerns inmitten der Fülle am deutlichsten und empörendsten. Aber ich bin der Überzeugung, dass wir unter einem chronischen Unvermögen leiden, die Möglichkeiten, die uns die technischen Kapazitäten zur Produktion materieller Güter bieten, in vollem Umfang auszuschöpfen. Diesem Unvermögen abzuhelfen ist das Problem der Planung. Ihre Aufgabe ist es, jene Dinge zu tun, die der Einzelne aufgrund der Natur der Sache unmöglich versuchen kann*« (Keynes 2008: 99 f.).

Der kindische Glaube an die anonymen Kräfte des Marktes, die Angebot und Nachfrage ins Gleichgewicht bringen, solange sie von Staat und Gewerkschaften in Ruhe gelassen werden, beleidigt den Intellekt von John Maynard Keynes. Er weiß, dass ökonomische Krisen nicht durch »externe« Faktoren wie unvollkommen durchgesetzte Märkte, nicht flexible Güterpreise bzw. Löhne oder Staatseingriffe verursacht werden. Als Zentralkategorie wirtschaftlicher Entwicklung – und damit zentrale Krisenursache – identifiziert Keynes dementgegen die (unzureichende) gesamtwirtschaftliche Nachfrage. Sie ergibt sich aus dem Verhältnis von Spar- und Konsumneigung. Hierbei gilt, dass die Sparneigung steigt und die Konsumneigung fällt, je höher das Einkommen ist und umgekehrt. Niedrige Einkommensgruppen werden von einem zusätzlichen Euro an Einkommen einen höheren Prozentsatz konsumieren als hohe Einkommensgruppen. Dadurch wird Vollbeschäftigung allein zur politischen Frage, den privaten Konsum und die Investitionstätigkeit z. B. durch steuerliche Umverteilungspolitik zu Gunsten niedriger Einkommensschichten mit höherer Konsumquote anzukurbeln.

Auch wenn Keynes dies nicht hauptsächlich betont, so kann doch davon gesprochen werden, dass seine Analyse der Funktionsunfähigkeit eines unregulierten Kapitalismus die Verteilungsfrage im Kern berührt. Herbert Schui hat die Keynessche These in marxistische Begrifflichkeiten folgendermaßen übersetzt: »*In den Begriffen der klassischen politischen Ökonomie lässt sich dies durch das Verhältnis der Produktivkräfte zu den Produktionsverhältnissen erfassen: Die Produktivkräfte haben eine hohe Arbeitsproduktivität hervorgebracht und ermöglichen folglich einen hohen Mehrwert je Arbeitseinheit; aber der Stand der technischen Entwicklung verhindert, dass der gesamte potentielle Vollbeschäftigungsmehrwert in der Form von Investitionsgütern absorbiert wird. Mit anderen Worten: gegeben der Lohnsatz und die Arbeitsproduktivität, so wird diejenige Menge an Kapitalgütern, die bei Vollbeschäftigung hergestellt werden könnte, nicht nachgefragt, weil es für eine solche Menge an Kapitalgütern an rentablen Investitionsmöglichkeiten fehlt. [...] Als Folge wird weniger als der Vollbeschäftigungsmehrwert hergestellt, was wiederum synonym für Arbeitslosigkeit ist. Eine Lösung besteht in einer Verminderung des Vollbeschäftigungsmehrwerts durch Gewinnsteuern oder höhere Löhne, um den Massenkonsum zu steigern (Hier hat der Wohlfahrtsstaat seine wirtschaftliche Basis.) Eine solche Verteilungspolitik erfordert allerdings eine sehr weitreichende Reformierung der kapitalistischen Produktionsverhältnisse«* (Schui 2003: 91 f.).

Karl Marx und Friedrich Engels gehen in ihrer Kritik der kapitalistischen Produktionsweise freilich über die Analyse einer internen Funktionsuntüchtigkeit hinaus. Den zentralen Widerspruch des Kapitalismus sehen sie in der Gesellschaftlichkeit der Produktion und der privaten Form der Planung und Aneignung. Auf den Punkt bringt dies Friedrich Engels in seiner Schrift »Die Entwicklung des Sozialismus von der Utopie zur Wissenschaft« aus dem Jahre 1880:

»In den Krisen kommt der Widerspruch zwischen gesellschaftlicher Produktion und kapitalistischer Aneignung zum gewaltsamen Ausbruch. Der Warenumlauf ist momentan vernichtet: das Zirkulationsmittel, das Geld, wird Zirkulationshindernis; alle Gesetze der Warenproduktion und Warenzirkulation werden auf den Kopf gestellt. Die ökonomische Kollision hat ihren Höhepunkt erreicht: Die Produktionsweise rebelliert gegen die Austauschweise. Die Tatsache, daß die gesellschaftliche Organisation der Produktion innerhalb der Fabrik sich zu dem Punkt entwickelt hat, wo sie unverträglich geworden ist mit der neben und über ihr bestehenden Anarchie der Produktion in der Gesellschaft – diese Tatsache wird den Kapitalisten selbst handgreiflich gemacht durch die gewaltsame Konzentration der Kapitale, die sich während der Krisen vollzieht vermittelst des Ruins vieler großen und noch mehr kleiner Kapitalisten. Der gesamte Mechanismus der kapitalistischen Produktionsweise versagt unter dem Druck der von ihr selbst erzeugten Produktivkräfte. Sie kann diese Masse von Produktionsmitteln nicht mehr alle in Kapital verwandeln; sie liegen brach, und ebendeshalb muß auch die industrielle Reservearmee brachliegen. Produktionsmittel, Lebensmittel, disponible Arbeiter, alle Elemente der Produktion und des allgemeinen Reichtums sind im Überfluß vorhanden. Aber ›der Überfluß wird Quelle der Not und des Mangels‹ (Fourier), weil er es gerade ist, der die Verwandlung der Produktions- und Lebensmittel in Kapital verhin-

dert. Denn in der kapitalistischen Gesellschaft können die Produktionsmittel nicht in Tätigkeit treten, es sei denn, sie hätten sich zuvor in Kapital, in Mittel zur Ausbeutung menschlicher Arbeitskraft verwandelt. Wie ein Gespenst steht die Notwendigkeit der Kapitaleigenschaft der Produktions- und Lebensmittel zwischen ihnen und den Arbeitern. Sie allein verhindert das Zusammentreten der sachlichen und der persönlichen Hebel der Produktion; sie allein verbietet den Produktionsmitteln, zu fungieren, den Arbeitern, zu arbeiten und zu leben. Einesteils also wird die kapitalistische Produktionsweise ihrer eignen Unfähigkeit zur ferneren Verwaltung dieser Produktivkräfte überführt. Andrerseits drängen diese Produktivkräfte selbst mit steigender Macht nach Aufhebung des Widerspruchs, nach ihrer Erlösung von ihrer Eigenschaft als Kapital, nach tatsächlicher Anerkennung ihres Charakters als gesellschaftlicher Produktivkräfte.« (MEW 19: 219f.)

Die Synthese des Krisenverständnisses zwischen Keynes und Marx, die Schui et al. entwickelt haben, kann also in der Verknüpfung von Unterkonsumtionstheorie und Klassen- bzw. Verteilungskampf zusammengefasst werden: »*Sind die Unternehmer im Verteilungskonflikt erfolgreich, so steigt die Profitquote; es steigt die Sparquote, der Anteil der Konsumausgaben am Volkseinkommen sinkt. Damit sinken ebenfalls im Verhältnis zum Volkseinkommen alle Investitionen, die vom Konsum abhängen*« (Schui 1991: 23). Im nachfragebegrenzten Kapitalismus geraten die Produktivkräfte in Konflikt mit den Produktionsverhältnissen. Was das verschränkte Nebeneinander von unausgelasteten Produktionskapazitäten und mangelnder gesamtwirtschaftlicher Nachfrage angeht, leben wir ökonomisch also unter und nicht über unseren Verhältnissen. Der Weg hinaus: Sozialstaatlichkeit, die den Namen verdient.

Perspektive nach der neoliberalen Ökonomie: »die Beendigung der Unmündigkeit in wirtschaftlichen Dingen«

Ausgehend von seinem humanistischen Impetus der Effizienzsteigerung der Ökonomie war Keynes auch ideologisch recht flexibel, was den staatlichen Eingriff in die Verfügungsgewalt des Kapitals angeht. Wenn private Investitionsentscheidungen nicht zur vollen Ausschöpfung ökonomischer Kapazitäten führen, dann muss dies geändert werden: »*Ich glaube, dass wir zu einer gemeinsamen vernünftigen Entscheidung kommen müssen über den Umfang, in dem das Sparen innerhalb einer Gemeinschaft erwünscht ist, und über den*

Umfang, in dem diese Ersparnisse im Ausland angelegt werden sollen; ferner darüber, ob die heutige Organisation des Anlagemarktes die Ersparnisse in der für die Nation produktivsten Art verteilt. Ich glaube, man sollte diese Dinge nicht ganz und gar dem Zufall der privaten Entscheidung und des privaten Gewinns überlassen, wie es heutzutage der Fall ist« (Keynes 1926: 31).

Zehn Jahre – und die Erfahrung der Great Depression – später klingt das dann sogar noch weit offensiver: *»Ich denk mir daher, dass eine ziemlich umfassende Verstaatlichung der Investitionen sich als das einzige Mittel zur Erreichung einer Annäherung an Vollbeschäftigung erweisen wird; obschon dies nicht alle Arten von Zwischenlösungen und Verfahren ausschließen muss, durch welche die öffentliche Behörde mit der privaten Initiative zusammenarbeiten wird«* (Keynes 1936: 318).

Keynes wollte die Rate der Entlohnung für Kapitaleigentümer politisch festlegen, durch Niedrigzinspolitik den Rentiers einen »sanften Tod« bereiten und eine Verstaatlichung der Investitionen erreichen. Und selbst der Kern des bürgerlichen Systems, die ausschließliche Verfügungsgewalt über die Produktionsmittel via Privateigentum, steht für Keynes nicht komplett unter Denkmalschutz.

Es geht also nicht nur um das bessere wirtschaftspolitische Konzept, sondern um den Willen zur gesellschaftlichen Konfliktführung: *»Deshalb geht der wirtschaftspolitische Streit auch nicht um das bessere Konzept zum Abbau der Arbeitslosigkeit, sondern um die Frage, in welche Richtung die Gesellschaft umgestaltet werden soll. Nur so ist es politisch ökonomisch zu verstehen, daß kleinste Schritte in Richtung der Sicherung und Schaffung von Arbeitsplätzen im Zusammenspiel von »Kabinett und Kapital« verhindert werden«* (Hickel 1994: 182).

Im Sinne des MEMORANDUMS Alternative Wirtschaftspolitik geht es hierbei also nicht um einen Streit der besseren Ideen, welche dann von staatlichen Expert*innen umgesetzt werden müssten, sondern um den Kampf als Lohnabhängige, dem Kapital Verfügungsgewalt über den gesellschaftlichen Entwicklungsprozess abzutrotzen: So geht es um die *»Skizzierung eines »alternativen Entwicklungstyps« mit den Elementen Umverteilung zur Stärkung der Masseneinkommen, bedarfsorientierte Langzeitbeschäftigungsprogramme, massive Arbeitszeitverkürzung bei vollem Einkommensausgleich und vor allem Demokratisierung der Wirtschaft – auch über Vergesellschaftung wichtiger Produktionssektoren«* (Hickel 1994: 180).

Auch wenn John Maynard Keynes heutzutage gerne mal – in Form einer Vulgarisierung seiner Theorie und Praxis – zu instrumentalisieren versucht wird, um den Unternehmen im Eigeninteresse höhere Löhne schmackhaft zu machen, lässt sich dies im Kapitalismus nicht harmonisch verwirklichen, ohne damit tendenziell über ihn hinauszugehen.

Sozialstaat statt Schuldenbremse:
International Solidarisch – Schluss mit Austerität
Wirtschaftsdemokratie, kulturelle Emanzipation als Subalterne und steigende gewerkschaftliche Handlungsmacht bilden also eine Einheit mit ökonomischer Umverteilung von Oben nach Unten und staatlichen Investitionen ins öffentliche Gemeinwesen. Das Ende der Unmündigkeit in wirtschaftlichen Angelegenheiten bezieht sich dabei nicht nur auf das Zerstören neoliberaler Mythen, sondern auch auf das Herausbilden solidarischer Lebensweise und politischer Praxis. Dafür steht aktuell vor allem an, die »Schuldenbremse« als letzten Rettungsversuch des Neoliberalismus aus Köpfen und Verfassungen zu streichen, weil diese Politik das Dogma des Gürtel-Enger-Schnallens festzuschreiben versucht, den Sozialstaat kürzt, Privatisierungen vorantreibt und Banken bedient. Damit verschärft sich das zentrale Problem der Unterkonsumtion.

Wir kämpfen dementgegen für den Sozialstaat, um der strukturellen Unterkonsumtion an den Kragen zu gehen, zur Verbesserung der Lebensbedingungen aller und für den Ausbau von demokratischer Teilhabe. Dieser war und ist finanzierbar: *»Dies ist die Grundlage des modernen Sozialstaates: Was an Produktionsmöglichkeiten nicht für die Herstellung von Realkapital benötigt wird, soll für den Konsum (den öffentlichen ebenso wie den privaten) genutzt werden. Damit bringt der Sozialstaat eine Nachfrage und damit Produktion hervor, die ohne ihn nicht zustande käme. Die reformierten Produktionsverhältnisse, der Sozialstaat, schaffen sich selbst ihre wirtschaftlichen Voraussetzungen. Er ist das Verfahren, mit dem der überaus entwickelte Produktivkraftstand für vermehrte allgemeine Wohlfahrt genutzt werden kann«* (Schui 2005: 28).

Der Kampf für einen emanzipatorischen Sozialstaat dreht sich also nicht um karitative Zuwendungen »des Staates« an »die Masse« oder wirtschaftstechnische Interventionen für einen reibungslosen Kapitalismus. Im Gegenteil: Sozialstaatlichkeit verbessert die Lebens- und damit Kampfbedingungen von uns Subalternen. Sozialstaatlichkeit ist Klassenkampf von unten. Erstens ist die Profitrate ohne Sozialstaat höher. Zweitens führen Sozialstaat und Vollbeschäftigung zum Wegfall der disziplinierenden Furcht vor Erwerbslosigkeit und einer Dynamik der Anspruchsentwicklung in der Bevölkerung. Und drittens besteht die Tendenz zum »Investitionsstreik« durch Unternehmen, was zu Stagflation führen kann und weitergehende Sozialisierungsschritte erfordert (vgl. Schui 2005: 29f.).

Die nötige gesamtplanerische Betätigung des Sozialstaates weist tendenziell über die kapitalistische Produktionsweise hinaus. Keynes fasst es in seiner Radiosendung »Über staatliche Wirtschaftsplanung« in der BBC am 14. März 1932 so: »*Nach meinem Dafürhalten – und an dieser Stelle bringe ich meine ganz persönliche Sicht der Dinge zum Ausdruck, obgleich viele beginnen, sie zu teilen – ist staatliche Planung, die darauf abzielt, den durchschnittlichen Auslastungsgrad des industriellen Produktionspotenzials auf einem optimalen Niveau zu halten und die Massenarbeitslosigkeit dadurch zu beseitigen, zugleich die wichtigste und schwierigste der Aufgaben, die vor uns liegen. Sie wird uns, davon bin ich überzeugt, zu weitaus gezielteren und weiter reichenden Maßnahmen der Kreditkontrolle und zu einer intensiven Beschäftigung mit dem Zinsniveau führen. Der Staat wird ganz allgemein versuchen, solche Bedingungen zu schaffen, die eine optimale Investitionsquote anregen und erleichtern. [...] Wie ich zu Beginn gesagt habe, ist es das Versagen der ungeplanten Wirtschaftssysteme Westeuropas und Amerikas, sich selbst zum besten Nutzen zu regulieren oder die Früchte des Genies seiner Wissenschaftler, Ingenieure und Manager zu ernten, was viele Personen dazu bewegt, vorurteilsfrei jene weitreichenden Versuchsvorhaben der kreativsten Köpfe der Nachkriegswelt zu erwägen, die zweckmäßigerweise als Planung bezeichnet werden.*« (Keynes 2008: 104f.)

All dies erfordert auch, die Einkommensverteilung festzulegen, damit Nachfrage und Produktion hin auf Vollbeschäftigung koordiniert sind: »*daß der Markt diese Abstimmungsaufgaben nicht erfüllen kann, ist mit der Sozialstaatsidee anerkannt. Damit müssen die Parlamente, die Regierungen und die Gewerkschaften als Einrichtungen außerhalb des Marktes neue, planerische Verfahren zur Abstimmung des wirtschaftlichen Größen entwickeln. Das Neue an diesen institutionellen Veränderungen ist die ausdrückliche und bewußte Orientierung des Verteilungskonflikts an makroökonomischer Theorie*« (Schui 2005: 36).

So gelingt die Überwindung wirtschaftlicher Unmündigkeit, in der Nicht-Kapitalist*innen gehalten werden sollen: »*Vollbeschäftigungspolitik und Wohl-*

fahrtsstaat auf der Grundlage keynesianischer Wirtschaftstheorie können nur im Konflikt durchgesetzt werden. Beides ist nicht vereinbar mit dem Interesse der Unternehmerschaft und der Rentiers: höhere Steuern und Sozialabgaben – subjektiv wahrgenommen als Belastung des Gewinns –, politische Planung der Investitionen, Verstaatlichung ganzer Industriezweige und des Finanzsektors, niedrige Zinsen und niedrige Rentiereinkommen, öffentliche Zwangsanleihen bei Banken, Einschränkungen des Freihandels – all das verträgt sich nicht mit unternehmerischer Autonomie, mit der politischen Vorherrschaft der Kapitalisten. Denn bei einer solchen Politik macht ›das Volk‹ die Erfahrung, daß man sich dem Markt in schlechten Zeiten nicht anvertrauen muß, sondern daß wirtschaftliches Elend durch zielgerichtetes Eingreifen und Planen behoben werden kann. Dies ist ein Stück praktizierte Aufklärung, der Versuch, Unmündigkeit in wirtschaftlichen Angelegenheiten zu beenden. Das Ergebnis ist nicht Vermassung und staatliche Bevormundung, wie dies die neoliberale Politik nicht müde wird dazustellen, sondern das Ende von Würdelosigkeit: Denn nun nimmt die partizipative Massendemokratie die Aufgabe wahr, der Masse zu Wohlstand zu verhelfen – und zwar erfolgreich« (Schui et al. 1997: 42 f.).

In diesem Sinne streiten wir heute für eine Rückbesinnung auf die emanzipatorischen Gründe und Konsequenzen der Sozialstaatlichkeit in Gegnerschaft zur mit der Schuldenbremse zu verteidigen versuchten Politik von Privatisierung, Steuersenkung und Sozialstaatsabbau: »*Die Souveränität, über die gesellschaftliche Entwicklung kollektiv bestimmen zu können, ist die Grundlage einer demokratischen Gesellschaft. Mit der ›Schuldenbremse‹ wird der Allgemeinheit dieses fundamentale Recht abgesprochen – nicht nur in Griechenland. Solange die Entscheidungshoheit über die Verwendung öffentlicher Mittel den demokratischen Institutionen entzogen ist, begünstigt das ›Politikverdrossenheit‹, autoritären Ungeist und extremistische Konkurrenzideologie. Mit der Verwirklichung der Grund- und Menschenrechte und dem Grundgesetz hat diese Politik nichts zu tun. Die Abschaffung der Schuldenbremse ist eine Wiederherstellung von Demokratie. Diese bedarf kritischer, aufgeklärter, kultivierender, anspruchsvoller, solidarisch denkender und kooperativ verantwortlich engagierter Menschen. Nehmen wir die Geschichte in unsere Hand!*« (Hamburger Manifest gegen Austerität, 2017[9])

---

9 https://schluss-mit-austeritaet.de/hamburger-manifest-gegen-austerity-die-schuldenbremse-abschaffen-sozialer-fortschritt-in-globaler-solidaritaet

So verstanden und betrieben ist unser Kampf eine Einheit von reformerischer (Keynes) und revolutionärer (Marx) Politik. Oder wie Rosa Luxemburg es einst gefasst hat: »*Die gesetzliche Reform und die Revolution sind also nicht verschiedene Methoden des geschichtlichen Fortschritts, die man in dem Geschichtsbüfett nach Belieben wie heiße Würstchen oder kalte Würstchen auswählen kann, sondern verschiedene Momente in der Entwicklung der Klassengesellschaft, die einander ebenso bedingen und ergänzen, zugleich aber ausschließen, wie z. B. Südpol und Nordpol, wie Bourgeoisie und Proletariat*« (Luxemburg 1982).

Literatur
Blankenburg, Stephanie / Herbert Schui (2008): Keynesianismus, in: Haug, Wolfgang Fritz / Frigga Haug / Peter Jehle (Hg.), Historisch-Kritisches Wörterbuch des Marxismus, Hamburg, Spalten 601-622
Hickel, Rudolf (1994): Alternative Wirtschaftspolitik; in: Haug, Wolfgang Fritz (Hg.), Historisch-Kritisches Wörterbuch des Marxismus, Hamburg, Spalten 178-183
Keynes, John Maynard (1926): Das Ende des Laissez-Faire, in: Schui, Herbert / Holger Paetow (2003) (Hg.), Keynes heute, Hamburg, S. 13-33
Keynes, John Maynard (1936): Allgemeine Theorie der Beschäftigung, des Zinses und des Geldes, München/Leipzig
Keynes, John Maynard (2008): ON AIR. Der Weltökonom am Mikrofon der BBC, Hamburg
Luxemburg, Rosa (1982): Gesammelte Werke, Bd. 1, Berlin, S. 369-445
Mattfeldt, Harald (1985): Keynes: Kommentierte Werkauswahl, Hamburg
Schui, Florian (2014): Austerität – Politik der Sparsamkeit: Die kurze Geschichte eines großen Fehlers, München
Schui, Florian (2018): Marx, Keynes und die Krisen des Kapitalismus im 21. Jahrhundert, working paper, Hamburg
Schui, Herbert (1983): Wirtschaftspolitik in der Krise. Ursachen der Stagnation, Unternehmerstrategien, Alternativen, Heilbronn
Schui, Herbert (1991): Ökonomische Grundprobleme des entwickelten Kapitalismus, Heilbronn
Schui, Herbert (2003): Zur Rolle des Geldes bei der Beseitigung weltweiter Wachstumsbarrieren, in: Schui, Herbert / Holger Paetow (Hg.), Keynes heute, Hamburg, S. 90-116
Schui, Herbert (2005): Der Sozialstaat: seine Grundlagen und seine Krise, in: Deppe, Frank et. al. (Hg.), Nichts bleibt wie es war. Ein Vierteljahrhundert im Überblick. 1980 bis 2005, Heilbronn, S. 24-42
Schui, Herbert (2009): Sozialstaat: Die Lösung der Unterkonsumtion – Theoretische und politische Bedeutung eines umstrittenen Begriffs; in: ders. (Hg.), Gerechtere Verteilung wagen! Mit Demokratie gegen Wirtschaftsliberalismus, Hamburg, S. 18-31
Schui, Herbert (2014): Politische Mythen und elitäre Menschenfeindlichkeit, Hamburg
Robinson, Joan / Frank Wilkinson (1977): What has become of employment policy?, in: Cambridge Journal of Economics, 1977/1, Cambridge

Sweezy, Paul M. (1970): Theorie der kapitalistischen Entwicklung, Frankfurt am Main
Schui, Herbert / Ralf Ptak / Stephanie Blankenburg / Günter Bachmann / Dirk Kotzur (1997): Wollt ihr den totalen Markt? Der Neoliberalismus und die extreme Rechte, München
Schui, Herbert / Stephanie Blankenburg (2002): Neoliberalismus: Theorie, Gegner, Praxis, Hamburg
MEW 40 Marx, Karl (1968): Historisch-ökonomische Studien – Pariser Hefte, in: K. Marx / F. Engels, Werke, Band 40, Berlin
Volkmann, Rainer (2011): Einfach lernen! Makroökonomie, in: https://bookboon.com/de/einfach-lernen-makrokonomie-ebook (zuletzt eingesehen am: 11.9.2019)

Rudolf Hickel

Europäische Zentralbank im Minuszinskapitalismus

Geldpolitik durch den Abbau des Übersparens mit aktiver Finanzpolitik und Vermögensdekonzentration komplettieren

Vorbemerkung
Diesen Beitrag widme ich Herbert Schui, meinem langjährigen Freund und Kollegen aus der systemkritischen Politischen Ökonomie. Seit Anfang der 1970er Jahre waren wir im wissenschaftlichen Diskurs. In Konstanz stand seine Dissertationsschrift im Zentrum: »Geld- und Kreditpolitik in einer planifizierten Wirtschaft – das französische Beispiel« mit der er 1972 promoviert wurde. Schuis Doktorvater war der geniale, jedoch kantig-marktfundamentalistische Karl Brunner, der damals als Gastprofessor in Konstanz viele junge Interessierte an einer auch praxisrelevanten Wirtschaftswissenschaft angezogen hatte. In dieser Zeit kam es auch zum Forschungsaufenthalt von Herbert Schui an der Heimatuniversität von Brunner in Rochester (USA). Im Herbst 1975 legte er zusammen mit Jörg Huffschmid und mir das erste Memorandum der »Arbeitsgruppe Alternative Wirtschaftspolitik« vor. In seiner Ferme Fauby in den französischen Corbières ist die Memo-Idee gezündet worden.

Die Literatur, die er uns hinterlassen hat, zeigt ein weitreichendes Werk. Als politischer Ökonom im Kontext eines aufgeklärten Marxismus hat er die Makroökonomik von John Maynard Keynes um die Fragen der Verteilung zwischen Arbeit und Kapital ergänzt. In den späteren Jahren sind seine Texte politisch zugespitzt worden. Ihm ging es um die Widerlegung des Neoliberalismus, der elitären Machteliten und der Stärkung der Demokratie gegen rechts. Er hat wichtige Beiträge zu einer politischen Ökonomie, die systemkritisch ausgerichtet war, geleistet. Der Wissenschaftler Schui war auch politisch-praktisch ausgerichtet. Davon zeugen sein Engagement in den Gewerkschaften sowie sein Einsatz als Bundestagsabgeordneter für Die LINKE. Tiefe Spuren der Erkenntnisfindung hat er nach seinem kurzen Aufenthalt an der Universität Bremen und seiner nachfolgenden Arbeit an der ehemaligen Hochschule für Wirtschaft und Politik (HWP) in Hamburg hinterlassen. Heute noch sprechen seine damaligen Studierenden respektvoll von ihm.

Herbert Schuis Politische Ökonomie zeigt sich durch seinen wissenschaftlichen, praxisbezogenen Einsatz in der »Arbeitsgruppe Alternative Wirtschaftspolitik«. Mit seiner Anatomie des real existierenden Kapitalismus knüpfte er an die Theorie von Karl Marx an. Er war felsenfest davon überzeugt, dass die Grundprozesse der Ausbeutung über Lohnarbeit durch das Kapital nach Marx die heutige Realität in unterschiedlichen Erscheinungsformen bestimmt. Der Grundwiderspruch zwischen Kapital und Arbeit bildete sein erkenntnisleitendes Interesse. Zur Weiterentwicklung rückte er die empirisch zugängliche Theorie der Gesamtwirtschaft in den Mittelpunkt. Dazu diente ihm die Theorie von J. M. Keynes zum krisenanfälligen Spekulationskapitalismus, die er jedoch mit den Verteilungsfragen in der Tradition von M. Kalecki verbunden hat. Sein immer wieder präsentierter Grundgedanke: Einzelwirtschaftliche Profitrationalität kann zur gesamtwirtschaftlichen Irrationalität – ausgedrückt durch Wirtschaftskrisen und Arbeitslosigkeit – führen. Vehement wandte er sich gegen die Versöhnung der keynesschen Botschaft mit dem neoliberalen Marktfundamentalismus nach dem Muster der deutschen Globalsteuerung in den 1960er Jahren à la Karl Schiller. Vielmehr forderte er, das Profitprinzip durch Demokratisierung der Wirtschaft und Gesellschaft zurückzudrängen. Am Ende seines Schaffens ist Herbert Schui auch in der Memo-Gruppe immer mehr auf Fragen der politischen Absicherung von Kapitalmacht vor allem durch die dazu produzierten Ideologien eingegangen. Er wies nach, wie der extrem unkontrollierte und monopolistische Kapitalismus auch in die faschistische Entartung umschlagen kann. Gute Arbeit, soziale Stabilität und nachhaltige Entwicklung, das war die Zieltriade, die ihn in der Memo-Gruppe angetrieben hat.

Zur Erinnerung an Herbert Schui füge ich den Beitrag zur aktuellen Geldpolitik der EZB hinzu. An der sich darauf beziehenden Diskussion hätte er große Freude. Dazu die biografische Erinnerung: Kennengelernt habe ich Herbert Schui in Konstanz als den kritischen Theoretiker des Monetarismus. Wir haben viele Jahre miteinander die imperiale und sozial spalterische Geldpolitik der Deutschen Bundesbank kritisiert. Mein Beitrag zur Minuszinspolitik enthält viel von dem, worüber wir uns früh verständigt hatten. Die Vermutung sei erlaubt, Herbert Schui würde (hoffentlich) die Grundrichtung dieses nachfolgenden Beitrags teilen.

1. Die Not der Geldpolitik der EZB –
Versuch einer politisch-ökonomischen Erklärung der aktuellen Geldpolitik: Nullzinsen, Minuszinsen, Niedrigzinsen

Der Europäische Zentralbankrat hat unmissverständlich vor der Sommerpause 2019 alle Spekulationen auf eine zügige Zinswende beendet. Es bleibt erst einmal bei den zuvor geltenden geldpolitischen Beschlüssen. Angekündigt wurde der schrittweise Ausstieg aus der Politik der billigen Geldversorgung frühestens für Mitte 2020 allerdings unter folgender Bedingung: Wenn grundlegend die wirtschaftliche Schwäche im Euroraum, signalisiert durch die Inflationsrate deutlich unter zwei Prozent, nicht überwunden wird, dann ist auch diese Terminsetzung nicht mehr zu halten. Eine Verschiebung der Zinswende deutlich über Ende 2020 hinaus ist recht realistisch. Diese immer wieder revidierten Ankündigungen wirken eher als Beruhigungspille gegen die Anti-EZB-Stimmung. Die EZB-Kausalität ist klar: Es bleibt so lange bei der Überflutung mit billigem Geld, solange die Wirtschaft, wie es im Originalton der EZB heißt, »günstige Liquiditätsbedingungen« zur Stärkung der unternehmerischen Nachfrageschwäche braucht.

Was sind die Instrumente der Geldpolitik:
- Die Banken profitieren weiterhin von dem seit März 2016 geltenden Leitzins mit null Prozent, zu dem sie sich Geld bei der EZB leihen. Sollte die bisherige Geldleihe zum Nullzins von den Banken weiterhin nicht zur Vergabe von Unternehmenskrediten genutzt werden, ist durchaus ein nominaler Minuszins aus der Sicht der Banken denkbar. Dann erhalten die Banken eine Prämie etwa von einem Prozent, wenn diese sich bei der EZB Geld leihen.
- Dagegen belegt die EZB die Banken, die ihre Liquidität dort parken anstatt zu verleihen, mit einem Strafzins. Allein im letzten Jahr haben die Banken nach Angaben des Bundesfinanzministeriums 2,3 Mrd. € an Strafzahlungen aufbringen müssen. Davon betroffen sind vor allem kleine und mittelgroße Kreditinstitute.

- Zwar ist das Programm zum Aufkauf von weiteren Vermögenswerten, das den Banken Liquidität zuführt, mit dem Volumen von über 2,6 Bio. € (Stand Juni 2019) Ende 2019 gestoppt worden, wird jedoch ab November 2019 mit 20 Mrd. € pro Monat fortgesetzt. In diesem Bestand stecken maßgeblich bisherige Käufe von Staatsanleihen aus den Eurostaaten sowie von Unternehmensanleihen wie etwa Daimler AG, Nestlé, Deutsche Bahn, Vovonia oder Anheuer-Busch InBev. Allerdings werden die Anleihen aus dem Bestand, die in der kommenden Zeit fällig werden, »wieder voll umfänglich angelegt«. Die Erlöse aus der Tilgung werden also erneut zum Ankauf von Vermögenswerten bei den Banken genutzt. Durch den Verzicht auf Nettozukäufe bleibt der Bestand unverändert.
- Ein weiteres wichtiges Programm zur Zuführung von Liquidität an die Banken sind die »gezielten längerfristigen Refinanzierungsgeschäfte« (GLRG bzw. TLTRO) durch längerfristige Kredite in der Nähe von Nullzinsen.

2. Fortgesetzte expansive Billig-Geldpolitik:
Motive, Zielverfehlung, Nebenwirkungen

Die Wut der Spar-Opfer | Da die Zeichen auf Intensivierung der billigen Geldvermehrung für die Banken stehen, stellen sich Fragen: Was sind die Motive, wo liegen die Ursachen der unzureichenden Erfolge und lassen sich Kollateralschäden vermeiden?

Denn: kein Verständnis haben Deutschlands Sparer*innen für die Bagatell-Zinsen. Die Wut der mehr als 57 Millionen Betroffenen über die Zins- und Vermögensverluste ist groß. Populistisch zugespitzte Vorwürfe bis hin zu »Fake News« erzeugt dieser übermächtige Frust. So macht die »Verschwörungstheorie« von der gezielten Enteignung die Runde. Während die Spareinlagen zu realen Vermögensverlusten führen, profitiere der Staat von den Zinsersparnissen auf seine Schulden. In der Tat, bei den Spareinlagen liegen die Zinssätze nur noch knapp über null Prozent. Ein Zinssatz von nominal 0,3 Prozent lässt bei einer Inflationsrate mit 1,7 Prozent im letzten Jahr die reale Kaufkraft des Sparvermögens um 1,4 Prozent schrumpfen. Die Kombination minimaler Nominalzins bei negativem Realzins wird als »finanzielle Repression« gegeißelt, Geldvermögen verdampft also. Dabei ist ein Ende der Zinsschmelze in den nächsten Jahren nicht in Sicht. Diese Zinsschmelze, erhöhte Kontoführungsgebühren, Entgelder für Einlagenverwahrung sind Belastungen für Kleinsparer*innen, die in dieser Situation zunehmen.

Staatsanleihen: Minusgeschäft für Anleger | Die Flucht in den sicheren Hafen mit Staatsanleihen lohnt auch nicht mehr. Seit Anfang August 2019 liegen die Renditen für alle Typen an Bundesanleihen im Minusbereich. Zehnjährige Bundesanleihen bringen über einen »Strafzins« zwischen 0,4 und 0,5 Prozent Gewinne den öffentlichen Schuldnern. Die Renditen ergeben sich aus dem aktuellen Kurs, dem Nominalzins (Kupon), dem Nominalwert, dem Rückzahlungskurs und der Restlaufzeit. Auch die 30-jährigen Bundesanleihen liegen leicht im Minus. Dafür verantwortlich ist eine doppelte Ursache: Einerseits steigt wegen der wirtschaftlichen Abschwächung bis hin zu Rezessionsängsten die Nachfrage nach Bundesanleihen, die die Kurse nach oben treibt. Andererseits verknappt der Staat auf dem Weg zu Nullverschuldung das Angebot an Bundesanleihen. Im Unterschied zu den realen Zinsverlusten auf Spareinlagen werden trotz der Minuszinsen Anleihen wegen ihrer Sicherheit nachgefragt.

Im Normalfall: Aktien zu riskant, Immobilienmarkt kaum nutzbar | Wer schließlich auf spekulativ getriebene Aktienwerte oder andere risikohohe Alternativanlagen ausweicht, der muss wissen, der Kursexplosion kann schnell ein tiefer Fall folgen. Der Aktienindex der 30 DAX-Unternehmen ist über Jahre viel schneller als die reale Wirtschaftskraft gestiegen (1995 bis 2015 stieg der DAX-Index von 100 auf 310 und das reale Bruttoinlandsprodukt auf nur 200). Diese relative Entkoppelung ist auf massive Spekulationen zurückzuführen. Dabei hat die EZB mit ihrer Geldflutung selbst dazu beigetragen, dass sich die Aktienkurse in dieser Nullzinslandschaft von der realen Wirtschaft weg entwickelt haben. Wer mit seinen Ersparnissen Vorsorge für die Zukunft planen muss, dem ist das Risiko des spekulativen Handels mit Aktien ökonomisch nicht zuzumuten. Nicht nur die Risiken bei der Vermögensbildung, auch der extreme, spekulativ angetriebene Preisanstieg von Immobilienkäufen mit Absturzgefahr verschließen den Zugang zu diesen Anlageformen für die Mehrheit der Sparer*innen. Diese Überdimensionierung der Risiken bei Anlagen in Aktien und Immobilien erklären das aus der Entscheidungsnot erzwungene Festhalten an traditionellen Spareinlagen. Jüngste Daten der Deutschen Bundesbank belegen, trotz mickriger Zinsen und steigender Gebühren lässt die »Präferenz für Liquidität und risikoarm empfundene Anlagen« das Sparkapital wachsen.

Gesetzliches Rentensystem von den Finanzmärkten entkoppeln | Die unbestreitbar negativen Auswirkungen der Niedrigzinspolitik vor allem bei denen, die für das Alter heute auf die Vermögensbildung angewiesen sind, lässt nur diesen Schluss zu: Die die Existenz sichernde Vorsorge im Alter darf nicht von den Finanzmärkten abhängig gemacht werden. Wird die gesetzliche Grundsicherung ohne den gesetzlichen Zwang zur privaten Kapitalvorsorge wiederhergestellt, dann minimieren sich die Kollateralschäden der aktuellen Geldpolitik auf die vom Sparen Abhängigen. Die Geldpolitik gewinnt dadurch ihren makroökonomisch auszuschöpfenden Spielraum wieder zurück.

3. Die Rationalitätsfalle und die Begründung der Zielinflationsrate

Einzelwirtschaftlicher Frust und gesamtwirtschaftliche Rationalität | Aufklärung über die gesamtwirtschaftliche Notwendigkeit dieser Geldpolitik tut not. Dazu muss die einzelwirtschaftliche Perspektive durch den gesamtwirtschaftlichen Blick ergänzt werden. Im Mittelpunkt steht die Rationalitätsfalle, die Herbert Schui in Anlehnung an Keynes immer wieder untersucht hat: Einzelwirtschaftlich rational kann gesamtwirtschaftlich irrational wirken. Auf die heutige Minuszinspolitik angewendet bedeutet das: Was Sparer*innen einzelwirtschaftlich-individuell als irrational wahrnehmen, ist gesamtwirtschaftlich höchst rational. Die Notenbank verfolgt das richtige Ziel, ihren monetären Beitrag zur Stabilisierung des Eurosystems und seiner gesamtwirtschaftlichen Entwicklung zu leisten. Ist diese Politik erfolgreich, profitieren auch die heute durch Zinsverluste belasteten Sparer*innen. Denn würde die Wirtschaft durch eine restriktive Geldpolitik, die zwar wieder zu höheren Zinssätzen führen soll, in die Knie gezwungen, gingen aber Jobs verloren und die Lohneinkommen würden sinken. Übrigens hat es zu Zeiten der Geldpolitik der Deutschen Bundesbank immer wieder Vermögensverluste durch Nominalzinssätze auf Spareinlagen, die unter der Inflationsrate lagen, gegeben. Kaufkraftverluste des Sparvermögens waren bereits in den 1970er Jahren und Anfang der 1990er Jahre die Folge negativer Realzinsen. Auch in den 2000er Jahren kam es im Eurosystem für Deutschland zum realen Vermögensverlust. Allerdings waren in früheren Phasen die nominalen Zinssätze gegenüber noch höheren Inflationsraten üppig. Die hohen Nominalzinsen haben über die allerdings noch höhere Inflationsrate hinweggetäuscht und so etwas wie eine Geldillusion über das Sparvermögen erzeugt. Schließlich gehört zur Aufklärungsarbeit über die Funktionsweise von freien Märkten, dass es nun mal auch für Sparer*innen keinen Anspruch auf eine Mindestverzinsung gibt. Ziel der EZB-Politik ist es, die Bereitschaft in der Realwirtschaft – auch in den ökologischen Umbau – zu investieren, zu stärken. Dreh- und Angelpunkt zur Bewertung der geldpolitischen Ausrichtung ist die gesamtwirtschaftliche Inflationsrate, mit der die wirtschaftliche Entwicklung bewertet wird.

Warum Zielinflationsrate »nahezu an, aber unter 2 Prozent«? | Im Mittelpunkt steht heute die durch die EZB präzisierte Inflations-Zielmarke »nahezu an, aber unter 2 Prozent«. Eine maximal zulässige Inflationsrate galt im Prinzip auch schon zu Zeiten der Deutschen Bundesbank im Rahmen ihres Konzepts der Geldmengensteuerung für Wirtschaftswachstum bei Inflationsvermeidung. Wie lässt sich diese Maximalmarke makroökonomisch begründen? Mit dieser Frage hat sich Herbert Schui immer wieder beschäftigt. Würde die Geldpolitik auf die Nullinflation abzielen, dann würde dieser für die Konjunktur positive Preiserhöhungsspielraum nicht ausgeschöpft. Das Abrutschen der Wirtschaft in eine Deflation wäre eine realistische Gefahr. Preissenkungen und nachfolgende, einbrechende Gewinne auf breiter Front wären die Folge. Erinnerungen an die Deflation Ende der 1920er Jahre in Deutschland mit einem Absturz der Großhandelspreise um 35 Prozent sowie die langanhaltende Deflation in Japan werden wach. Die Wirtschaft braucht diese klein gehaltene Preissteigerungsrate als »Schmiermittel« der Konjunktur. Die Anpassung relativer Preise würde ohne diesen Stoßdämpfer erschwert und die Stabilitätspolitik wäre durch sich schnell verstärkende kurzfristige Schocks weniger handlungsfähig. Jens Weidmann, der Präsident der Deutschen Bundesbank, hat Recht: »Im Kern stellt die Rate von 2 Prozent letztlich einen Kompromiss aus zwei gegenläufigen Zielen dar: Eine niedrige Inflationsrate hilft, die gesamtwirtschaftlichen Kosten der Inflation zu verringern. Diese entstehen vor allem dadurch, dass bei Inflation die Preise nicht mehr im selben Maße als Knappheitsindikator dienen können. Für Unternehmer oder Verbraucher ist es schwerer zu erkennen, ob eine Preissteigerung Folge einer gestiegenen Nachfrage oder eines gesunkenen Angebots ist oder ob der Preis lediglich in einer Welle vieler Preissteigerungen angepasst wurde.« (FAZ vom 25. September 2015, Gerald Braunberger, »Die optimale Inflationsrate liegt nahe zwei und nicht bei null Prozent«) Allerdings stellt sich die Frage, ob bei der sich abzeichnenden wirtschaftlichen Stagnationstendenz die Zielrate zu niedrig angesetzt ist? Mitarbeiter der EZB analysieren derzeit informell die Frage, ob das gegenwärtige Ziel eines Anstiegs der Verbraucherpreise von »unter, aber nahe zwei Prozent« für die Nachkrisenära nicht zu niedrig sei. Mario Draghi hat bereits die Ausrichtung an der Inflationssymmetrie, die auch die US-Notenbank unterstützt, offiziell bei der EZB Pressekonferenz am 25. Juli 2019 angekündigt. Bei dieser »unkonventionellen Geldpolitik« gilt: Nachdem viele Jahre die Inflationsrate deutlich unterhalb der derzeitigen Obergrenze lagen, kann unter Vermeidung sich verstärkender Inflationserwartungen eine Weile das Inflationsziel auch über zwei Prozent liegen. Mit diesem Tabubruch soll die geldpolitische Zielmarke im Durchschnitt über eine längere Periode realisiert werden.

Die Steuerung am Zielkriterium Inflationsrate folgt derzeit noch der Funktionsweise: Steigt die Inflation über die Zielrate von knapp unter zwei Prozent, dann gilt dies als Folge eines Überhangs der Nachfrage gegenüber den Produktionskapazitäten. In diesem Fall wird geldpolitisch mit der Verknappung sowie Verteuerung des Zentralbankgeldes für die Banken reagiert. Dagegen signalisiert eine Inflationsrate unterhalb der Zielmarke als Folge unzureichender Nachfrageerwartungen eine lahmende Wirtschaft. Derzeit ist immer noch die Sorge der EZB groß, es könnte eher zur Deflation statt Inflation kommen. Dieser Verfall der Preise auf breiter Front wäre Gift für die Unternehmensgewinne mit der Folge einer Wirtschaftskrise. Interessant ist, bei der Kritik der EZB-Politik wird kaum auf den provokanten Widerspruch zur monetaristischen Theorie hingewiesen: Der Überschuss an billigem Geld müsste nach den Monetaristen zu einer galoppierenden Inflation führen. Inflationsgefahren sind jedoch nicht mal am Horizont auch einer besser laufenden Konjunktur zu erkennen. Im Gegenteil, die Wirtschaft entwickelt sich eher im Bereich wirtschaftlicher Stagnation nahezu im Umfeld einer Nullinflation. Ein Grund liegt in der relativen Abkopplung der übermächtigen Finanzmärkte von der Realwirtschaft. Die geldpolitische Vorsorge mit Liquidität findet nur schwer den erhofften Weg in einen monetären Nachfrageschub. Auch wegen unzureichender Renditeerwartungen für Sachinvestitionen landet das Geld auf den Finanzmärkten und treibt diese spekulativ an. Die EZB versucht mit geldpolitischen Mitteln, die Liquidität der realen Investitionswirtschaft zugutekommen zu lassen. Dabei soll der Transport der geldpolitischen Impulse über die Vergabe billiger Kredite im Kontext der Geschäfte der Banken funktionieren. Unübersehbar, die billige Liquidität ist da. Allerdings saufen die Pferde an der monetär prall vollen Tränke zu wenig. Anstatt in Sachinvestitionen landen große Teile der Überschussliquidität auf den spekulativ angetriebenen Immobilien- und Aktienmärkten.

4. Raus aus der Minuszinsfalle: Statt Helikoptergeld – im Gleichschritt monetäre und fiskalische Impulse

Ist deshalb die Geldpolitik gescheitert? Gibt es eine Alternative? Je länger die Politik der quantitativen Lockerung (»Quantitative Easing«) durch die Ausweitung der EZB-Geldbasis nicht wirkt, umso intensiver wird darüber gestritten, ob das derzeitige Arsenal der Geldflutung ausreicht. In diesem Zusammenhang taucht verstärkt die Idee auf, das Geld direkt den Konsument*innen zukommen zu lassen. Die Idee des »Helikoptergeldes« erfährt eine Renaissance. Der Ultramonetarist Milton Friedman hatte 1969 das bereits von John Maynard Keynes erwähnte Gedankenexperiment zur Geldversorgung jenseits der Banken eingebracht: Wenn über Kreditvergabe durch die Banken die gewollte Geldvermehrung bei der Wirtschaft nicht ankommt, dann keimt die Hoffnung auf, durch die Zentralbank gedrucktes Geld direkt an die Konsument*innen zu verteilen. Diese Aufgabe übernehmen nach Friedman Helikopter, die Bargeld über den Gemeinden abwerfen. Im Dezember 1999 hatte der damalige US-Notenbankpräsident Bern Bernanke dem Deflationsland Japan eine vergleichbare Idee unterbreitet. O-Ton Bernankes zu der durch die EZB verfolgten Absicht, die Zielinflationsrate von knapp unter zwei Prozent zu erreichen: »Ich denke, dass die meisten Ökonomen zustimmen würden, dass ein Helikopterabwurf von Geld, der groß genug wäre, das Preisniveau auf jeden Fall erhöht.« In der neuen Staffel der Netflix-Serie »Haus des Geldes« setzen Bankräuber Zeppeline ein, um über Madrid 140 Mio. € abzuwerfen.

Der Einsatz von Helikoptern oder Zeppelinen ist eher ein Gleichnis für die direkte Verteilung von Zentralbankgeld an den Staat bzw. an Konsument*innen. Aufgabe der Notenbank ist es, den Bürger*innen Guthaben einzurichten. Ausbezahlt wird ein (leistungsloses) Kopfgeld außerhalb der Geschäftsbanken. Im März 2015 forderten 19 Hochschullehrer (u. a. Robert Skidelsky, Anne Pettifor, Josef Huber und Helge Peukert) die bisherige Politik der Geldvermehrung (QE: »Quantitative Easing«), die keine Steigerung der gesamtwirtschaftlichen Produktion und Beschäftigung bringt, durch Arten des Helikoptergelds abzulösen: »Anstatt in die Finanzmärkte zu investieren, sollte das neue Zentralbankgeld besser für Regierungsausgaben (zum Beispiel für Investitionen in die Infrastruktur) verwendet werden; alternativ könnte man jedem EU-Bürger 19 Monate lang jeweils 175 Euro pro Monat überweisen, Geld, das man für Schuldentilgung oder Konsum einsetzen könnte. Durch die direkte Förderung von Ausgaben und Beschäftigung würde jeder dieser Wege mehr zum Erreichen der Ziele der EZB beitragen als das konventionelle QE« (in: Financial Times vom 26. März 2015: »*Better ways to boost eurozone economy and employment*«). Auch aus der Bankenwelt riet die schwedische Nordea-Bank 2016, die EZB solle die Bevölkerung im Euroland über mehrere Jahre jeweils mit 1 300 € beglücken. Im Zeitalter der Digitalisierung sind viele andere Möglichkeiten der direkten Geldverteilung möglich.

Derzeit ist die Forderung nach dem Helikoptergeld eher Ausdruck der Verzweiflung über eine nicht erfolgreiche Geldpolitik. Das weiß die EZB genau. Sie setzt daher auf eine allerdings unkonventionelle Verschärfung des Instrumentariums ihrer billigen Geldpolitik. Denn die Furcht vor einer »säkularen Stagnation« ist groß.

Die durch die EZB befürchtete »neue monetäre Welle« ist mit seinem Instrumentarium der Produktion billigen Geldes ziemlich nahe am Helikopterkonzept, das Mario Draghi auch »sehr interessant« findet: Selbst der komplette Schwenk von Nullzinsen für die Geldleihe der Banken auf durch die EZB ausbezahlten Zinsen an die Banken, die sich Liquidität besorgen (nominaler Minuszins), liegt im Bereich des Möglichen. Neue Ankäufe vor allem von Staats- und Unternehmensanleihen über den derzeitigen Bestand von mehr als 2,6 Bio. € (Stand Ende Juni 2019) sind erwartbar. Bei diesen Vermögenskäufen könnten Anleihen von Banken, von Aktien und von EFTs hinzugenommen werden. Vorschläge zu steigenden Minuszinsen für Banken, die ihr Geld, statt Kredite zu vergeben, bei der EZB parken, sind bereits angesprochen worden.

Jedenfalls betont der EZB-Präsident, das geldpolitische Arsenal sei noch lange nicht erschöpft. Dabei ist der Zweifel, ja, die Wut über die ausbleibenden durchschlagenden Erfolge, aber auch die Kollateralschäden groß. Die Geldvermehrung landet anstatt in der Finanzierung von privaten und öffentlichen Krediten auch auf den Aktienmärkten und treibt die Aktienkurse ohne realwirtschaftlichen Grund nach oben. Eine weitere Folge ist der anhaltende Preisanstieg für Wohn- und Gewerbeimmobilien. Auf die Gefahr einer Immobilienblase mit Risiken für das Finanzsystem ist Ende Juli 2019 durch den »Europäischen Ausschuss für Systemrisiken (ESRB)«, dem übrigens Mario Draghi vorsitzt, hingewiesen worden. Und zu dieser Immobilienblase trägt die EZB mit ihrer Billiggeldversorgung bei.

5. Kollateralschaden: Ungerechte Verteilungswirkungen der Geldpolitik

Nicht nur die geldpolitische Zielverfehlung, sondern auch die Umverteilungswirkungen dieser Geldpolitik müssen analysiert werden. Diese Notwendigkeit, makroökonomische Analysen der Wirkungen der Geldpolitik auf die Einkommens- und Vermögensverteilung zu betreiben, war immer ein Anliegen von Herbert Schui. Für die Geldpolitik heißt das: Sparer*innen ohne großen Kapitalbesitz werden ärmer, während die Schuldner von den Niedrigzinsen, vor allem auch der Staat mit seinen Schuldenbeständen, profitieren. Es findet eine Umverteilung durch Zinsverluste der Gläubiger einerseits und Zinsersparnisse der Schuldner andererseits statt. Die gigantische Umverteilung durch die Niedrigzinspolitik belegt eine allerdings ziemlich mechanistische Modellrechnung: Die Kreditnehmer mussten in den letzten zehn Jahren netto 290 Mrd. € weniger an Zinsen bezahlen. Zu den profitierenden Schuldnern zählt der Staat.

Nach Angaben der Deutschen Bundesbank lassen sich die Zinsersparnisse des Bundes, der Länder und Kommunen seit dem letzten Jahr vor dem Ausbruch der Finanzmarktkrise auf fast 370 Mrd. € (2018 allein 55 Mrd. €) hochrechnen. Diese Schätzung basiert auf der Tatsache, dass die durchschnittliche Zinsrate für staatliche Kredite von 4,2 Prozent 2007 auf 1,5 % im letzten Jahr gesunken ist. Anfang August dieses Jahres zahlen die Anleger für eine zehnjährige Bundesanleihe mit derzeit 0,4 Prozent drauf. Dadurch muss der Bund nach zehn Jahren für 1 € Anleihe nur 96 Cent zurückzahlen. Das ist der Preis, den Anleihekäufer für den »sicheren Hafen«, den der Bund in unsicheren Zeiten bietet, zu zahlen bereit ist.

Vor allem die kleinen und mittleren Banken sowie die Sparkassen und Genossenschaften gehören zu den besonders großen Verlierern der EZB-Politik mit Null- und Minuszinsen. Ihre Profitabilität verfällt dramatisch. Betroffen sind vor allem die Zinsgeschäfte und der für das operative Ergebnis der Banken hoch relevante Überschuss aus den Zinszahlungen auf die Einlagen gegenüber den Zinserträgen aus Kreditgeschäften.

Eine Rechnung der DZ-Bank belegt: Bei den *privaten Haushalten* addieren sich in den Jahren 2008 bis 2018 die realen Zinseinbußen aus Spareinlagen, Rentenpapieren und Versicherungen gegenüber dem »Normalzinsniveau« auf netto 358 Mrd. € (die Zinsersparnisse aus zinsgünstigeren Krediten abgezogen). Allein in diesem Jahr liegen schätzungsweise die Netto-Zinseinbußen bei knapp 54 Mrd. €. Zu den Verlierern gehören auch die Banken, die im letzten Jahr für ihre Einlagen bei der EZB über den Minuszins von 0,4 % schätzungsweise 2,3 Mrd. € an Strafzinsen bezahlen mussten. Im September 2019 ist der Minuszins allerdings mit einer Staffelung zugunsten kleiner Banken auf 0,5 % erhöht worden. Jedenfalls stellt das Bundesfinanzministerium fest, dass bisher von den Minuszinsen besonders die kleinen und mittelgroßen Banken hart getroffen worden sind.

Seit Jahrzehnten ist vor allem auch durch die US-Notenbank auf die massiven Umverteilungswirkungen dieser expansiven Geldpolitik hingewiesen worden. In der EZB war dies allerdings offiziell nie ein Thema. Dabei gehören zu den Niedrigzinsgewinnern auch die Anleger auf den Aktienmärken sowie die Immobilieninvestoren. Heute erschwert die verständliche Wut über diese Ungerechtigkeit die Akzeptanz der Niedrigzinspolitik. Denn Gegenmaßnahmen sind nicht ergriffen worden. Dabei hätte allein der Staat über schuldenfinanzierte Ausgaben durchaus einen Beitrag zur Rückverteilung leisten können.

6. Geldpolitische Perspektive:
Aktive Finanzpolitik plus Abbau des Übersparens

Und dennoch bleibt es dabei, gesamtwirtschaftlich ist diese expansive Geldpolitik angesichts der viel zu niedrigen Inflation infolge der mittelfristig anhaltenden Nachfrageschwäche unverzichtbar. Jetzt geht es darum, einerseits ihre Wirksamkeit herzustellen und andererseits die schädlichen Nebenwirkungen zu minimieren.

Der Grund für die Erfolglosigkeit liegt nicht im Konzept der Geldpolitik, denn das ist angemessen. Vielmehr ist die auf sich allein gestellte, monetäre Expansion komplett überfordert, die Sachinvestitionen durch verstärkte Kreditaufnahme in der Realwirtschaft anzukurbeln. Genau darauf zielt die mehrfach wiederholte Forderung nach einer ergänzenden aktiven Finanzpolitik durch Mario Draghi, auch bei der letzten EZB-Ratssitzung am 25. Juli 2019: Mit der Unterstützung durch die Finanzpolitik der Euroländer und der gesamten EU »kann die Geldpolitik mit weniger Nebenwirkungen und schneller ihr Ziel erreichen.« In einem Interview im »Handelsblatt«

am 8. August 2019 fügt der Vorgänger von Draghi, Jean-Claude Trichet, drei Politikbereiche hinzu, die die EZB allein gelassen hätten: »Finanzpolitik, strukturelle Reformen und Verhalten der Sozialpartner«. Die EZB hätte »selbst zweifellos am meisten geleistet, während die anderen drei Bereiche vernachlässigt wurden«. Endlich sollten die anderen Akteure aktiver werden, »sonst werden wir die nächste tiefe Krise erleben.«

Der Chef der »Allianz Global Investors« bei der ALLIANZ SE unterstützt die Ergänzung der EZB-Politik durch expansive Finanzpolitik zutreffend: »Bisher haben die Notenbanker und Politiker nebeneinander gearbeitet, nicht miteinander. Lockere Geldpolitik stand gegen restriktive Haushalte, gerade in Deutschland. Im Nachhinein wurde zu wenig Geld investiert. US-Ökonomen wie Paul Krugman fordern seit langer Zeit die Deutschen auf: Macht mehr Schulden!« Herbert Schui hat immer wieder gegen die Separierung der Geld- von der Finanzpolitik argumentiert. Seine Kritik galt der Schuldenbremse, an deren Ende im Prinzip die »schwarze Null« steht. Die Geldpolitik allein ist bereits bei einer neutralen Finanzpolitik erfolglos. Wenn dann auch noch die Finanzpolitik auf Schrumpfkurs ausgerichtet wird, dann muss die noch so gut dosierte monetäre Steuerung scheitern.

Die expansive Geldpolitik schafft es nur, der Zinsfalle zu entrinnen, wenn sie durch eine aktive Finanzpolitik mit Infrastrukturprogrammen sowie weiteren Maßnahmen zur Stärkung der gesamtwirtschaftlichen Nachfrage auch durch eine expansive Lohnpolitik unterstützt wird. Die Schuldenbremse ist die Ursache für eine doppelte Fehlentwicklung: Durch den Verzicht auf die Kreditaufnahme für öffentliche Investitionen werden einerseits zukunftsrelevante Infrastrukturinvestitionen in die Reparatur und Erneuerung vernachlässigt. Andererseits treibt der Staat die Renditen für Staatsanleihen in den Minusbereich. Gegenüber einer enorm wachsenden Nachfrage nach den als sicher geltenden Bundesanleihen wird mit der Schuldenbremse das Angebot dieses Finanzierungsinstruments reduziert. Daher ist es dringend geboten, die Bereitschaft, Anleihen zur Finanzierung sinnvoller öffentlicher Projekte aufzunehmen, zu forcieren. Schließlich zahlt der Staat keine Zinsen, sondern erzielt auch noch Zinseinnahmen. Es gibt kein rationales Argument, sondern nur fundierte Kritik an dieser Politik der Verweigerung öffentlicher Finanzierung für an sich bereitwillige Kreditgeber.

Mit einer kreditfinanzierten Investitionsoffensive allein lässt sich jedoch nicht das Übersparen, also die gigantische Lücke zwischen dem viel zu hohen

Sparen und den zu geringen Investitionen, abbauen. Herbert Schui gehörte zu den Wirtschaftswissenschaftlern, die über das Phänomen des Übersparens auf der Basis der keynesschen Makrotheorie immer wieder erfolgreich geforscht haben.

Exkurs zu den Ursachen und Folgen des Übersparens | Seit Anfang der 1980er Jahre ist der Trend zum Verfall der langfristigen Zinsen und Renditen beobachtbar. Der Rückgang der Inflationserwartungen und damit die Aufschläge für den Risikoausgleich kann diesen Trend allein nicht erklären. Es ist das »Übersparen«: Die Geldvermögensbildung ist viel schneller als der Einsatz von Krediten für Sachinvestitionen gewachsen. Neben dem demografisch-altersbedingten Zuwachs an Sparen und dem Rückgang der Sachinvestitionen auch durch kapitalsparenden technischen Fortschritt im Zuge der Digitalisierung sind es die folgenden Einflüsse: Die Zuwächse in den oberen Vermögensklassen und damit die Vermögenskonzentration hat das Sparvermögen (2016: 185 Mrd. €, 2017: 196 Mrd. €) anwachsen lassen. Dagegen ist die Verwendung der erwirtschafteten Einkommen für Sachinvestitionen rückläufig. Die unternehmerischen Renditeerwartungen für Sachinvestitionen sind gesunken. Die Folge ist die »säkulare Stagnation« (Alvin Hansen 1938 / Paul Krugman 2011 / Lawrence Summer 2013): Geringes Wirtschaftswachstum, flache Inflation, niedrige Zinsen, hohe Pro-Kopf-Einkommen, spekulative Finanzmärkte. Zugleich wachsen durch die explosiv wirkende Öffnung der Finanzmärkte im Zuge der Deregulierungen (»Big Bang« am Londoner Finanzplatz am 27. Oktober 1986 von Maggy Thatcher) die zwar riskanten, aber höheren Renditechancen für Finanzmarktprodukte gegenüber der Realwirtschaft. Dazu hat auch noch der Staat mit seiner Ideologie der gesamtwirtschaftlich katastrophal wirkenden Nullverschuldung über unzureichende öffentliche Investitionen die gesamtwirtschaftliche Nachfrage um ein Vielfaches reduziert. Es sind diese Marktbedingungen für Zinsen unter dem Regime des Übersparens, die die Notenbankpolitik zur Minuszinspolitik zwingen. Deshalb reicht die Geldpolitik unterstützende expansive Finanzpolitik nicht aus, wenigstens die öffentlich-investive Nachfrage zu stärken. Hinzukommen muss eine Vermögensdekonzentration, also eine Politik für gerechte Einkommens- und Vermögensverteilung.

Mit Blick auf das Übersparen in Deutschland lässt sich feststellen: Der Anteil des erwirtschaften Einkommens, das nicht direkt volkswirtschaftlich verausgabt, also zum Sparen eingesetzt wird, nimmt auch forciert durch die Deregulierung der Finanzmärkte seit Mitte der 1980er Jahr deutlich zu. Dazu tragen nicht nur die privaten Haushalte in Deutschland bei, sondern auch die produzierenden Unternehmen außerhalb der Institutionen des Finanzsektors sowie seit 2014 auch der Staat, der anstatt kreditfinanzierter Ausgaben seine Überschüsse den Finanzmärkten zur Verfügung stellt. Dagegen fallen die Sachinvestitionen der Unternehmen und die im Zuge der Schuldenbremse zurückgeführten Nettoinvestitionen des Staats zusammen viel geringer aus. Die privaten Haushalte erhöhen jährlich ihr Sparvermögen. Nach Angaben der Deutschen Bundesbank betrug der Finanzierungsüberschuss – Differenz aus der Sachvermögensbildung und dem Sparen bei den privaten Haushalten – 2017 insgesamt 165,4 Mrd. €. Dagegen werden schon seit Jahren in Deutschland die Sparüberschüsse durch die anderen inländischen Sektoren nicht mehr abgeschöpft. So produzierte der Staat, der damit 2014 begonnen hatte, 2017 einen Finanzierungsüberschuss von 38,2 Mrd. €. Schließlich erzeugen auch die produzierenden Unternehmen (nichtfinanzielle Kapitalgesellschaften) einen positiven Finanzierungssaldo (2017 74,4 Mrd. €). Gesamtwirtschaftlich fehlt es durch das Übersparen gegenüber den Sachinvestitionen an effektiver Nachfrage für die Realwirtschaft. Auch deshalb verweilt die Inflationsrate unterhalb der Zielnorm von »nahezu an, aber unter 2 Prozent«.

Fazit

Aus dieser saldenmechanischen Betrachtung, die Herbert Schui immer wieder eingesetzt hat, ergeben sich drei Ansätze, das Übersparen gegenüber den Sachinvestitionen abzubauen: Zum einen weiten Staat und Unternehmen ihre kreditfinanzierten Sachinvestitionen aus. Zum anderen sind die Hauptquelle des Übersparen die privaten Haushalte mit der massiven Vermögenskonzentration. Gegen die heute stagnative Grundtendenz ist die Vermögensungerechtigkeit, durch die Einkommen zur Finanzierung des Massenkonsums und staatliche Ausgaben fehlen, zu reduzieren.

Die wirtschaftliche Entwicklung wird erst stark und damit die Niedrigzinspolitik überflüssig, wenn das Übersparen gegenüber den realen volkswirtschaftlichen Ausgaben abgebaut wird. Dazu dienen einerseits steigende private und öffentliche Investitionen. Andererseits dämpft eine gerechtere Einkommens- und Vermögensverteilung das Sparen auf den Finanzmärkten.

Wolfgang Räschke

Thesen für eine offensive Gewerkschaftspolitik

Liebe Kolleginnen und Kollegen, ich möchte Euch heute unsere sieben Thesen zu einer offensiven Gewerkschaftspolitik[1] vorstellen.

Zum einen, weil meiner Einschätzung nach auch Herbert Schui ein Vertreter einer offensiven Gewerkschaftspolitik war und zum anderen, weil es inhaltlich sehr gut in die Thematik des Symposiums passt.

Wer hat sich nun da zusammengetan und diese Thesen erarbeitet? Ausgangspunkt dafür war ein kleiner Kreis von Bevollmächtigten der Industriegewerkschaft Metall. Am Rande einer Tagung der Bundestagsfraktion der LINKEN mit Gewerkschaftern haben wir zusammengesessen und überlegt, dass es in der IG Metall zu wenig Möglichkeiten gibt, inhaltlich unterschiedliche Positionen intensiv zu diskutieren und sich auszutauschen. Darüber hinaus haben wir festgestellt, dass vielfach ohne eine gemeinsame Positionsfindung Entscheidungen getroffen werden und man vor vollendete Tatsachen gestellt wird. Dem wollten wir mit unserem Kreis entgegenwirken und allen interessierten Hauptamtlichen eine Plattform zur Diskussion und Entscheidungsfindung zur Verfügung stellen. Wir haben dann einen Vorbereitungskreis und einen großen Einladerkreis von 25 Betriebsversammlungen und zu einem ersten Netzwerktreffen eingeladen. Über 100 interessierte Hauptamtliche sind daraufhin zu unserem ersten Vernetzungstreffen für eine offensive Gewerkschaftsarbeit gekommen. Dies zeigt, dass es einen Bedarf nach Diskussionen über die bestehenden Strukturen hinaus gibt. Diese Netzwerktreffen sollten nicht nur eine Plattform zur Diskussion anbieten, die es bisher

---

1   Die Thesen zu offensiver Gewerkschaftspolitik, die inzwischen um eine weitere These ergänzt wurden, sind im Anschluss an diesen Beitrag dokumentiert.

nicht gab, sondern es sollte auch keine Eintagsfliege sein, sondern ein regelmäßiges Angebot werden.

Wir alle wissen, dass die eine oder andere notwendige Diskussion immer wieder im Tagesgeschäft untergeht. Und ich habe den Eindruck, dass einige auch kein Interesse haben, alles zu diskutieren. So gab es vor der Bundestagswahl am 24. September 2017 schon viele Kolleginnen und Kollegen, die in Einzelgesprächen immer wieder die Notwendigkeit einer großen zentralen Demonstration zur Rente und zu weiteren Themen betont haben – eine bundesweit gemeinsam abgestimmte Position oder Forderung gab es jedoch nicht!

Der Vorsitzende der IG Metall, Jörg Hofmann, hat immer wieder betont, dass er zurzeit keine Bewegung von unten sehen würde, als ob es nicht auch Aufgabe des Vorstands wäre, hier eine Orientierung zu geben und nicht zu warten, bis die Massen von sich aus losgehen. Auf der anderen Seite waren die örtlichen und regionalen Aufrufe aber auch nicht so erfolgreich wie erhofft. Allerdings kenne ich das von meinen Kolleginnen und Kollegen in der Verwaltungsstelle: Wenn es nur um regionale Aktivitäten geht, dann ist die Mobilisierung eine andere, als wenn zu einer bundesweiten Demonstration und Kundgebung aufgerufen wird.

Ein weiteres Ziel des Netzwerktreffens resultierte aus dem Umstand, dass man einfach mehr Zeit braucht für grundlegende Diskussionen und zur Positionsfindung. So ist zum Beispiel das Thema Tarifdispositive Regelungen[2] bisher aus meiner Sicht viel zu wenig in der Organisation diskutiert worden, insbesondere welche negativen Folgen dies für uns als Organisation haben kann.

Der Aufschrei, der durch die Republik ging, als die IG Metall die gesetzliche Höchstüberlassungsdauer in der Leiharbeit von 18 Monaten durch Tarifvertrag auf 48 Monate verlängert hat, hat dies überdeutlich gemacht.

Die damit verbundene Kritik war sicherlich völlig überzogen und auch zum Teil an der Sache vorbei, auch ist die Verlängerung zum Teil sicherlich im Interesse von einzelnen Leiharbeitnehmern – aber unter dem Strich

---

2   Unter tarifdispositiven Regelungen versteht man Regelungen in einem Tarifvertrag, die Ausnahmen von den bzw. Unterschreitungen der gesetzlichen Regelungen beinhalten. Vgl. dazu Stefan Sell (2017): »Mit Tarifverträgen fahren Arbeitnehmer besser. Das stimmt (nicht immer). Über ›tarifdispositive Regelungen‹ und ihre Ambivalenz mit erheblicher Schlagseite«, online verfügbar unter: http://aktuelle-sozialpolitik.de/2017/09/02/tarifdispositive-regelungen (30.08.2019)

muss man klar und deutlich festhalten: Das ganze Gesetz ist Mist und hat für die Betroffenen keine Verbesserungen gebracht! Die Höchstüberlassungsdauer ist nichts wert, wenn sie nur auf den einzelnen Leiharbeitnehmer und nicht auf den zu besetzenden Arbeitsplatz bezogen ist! Und wir haben es als IG Metall schlecht kommuniziert und zwar sowohl nach innen, als auch nach außen. Aber meines Erachtens war der Hauptfehler, dass die IG Metall dieses Gesetz gleich zu Beginn begrüßt hat. Aber das Thema ist noch nicht zu Ende, denn es gibt noch in zig anderen Gesetzen tarifdispositive Regelungen, die wir Andrea Nahles zu verdanken haben. Sie wollte uns bei unserem Ziel der Verbesserung der Tarifbindung helfen. Die SPD sieht darin eine Strategie, um die Tarifbindung für Unternehmer attraktiver zu machen. Auf diese Weise sollen die Arbeitgeber mit gesetzlichen Bonbons wieder in die Tarifbindung gelockt werden. Das führt allerdings die Tarifverträge und die Tarifpolitik ad absurdum. Nicht die Stärkung der Gewerkschaften und deren Organisationsmacht soll die Tarifbindung erhöhen, sondern schlechtere Arbeitsbedingungen per Tarifvertrag. Da bleibe ich bei meiner alten Losung: »Helft uns nicht – wir haben es allein schon schwer genug!«

Aber das wird nicht reichen, wir müssen in der IG Metall zu einer Positionsfindung kommen, die es ausschließt, dass mit Tarifverträgen Gesetze verschlechtert werden. Denn die möglichen Abweichungen sind uns doch schon in zig neuen Gesetzen bekannt: Vom Arbeitszeitgesetz bis hin zum Betriebsrentenstärkungsgesetz gibt es verstärkt tarifdispositive Regelungen. Und auch das Ergebnis der Bundestagswahlen 2017 führt dazu, dass wir uns als IG Metall neu aufstellen müssen. Ich will gar nicht bewerten, wie erfolgreich die Lobbyarbeit der IG Metall in der letzten Legislaturperiode war. Da gibt es sicherlich ganz unterschiedliche Einschätzungen. Aber unabhängig von der Bewertung ist eines klar: So wie bisher, werden wir als IG Metall nicht weitermachen können. Es wird nicht reichen, mit den zuständigen Ministerien Lösungsmöglichkeiten zu besprechen und zu hoffen, dass eine einigermaßen akzeptable Umsetzung in Form eines Gesetzes kommt. Wir werden uns wieder verstärkt Gedanken machen müssen, wie wir zur Umsetzung unserer Forderungen den Druck auf die Straße bringen können.

Die Gesellschaftspolitik wird verstärkt in den Fokus geraten und wenn es zu Jamaika (eine Koalition aus CDU, FDP und Grünen) kommt, werden wir Teil einer außerparlamentarischen Opposition werden müssen. Hier müssen wir zeigen, dass wir in der Lage sind, breite Bündnisse zu schmieden.

Wir stehen vor vielen ungelösten Fragen und wir werden nicht jede Frage beantworten können. Aber wir wollen mit dieser Plattform die Möglichkeit schaffen, diese Fragen zu stellen und zu diskutieren. Denn indem man ungelöste Fragen nicht anspricht, werden sie nicht gelöst. Von daher der Appell an alle: Es gibt hier keine Tabus und alles kann hier angesprochen werden.

Das Diskussionspapier mit den sieben Thesen zu einer offensiven Gewerkschaftspolitik war nicht dazu gedacht, sie auf dem Treffen zu verteidigen, sondern dies sollte eine Grundlage für die Diskussion und für die weitere Vernetzung sein. Bevor ich auf die Thesen im Einzelnen zu sprechen komme, noch einmal Grundsätzliches zu Ihrem Charakter: Es handelt sich hier nicht um eine Grundsatzerklärung, die in Stein gemeißelt ist, sondern um einen Impuls, der die Diskussion um den weiteren Weg der IG Metall beleben soll. Es ist ein Papier, das »fließt«, das stetig ergänzt und verändert werden kann und muss. So ist es dann auch auf dem Vernetzungstreffen mit der Methode des World-Café bearbeitet worden und zurzeit wird es um die dort herausgearbeiteten Punkte ergänzt. Dabei haben die Thesen in erster Linie programmatischen Charakter. Ihnen liegt zwar eine Analyse zu Grunde, aber sie beschreiben eher, was ist und was unserer Auffassung nach sein sollte.

Im Folgenden einige Anmerkungen zu den Thesen:

Zur Vorbemerkung | Wir arbeiten in der Vorbemerkung zum einen die grundlegende Aufgabenstellung der IG Metall als Interessenvertretung der Arbeitnehmerinnen und Arbeitnehmer heraus. Basis ist dabei der Interessengegensatz zwischen Kapital und Arbeit. Das mag für die meisten eine Binsenweisheit sein. Gleichwohl ist dies die Grundlage, die sich sodann durch alle Thesen zieht. Das impliziert auch die Festlegung, dass die aktuelle Politik der IG Metall eben nicht immer auf dieser Grundlage basiert und wenn der Kompass nicht richtig kalibriert ist, stimmt die Richtung nicht.

Zum anderen haben wir in der Vorbemerkung Ausführungen zur Rolle und Selbsteinschätzung der IG Metall gemacht. Es besteht das berechtigte Interesse, die IG Metall als starke Organisation, die etwas bewegen kann, darzustellen. Das macht uns attraktiv für unsere derzeitigen und auch für künftige Mitglieder. Gleichwohl besteht aber die Gefahr, dass wir mit einer solchen Darstellung auch Verantwortung für die bestehenden Verhältnisse, die durch Armut, prekäre Arbeit und Niedriglöhne geprägt sind, übernehmen müssen. Im Extremfall kann dies dazu führen, dass wir die aktuelle Lage beschönigen, weil wir als starke Organisation eben für diese Lage mit verantwortlich sind. Wenn dem so wäre, machen wir uns zum Teil des »Establishments« und entfernen uns von einem Teil unserer Kolleginnen und Kollegen. Wir benennen Missstände nicht mehr ausreichend, was aber die Voraussetzung für deren Veränderung ist.

Zu These 1 (Antirassismus) | Dass wir gesamtgesellschaftlich, wie auch in der IG Metall ein Problem mit zunehmendem Rassismus haben, dürfte unter den Hauptamtlichen weitgehend unstrittig sein. Aber offensichtlich existieren unterschiedliche Sichtweisen, wie mit dem Problem umzugehen ist. Während die einen für eine offensive Auseinandersetzung plädieren, damit sich dieses Krebsgeschwür nicht weiter in die Gesellschaft und in die Gewerkschaften hineinfrisst, scheinen andere das Problem eher auszusparen. Ihre Art des Umgangs zielt eher darauf, sich auf Themenfelder zu konzentrieren, in denen wir stark sind. Meines Erachtens zwar nachvollziehbar, aber in letzter Konsequenz falsch.

»Markenkern« der IG Metall ist es, dass der Interessengegensatz zwischen Kapital und Arbeit und nicht zwischen einzelnen Beschäftigtengruppen, ob ihrer Religion oder Herkunft, verläuft. Diesen Kern zu verteidigen, sichert die Existenzgrundlage der IG Metall. Diese Erkenntnis muss praktische Auswirkungen haben.

Zu These 2 (Wirtschafts- und Strukturpolitik) | Die zweite These geht von der Grundannahme aus, dass wir Industriearbeitsplätze nur verteidigen können, wenn sie in ein sozialökologisches Konzept eingebettet werden. Teilweise erscheint die IG Metall aber als Verteidigerin überkommener Strukturen. Diese Herangehensweise ist meines Erachtens zu defensiv und kann dazu führen, dass alte Arbeitsplätze nicht gehalten und neue Arbeitsplätze nicht geschaffen werden.

Gleiches gilt für die Exportorientierung. Natürlich ist die deutsche Wirtschaft exportorientiert und das gilt insbesondere für die Branchen der IG Metall. Das kann und soll nicht kritisiert werden, aber unterschieden werden muss zwischen einer Exportorientierung und einer Export*überschuss*orientierung. Letztere wirkt sich katastrophal auf die anderen Länder aus und schlägt irgendwann auch auf die deutsche Ökonomie zurück. Deswegen müssen wir in unserer konkreten Wirtschafts- und Strukturpolitik noch stärker auf die Abmilderung bzw. den Ausgleich der Handelsungleichgewichte setzen. Dies gilt ebenso für die Steuer- und Sozialpolitik, wie auch für die Tarif- und Betriebspolitik.

Zu These 3 (Steuer- und Sozialpolitik) | Wenn wir den Gegensatz von Kapital und Arbeit zum Ausgangspunkt in der Steuer- und Sozialpolitik nehmen, muss in diesen Politikfeldern auf Umverteilung von oben nach unten gezielt werden. Programmatisch sind wir hier in vielen Bereichen gut aufgestellt, in der Praxis werden aber zum Teil Maßnahmen ergriffen, die die Ziele konterkarieren. Die Stichworte lauten: Entgeltumwandlung oder auch zögerliches Verhalten der IG Metall im Bereich der Steuerpolitik. Zum Teil werden auch Erfolge der IG Metall (abschlagsfreie Rente nach 45 Arbeitsjahren) überbetont, obwohl Grundfragen (z. B. in der Rentenpolitik die Absenkung des Rentenniveaus und die Rente mit 67) ungelöst sind. Letzteres ist ein konkretes Beispiel dafür, dass wir Verhältnisse schönreden und uns zu sehr von den berechtigten Interessen großer Teile der Mitgliedschaft entfernen.

Zu These 4 (Friedenspolitik) | Nicht erst seit Willy Brandt wissen wir, dass »ohne Frieden alles nichts« ist. Die Einordnung auf These 4 ist jedoch dem Umstand geschuldet, dass der Diskurs über die Friedenspolitik in der IG Metall einen zunehmend geringeren Stellenwert hat: Partikularinteressen der im Rüstungsbereich Beschäftigten dominieren und friedenspolitische Fragestellungen treten in den Hintergrund. Dies liegt jedoch nicht im Interesse der gesamten Arbeitnehmerschaft. Beschäftigungspolitik in diesem Bereich muss aus dem gesellschaftlichen Gesamtinteresse abgeleitet werden, nicht umgekehrt. Unstrittig ist dabei, dass auch die Interessen der im Rüstungsbereich Tätigen durch Konversionsprogramme und entsprechende soziale Sicherung berücksichtigt werden müssen.

Zu These 5 (Tarif- und Betriebspolitik) | Gemessen am gesamtgesellschaftlichen Verteilungsspielraum hat die IG Metall, insbesondere im Bereich der Metall- und Elektroindustrie gute Tarifergebnisse erzielt. Da aber der Verteilungsspielraum in unseren Branchen oberhalb des durchschnittlichen Verteilungsspielraums liegt, andere Gewerkschaften in ihren Abschlüssen unterhalb des Verteilungsspielraums geblieben sind und weil ein tendenziell geringerer Teil der Beschäftigten der Tarifbindung unterliegt, ist die gesamtgesellschaftliche Lohnentwicklung hinter dem inflationsbereinigten Produktivitätsfortschritt geblieben.

Offensive Tarifpolitik muss aber zur Umverteilung beitragen und sie muss durch eine Steuer- und Sozialpolitik flankiert werden. Das heißt, sie muss in ein verteilungspolitisches Gesamtkonzept eingebettet werden. Aufgabe der Tarifpolitik darf es nicht sein, vorhandene gesetzliche Vorgaben mit tarifdispositiven Regelungen zu verschlechtern, nur um tarifpolitisch »mitmischen« zu können (z. B. Betriebsrentenstärkungsgesetz, Arbeitszeitgesetz). In der Betriebspolitik muss noch stärker als bisher auf Aktivierung der Mitglieder gesetzt werden. Mitgliederversammlungen, die Bildung von Vertrauenskörpern und eine hierauf abzielende Bildungs- und Schulungsarbeit sind dann mehr als bisher erforderlich und entsprechende Ressourcen müssen hierfür bereitgestellt werden.

Zu These 6 (Organisationspolitik) | Den Blick auf die Organisationspolitik möchte ich auf die Mitgliederentwicklung fokussieren. Selbstverständlich ist es notwendig, Mitgliederentwicklung gezielt und systematisch zu betreiben. Sie ist aber kein Selbstzweck, sondern Voraussetzung um die Organisation stärker zu machen, damit sie politische Ziele besser erreichen kann. Das heißt, die Formulierung politischer Ziele muss im Vordergrund stehen und wenn wir diese vermitteln können, ist eine gute Mitgliederentwicklung die Folge.

Wenn wir umgekehrt politische Ziele vernachlässigen, z. B. die antirassistische Arbeit, weil wir es uns mit einem Teil der Mitgliedschaft nicht verderben wollen, führt dies in die Irre. Kurzfristig würde ein solches Vorgehen vielleicht eine quantitative positive Mitgliederentwicklung herbeiführen, mittel- und langfristig wäre aber die Ausstrahlungskraft der IG Metall infrage gestellt, was wiederum negative Auswirkungen – auch auf die Mitgliederentwicklung – hätte.

Zu These 7 (Bündnis- und Lobbypolitik) | Der Einfluss der IG Metall auf staatliche und andere öffentliche Institutionen ist hoch. Diesen Einfluss im Wege der Lobbypolitik zu nutzen, ist richtig, aber dieser Einfluss wird umso schwächer, je weniger sich die IG Metall als gesellschaftliche Kraft mit gesellschaftspolitischem Mandat profiliert. Beispielsweise ist es gut und richtig, wenn die IG Metall gegenüber der Bundesregierung ihre Anforderungen an eine neue Rentenpolitik formuliert. Sie wird aber nur durchdringen, wenn es gelingt, die Problematik in Betrieb und Gesellschaft zum Thema zu machen. Dies kann nicht nur Aufgabe einzelner Geschäftsstellen sein, sondern der gesamten Organisation. Gesellschaftspolitische Kampagnen müssen – ebenso wie Tarifrunden – langfristig angelegt sein, mit gesellschaftlichen Bündnispartnern durchgeführt werden und sich auf zentrale Punkte konzentrieren. Die IG Metall muss hierbei als außerparlamentarische Kraft wieder Sammelpunkt des gesellschaftlichen Widerstands werden.

Fazit
Wir müssen als Gewerkschaftssekretäre für unsere Organisationen glühen. Für eine Organisation, die eine solidarische Gesellschaft als Alternative zum Neoliberalismus etabliert. Für eine Organisation, die das politische Mandat der Gewerkschaften in Anspruch nimmt. Für eine Organisation, die über den eigenen Tellerrand hinausblickt und für eine bessere Welt steht.

8 Thesen zu den Aufgaben einer offensiven Gewerkschaftspolitik in der IG Metall

I. VORBEMERKUNG

Offensive Gewerkschaftspolitik nimmt den Interessengegensatz zwischen Kapital und Arbeit zum Ausgangspunkt. Bei allen Veränderungen innerhalb der Arbeitsgesellschaft müssen die Beschäftigten und die Erwerbslosen auch heute von ihrer Arbeitskraft leben und haben keine Verfügungsgewalt über die Produktionsmittel. Ihre Interessen materialisieren sich in der Eigentums-, Verfügungs- und Verteilungsfrage. Sie werden aus gewerkschaftlicher Sicht primär im Rahmen von tariflichen und betrieblichen Auseinandersetzungen bearbeitet. Diese Fragen aber auf betriebliche und tarifliche Auseinandersetzungen zu reduzieren, würde einem offensiven Politikansatz nicht gerecht. Offensive Gewerkschaftspolitik muss ein gesellschaftspolitisches Mandat für sich reklamieren und in der konkreten Politik umsetzen. Dies beinhaltet zum einen die öffentlichkeitswirksame Auseinandersetzung um Sozial- und Steuerpolitik; zum anderen auch in Zusammenarbeit mit DGB und anderen Gewerkschaften im Widerstand gegen kapitalistische Strukturen den Kampf um den Erhalt und den Ausbau der öffentlichen Infrastruktur auf kommunaler, nationaler, europäischer und internationaler Ebene. Dazu gehört auch der Kampf um die Gleichstellung von Frauen, um Frieden sowie für sozial- ökologischen Umbau, Demokratie und Selbstbestimmung. Die IG Metall muss ihre Durchsetzungsmöglichkeiten und Grenzen realistisch einschätzen und beschreiben. Tut sie dies nicht, und stellt sie ihre Kraft überhöht dar, muss sie Verantwortung für gesellschaftliche Verhältnisse übernehmen, deren Gestaltung sie nur unzureichend beeinflussen kann. Es besteht die Gefahr, dass die IG Metall die Realität anders beschreibt, als sie von einem Großteil ihrer Mitglieder wahrgenommen wird und sich hierdurch von ihrer Mitgliedschaft entfernt. Letztlich kann dies zur Rechtfertigung von Verhältnissen führen, die nicht im Interesse der Mitglieder der IG Metall liegen.

II. IM EINZELNEN
1. Antirassismus

Wenn die Geschäftsgrundlage gewerkschaftlichen Handels der Gegensatz zwischen Kapital und Arbeit ist, heißt das, dass Gewerkschaften sich gegen alle Spaltungslinien – angesichts der aktuellen Lage insbesondere gegen den Rassismus – wenden müssen. Das ist in der Theorie im gewerkschaftlichen Funktionärskörper Konsens. Doch in der Praxis hat sich die rechtspopulistische, zum Teil faschistische Ideologie in Teilen der Belegschaften eingenistet. Ein Teil der Funktionärinnen und Funktionäre stellt sich der Problematik nicht ausreichend.

Notwendig ist aber eine offensive Auseinandersetzung mit Rassismus, Neofaschismus und ihren parteipolitischen Repräsentanten, auch wenn dies nicht bei allen Mitgliedern unmittelbar auf Zustimmung trifft. Wir zeigen gegenüber rechten Ideologien und den Funktionären, die diese repräsentieren, klare Kante. Gleichzeitig versuchen wir, verwirrte, gegenüber rechten Ideologien offene Kolleginnen und Kollegen für unsere Politik zu gewinnen, ohne Kompromisse in der Sache zu machen. Hierzu müssen wir uns auch mit den Motiven von Beschäftigten, die offen gegenüber rechtem Gedankengut sind, auseinandersetzen. Erforderlich sind entsprechende Schulungen, Werbematerialien und letztlich die Bereitschaft und Fähigkeit zum öffentlichen Auftritt. Zugleich müssen wir unsere eigene Arbeit als Gewerkschaft in betrieblichen wie in politischen Fragen kritisch reflektieren. Wir müssen unsere Entscheidungen transparenter machen. Wir müssen ausreichende und vor allem richtige Angebote zur Beteiligung unserer Mitglieder und derjenigen, die wir für uns gewinnen wollen, machen. Wir müssen uns stärker konfliktbereit zeigen. Und uns deutlich von den »Bossen« und dem politischen Establishment abgrenzen.

Das Engagement gegen rechtspopulistisches Gedankengut ist aus gewerkschaftlicher Sicht von zentraler Bedeutung. Dies wird auch dadurch unterstrichen, dass verschiedene rechtspopulistische Listen bzw. Kandidaten bei den BR-Wahlen 2018 antreten. Es muss daher auch mit entsprechenden personellen und finanziellen Ressourcen hinterlegt werden.

2. Für eine sozialökologische Wirtschafts- und Strukturpolitik

Deutschland hat eine exportorientierte Wirtschaft. Dort werden hochwertige und weltmarktfähige Produkte gefertigt. Damit dies so bleibt, muss der sozialökologische Umbau weiter vorangetrieben werden. Dies ist zur Sicherung und Schaffung von Arbeitsplätzen unerlässlich. Der Investitionsbedarf für den Umbau ist enorm. Klar ist auch, dass mittel- und langfristig Arbeitsplätze gefährdet und vernichtet werden, wenn der Umbau nicht angegangen wird und die Konzerne weiter auf Technologien und Produktionsweisen setzen, die Klimawandel und die Gefährdung unserer natürlichen Lebensgrundlagen ignorieren. Wir müssen die Unternehmen in die Pflicht nehmen. Es muss Schluss sein damit, dass die Profite privat eingestrichen werden und Umwelt und Soziales auf der Strecke bleiben. Dabei müssen wir dafür Sorge tragen, dass die erhebliche Produktivkraftentwicklung durch die zunehmende digitale Vernetzung (Industrie 4.0) entsprechend genutzt wird, anstatt sie dafür zu missbrauchen, den Ausbeutungsgrad der Beschäftigten zu erhöhen und den »gläsernen Beschäftigten« zu schaffen.

Inakzeptabel ist es, dass die Exportorientierung mit einer immensen Importschwäche einhergeht. In der Folge entstehen Handelsungleichgewichte, die zu krisenhaften Entwicklungen innerhalb und außerhalb Europas führen. Offensive ökologische und nachhaltige Gewerkschaftspolitik muss dem entgegenwirken. Zum einen durch Stärkung der Massenkaufkraft (Tarif-, Steuer- und Sozialpolitik), auch durch die Abschaffung prekärer Arbeitsverhältnisse, zum anderen durch eine offensive Wirtschafts- und Strukturpolitik auf nationaler und internationaler Ebene und einen handlungsfähigen Staat. Daher lehnen wir bilaterale »Frei-« Handelsabkommen wie TTIP, CETA und TISA, die auf die Deregulierung und Senkung der Sozial- und Umweltstandards durch eine reine Marktsteuerung zielen, ab. Wir wollen zu einer demokratischeren Weltwirtschaftsordnung beitragen und dabei die Eigentums- und Verteilungsfrage stellen.

Auf europäischer Ebene heißt dies, Europa muss sich neu begründen, oder es wird untergehen: Wir brauchen eine grundlegende Revision der europäischen Finanzarchitektur und der darauf basierenden Regeln innerhalb der EU, nicht zuletzt, um Strukturprogramme auflegen zu können, die einen Beitrag gegen die ökonomische und politische Schieflage in Europa leisten. Makroökonomische Steuerung und wirtschaftsdemokratische Elemente können dabei helfen. Wir brauchen auch mehr Zusammenarbeit der Gewerkschaften in Europa. Auch auf nationaler Ebene stehen in den Betrieben große technologische, ökonomische und beschäftigungspolitische Veränderungen an, die eine aktive Begleitung durch die Wirtschafts- und Strukturpolitik verlangen. Dies beinhaltet auch ihre Demokratisierung. Der Verkehrssektor wird sich grundsätzlich wandeln müssen, wenn Mobilität um Umwelt in Einklang gebracht werden sollen. Interessen der Beschäftigten an gesunder Umwelt, gesellschaftlich sinnvollen Produkten und guter Arbeit müssen in Anlehnung an die Debatte um Auto-Umwelt-Verkehr aus den 1980er Jahren im Mittelpunkt stehen.

Mit Blick auf die Automobilindustrie heißt dies insbesondere:
- Demokratisierung der Automobilindustrie durch stärkere öffentliche Beteiligung und den Ausbau der betrieblichen und überbetrieblichen Mitbestimmung
- Erneuerung der industriellen Basis durch eine Zell- und Batterieproduktion, um automobile Wertschöpfung und Beschäftigung mittelfristig zu sichern.
- Umbau der Automobilindustrie hin zur Mobilitätsindustrie mit E-Autos, Sharing-Modellen im Nah- und Fernbereich u. a. Verbindung der Mobilitätswende mit einer regenerativen Energiewende

Darüber hinaus benötigen wir:
- Stärkung des öffentlichen Sektors, im schienengebundenen Nah- und Fernverkehr, bei der Verkehrsinfrastruktur sowie bei der Gas-, Wasser und Energieversorgung
- Keine Privatisierung der Autobahnen
- Ausbau der regenerativen Energien
- Stopp der Atomkraft und einen Plan zum Ausstieg aus fossilen Energien.
- Ein energetisches Gebäudesanierungsprogramm verknüpft mit einer Initiative
- für bezahlbaren Wohnraum in den Ballungsräumen.

3. Steuer- und Sozialpolitik

Eine zentrale Funktion der Steuer- und Sozialpolitik ist es, die ungleiche Marktverteilung zu korrigieren. In den letzten Jahren hat zumindest die Steuerpolitik dazu beigetragen, die Schieflage bei der Verteilung zu verschärfen. Die Programmatik der IG Metall zielt dagegen auf internationaler, europäischer und nationaler Ebene auf eine stärkere Belastung der finanziell Leistungsfähigen (z. B. durch Vermögensteuer, Anhebung von Erbschaftsteuer- und Spitzensteuersätzen, Kapitalertragsteuer, Finanztransaktionsteuer, Gewerbesteuer, Stopfen von Steuerschlupflöchern ...). Mehr Steuergerechtigkeit und eine breitere Finanzierungsbasis für öffentliche Investitionen ist das Ziel gewerkschaftlicher Steuerpolitik. Um den internationalen Wettlauf zur Senkung der Unternehmensbesteuerung zu durchbrechen, ist zumindest auf der europäischen Ebene eine Harmonisierung der Körperschaftsteuer mit der Vereinbarung von Mindeststeuersätzen notwendig. Die Programmatik der IG Metall zielt zudem auf den Ausbau der Sozialversicherungen, eine Verbesserung ihrer Leistungsfähigkeit und eine gerechtere Finanzierung durch stärkere Einbeziehung der Kapitalseite sowie die Einführung einer einheitlichen Erwerbstätigenversicherung in der Rente und einer Bürgerversicherung in der Kranken- und Pflegeversicherung. Dabei ist unerlässlich, dass jede Form der Erwerbsarbeit sozialversicherungspflichtig wird. In der Arbeitsmarktpolitik muss eine Kehrtwende hinsichtlich des Hartz IV-Regimes her: Der Ausbau des Niedriglohnsektors begünstigt die Unternehmen, schwächt die Kampfkraft der Gewerkschaften und führt zu unwürdigen Zuständen für die Betroffenen. Notwendig ist die Verlängerung des Arbeitslosengeldes für Ältere, die Wiederherstellung des Berufsschutzes, die deutliche Anhebung der Regelsätze sowie ein Sanktionsverbot, sofern das Existenzminimum unterschritten wird. In der Praxis der IG Metall werden zum einen allerdings teilweise Maßnahmen protegiert, die dieser Programmatik entgegenstehen. Beispielsweise die Förderung von Entgeltumwandlung im Rahmen der Altersversorgung, die faktisch die zweite bzw. dritte Säule der Alterssicherung zu Lasten der ersten Säule (Gesetzliche Rente) sowie der anderen Sozialversicherungszweige privilegiert. Zum anderen wird politischen Rahmenbedingungen, die die gewerkschaftliche Handlungsfähigkeit massiv beeinflussen, nicht die erforderliche Aufmerksamkeit zu teil.

Offensive Gewerkschaftspolitik muss die eigene steuer- und sozialpolitische Programmatik aktiv, mit der Kraft der ganzen Organisation, in die politischen Auseinandersetzungen einbringen. In offenen Diskussionen ist diese Programmatik weiter zu präzisieren (z. B. ein Niveau in der gesetzlichen Rentenversicherung, mindestens in Höhe von 53 Prozent Netto vor Steuern). Erforderlich ist ebenso der Verzicht auf den Versuch, gesetzlichen Sozialabbau durch tarifpolitische Maßnahmen zu kompensieren.

4. Frieden und Abrüstung

Die IG Metall ist nach der Satzung auch für die Beschäftigten in der Rüstungs- bzw. Waffenindustrie zuständig.

Da gesellschaftspolitisch und auch in der IG Metall eine friedenspolitische Debatte in den Hintergrund getreten ist, müssen wir unseren gewerkschaftlichen Anspruch nach Frieden und Abrüstung und Fragen der Rüstungskonversion neu beleben. Friedenspolitische Vorstellungen müssen gegenüber Beschäftigungsinteressen innerhalb der Rüstungsindustrie dominieren, gleichwohl muss das Interesse der zurzeit in der Rüstungsindustrie Beschäftigten an guter und gut bezahlter Arbeit berücksichtigt werden. Dazu ist es auch notwendig, die wirtschaftspolitische Dimension der Rüstungsindustrie zu bewerten und europäische Entwicklungen der Rüstungskonzentration einzuschätzen: Einerseits die Fusion der Panzerbauer KMW (Krauss-Maffei-Wegmann) mit dem französischen Staatskonzern Nexter und andererseits die Absicht der Italiener und Franzosen, ihre Marine-Werften zusammen zu führen. Bundesweit sind 80.000 bis 100.000 Arbeitsplätze von der Rüstung abhängig. Die meisten Unternehmen in dieser Branche sind Mischkonzerne, die sowohl zivile, als auch Rüstungsgüter produzieren. Die 2015 auf dem Gewerkschaftstag beschlossenen Anträge positionieren die IG Metall

- gegen Rüstungsexporte,
- gegen die Ausweitung des Rüstungsetats,
- gegen direkte oder indirekte Unterstützung von Kriegen oder kriegsähnlichen Handlungen,
- für Projekte der Rüstungskonversion mit einem Konversionsfonds.

In diesem Sinne ist es notwendig, die öffentliche und gewerkschaftsinterne Debatte wieder stärker zu führen, die Akteure stärker zu vernetzen und Alternativen zur Rüstung und für den Frieden zu formulieren und umzusetzen.

5. Tarif- und Betriebspolitik

Die Tarifpolitik der IG Metall hat in den letzten Jahren dazu geführt, dass im Bereich der Metall- und Elektroindustrie der verteilungsneutrale Spielraum ausgeschöpft werden konnte. Zu ihrer Begründung wurde auf neue Parameter (Zielinflationsrate, Trendproduktivität statt realer Inflations- und Produktivitätsentwicklung) zurückgegriffen. Die Notwendigkeit der Umverteilung durch Tarifpolitik (offensive Begründung der Umverteilungskomponente) trat in den Hintergrund. Durch die Hartz-Gesetzgebung und durch Optimierungs- und Verlagerungsdruck haben (gleichzeitig) Ausgliederungen sowie Leiharbeit und Werkverträge zu Lasten der Stammbelegschaften zugenommen. Dies hat den Druck auf die Tarif- und Betriebspolitik erhöht und die Handlungs- und Durchsetzungsfähigkeit der IG Metall geschwächt. Der Druck auf die Betriebs- und Tarifpolitik erhöht sich z. B. auch durch neue Steuerungsformen der Unternehmen, in deren Folge neue, vor allem psychische Belastungen auftreten und die Beschäftigten immer länger arbeiten. Hieraus ergeben sich neue Herausforderungen für gewerkschaftliche Arbeits-, Arbeitszeit- und Leistungspolitik.

Aufgabe der Tarifpolitik ist es, der umfassenden Vermarktlichung der Arbeitsbeziehungen und der einzelnen Beschäftigten entgegen zu wirken. Dies zielt auf die stärkere Vereinheitlichung der Lebensverhältnisse in ganz Deutschland, insbesondere auch die Angleichung zwischen West- und Ostdeutschland. Es zielt zugleich gegen die Ausfransung der Tariflandschaft. Aufgabe der Tarifpolitik muss es zudem sein, die tarifpolitischen Auseinandersetzungen in ein gesamtgesellschaftliches Umverteilungskonzept (Umverteilung von Arbeitszeiten, Einkommen, Verfügungsrechten ...) einzuordnen.

Tarifpolitik hat ferner die Aufgabe, vorhandene gesetzliche Regelungen zu verbessern, nicht aber über tarifdispositive Regelungen, wie sie beispielsweise im sogenannten Betriebsrentenstärkungsgesetz enthalten sind, durch Tarifverträge zu verschlechtern.

Handlungsoption muss dabei immer sein, Umverteilung gemeinsam mit gesellschaftlicher Bewegung gegebenenfalls auch im Wege des Arbeitskampfes durchzusetzen. Aufgabe der Tarif- und Betriebspolitik ist es zudem, der Spaltung von Belegschaften entgegen zu wirken und prekäre Beschäftigungsformen (Werkverträge, Leiharbeit, sachgrundlos befristete Beschäftigung, 450-Euro-Arbeit) zurückzudrängen. Gewerkschaftliche Interessenvertretung heißt, Vertretung aller Beschäftigten und nicht nur der Kernbelegschaften.

Einige Bücher aus dem PapyRossa-Programm

Werner Rügemer
*Die Kapitalisten
des 21. Jahrhunderts*
Abriss zum Aufstieg der
neuen Finanzakteure
361 Seiten | € 19,90

Patrick Schreiner
*Warum Menschen
sowas mitmachen*
18 Sichtweisen auf das
Leben im Neoliberalismus
165 Seiten | € 13,90

Christian Bartlau
Ballverlust
Gegen den
modernen Fußball
Paperback
223 Seiten | € 14,90

Florence Hervé
Mit Mut und List
Europäische Frauen
im Widerstand gegen
Faschismus und Krieg
294 Seiten | € 17,90

Christoph Butterwegge
Armut
Basiswissen Politik/
Geschichte/Ökonomie
Pocketformat
138 Seiten | € 9,90

Werner Ruf
*Vom Underdog
zum Global Player*
Deutschlands Rückkehr
auf die Weltbühne
127 Seiten | € 12,90

Gesamtverzeichnis unter www.papyrossa.de

bitte
ausreichend
frankieren

Deutsche Post
ANTWORT

**PapyRossa Verlag
Luxemburger Str. 202
50937 Köln**

Telefon: +49-(221)-44 85 45, Fax: 44 43 05 – www.papyrossa.de – mail@papyrossa.de

Meine Anschrift (bitte gut leserlich)

Name, Vorname

Straße und Nr.

PLZ und Ort

☐ **Senden Sie mir bitte kostenlos (etwa jährlich) Informationen zum Buchprogramm per Post zu.**

☐ **Ja, ich möchte Ihren eMail-Newsletter erhalten.**

meine eMail-Adresse

☐ **freiwillige Angaben**

Diese Karte habe ich aus folgendem Buch entnommen:

Von dem Buch erfuhr ich über eine/n: (Mehrfachantwort mögl.)
☐ Buchhandlung – ☐ persönl. Empfehlung – ☐ Rezension
☐ Lesung/Messe – ☐ Autor/in – ☐ Internetseite (s.u.)
☐ Verlagsanzeige in:

Offensive Betriebspolitik muss einen Beitrag dazu leisten, die jeweiligen Tarifergebnisse auch tatsächlich vor Ort umzusetzen. Hierfür ist es notwendig, mit den Beschäftigten gemeinsam zu handeln. Hierzu gehört der systematische Aufbau gewerkschaftlicher Strukturen durch die Nutzung von Mitgliederversammlungen und die Bildung von Vertrauenskörpern in den Betrieben. Die Mitglieder der IG Metall, ihre Interessen und Positionen stehen dabei im Mittelpunkt des gewerkschaftlichen Handelns.

Sie entwickeln mit Unterstützung der Organisation gemeinsame Ansätze und Aktivitäten zur Durchsetzung ihrer Interessen und handeln danach.

6. Internationale Gewerkschaftsarbeit

Für das Kapital spielen Grenzen und Nationalstaaten eine geringe Rolle bei der Durchsetzung seiner Profitinteressen. Und internationale Konzerne treffen ihre Entscheidungen fast immer unabhängig von sozialen Erwägungen oder Verbundenheit mit regionalen oder nationalen Belegschaften. Die nationale Wirtschafts-, Sozial-, Finanz- und Steuerpolitik und natürlich auch die Höhe und Entwicklung von Löhnen, Produktivität und Arbeitszeiten in den Ländern der Welt beeinflussen Investitionsströme und Standortentscheidungen. Eine offensive Gewerkschaftspolitik kann daher nicht an Staatsgrenzen enden. Internationale Zusammenarbeit von Gewerkschaften ist nicht nur eine Aufgabe von Spitzengremien und schon gar nicht darf sie sich in sonntäglichen Reden erschöpfen. Internationale Solidarität braucht, wenn sie wirksam werden soll, ein Gesicht und muss von der Basis her wachsen und gestärkt werden. Hierfür sind unmittelbare und persönliche Kontakte zwischen betrieblichen Gewerkschaftsaktivistinnen und -aktivisten – insbesondere in länderübergreifenden Konfliktfällen – aus Betrieben verschiedener Länder zu fördern und zu systematisieren. Darüber hinaus ist jenseits von nationalen Egoismen die Koordinierungs- und Entscheidungskompetenz der europäischen und internationalen Gewerkschaftszusammenschlüsse in tarifpolitischen Fragen aufzubauen. Nicht Lohn- und Arbeitszeit-Dumping – aber auch nicht dauernde »Förderung der Wettbewerbsfähigkeit« kann die Antwort auf die menschenfeindliche koordinierte Profitmaximierung des internationalen Kapitals sein. Offensive Gewerkschaftspolitik muss den solidarischen gewerkschaftlichen Zusammenschluss der abhängig Beschäftigten aller Länder in der täglichen Arbeit erfahrbar voranbringen.

7. Organisationspolitik

Die Organisationspolitik der IG Metall muss darauf ausgerichtet werden, Betriebe nachhaltig zu erschließen, indem Mitglieder beteiligt und dadurch befähigt werden, für ihre Interessen im Betrieb und in der Gesellschaft einzutreten. Zugleich muss das Spannungsverhältnis zwischen betrieblichen und gewerkschaftlichen Interessen mit Blick auf die gesamte Branche und darüber hinaus transparent gemacht werden, um reale Beteiligung – soweit möglich – zu realisieren und Scheinbeteiligung zu vermeiden.

In den letzten Jahren ist in der IG Metall die Mitgliederentwicklung immer stärker in den Fokus gerückt worden. Dies hatte und hat seine Berechtigung, da eine mitgliederschwache Organisation zu wenig politische Kraft hat. Aufgabe einer offensiven Gewerkschaftspolitik im Organisationsbereich ist es gleichwohl, das Verhältnis von Mittel und Zweck in den richtigen Zusammenhang zu stellen. Die Mitgliederentwicklung ist kein Selbstzweck, sondern dient dem Ziel die Interessen der Beschäftigten wirksamer durchzusetzen. Insbesondere die Interessen von Frauen sind nach wie vor nicht ausreichend berücksichtigt. Diese Erkenntnis muss auch Konsequenzen für die Organisationspolitik der IG Metall haben. Erfolgreiche Mitgliederentwicklung steht im unmittelbaren Einklang mit einer offensiven und konfliktorischen Ausrichtung der gewerkschaftlichen Betriebs-, Tarif- und Gesellschaftspolitik.

Projekte und Geschäftsstellenstrukturen dürfen nicht nur an betriebswirtschaftlichen Kriterien gemessen werden, sondern auch an ihrer gesellschaftspolitischen Funktion. Es ist notwendig, innerhalb der IG Metall über die klassischen Strukturen hinaus Strukturen aufzubauen, die eine Beteiligung aller zulassen und diese regelmäßig auf ihre Zweckmäßigkeit zu überprüfen. Hiermit soll die Diskussion über die Rolle der IG Metall, sowohl betriebs- und tarifpolitisch, als auch gesellschaftspolitisch, gefördert werden.

Bei aller notwendigen Unterschiedlichkeit in den Geschäftsstellen muss die IG Metall deutlich machen, wofür sie steht, im Bereich der Betriebs- und Tarifpolitik genauso wie im Bereich der Gesellschaftspolitik. Erfolgreiche Arbeit in den Betrieben ist ohne klar formulierte Gesellschaftskritik und -politik nicht möglich.

Die Gewerkschaftliche Bildungsarbeit der IG Metall muss sich an den hier definierten gewerkschaftlichen Aufgaben orientieren. D.h., sie muss stärker als bisher den Interessengegensatz zum Ausgangspunkt nehmen und gesellschaftspolitische Fragen in den Fokus rücken. Sie darf sich nicht auf die Weiterbildung der Betriebsräte reduzieren, sondern muss – auch wenn dies kostenintensiv ist – die Vertrauensleutearbeit mit höherer Priorität behandeln.

8. Bündnis- und Lobbypolitik

Die Lobbykontakte der IG Metall zu Ministerien und Parlamenten sind gut ausgebaut und effizient. Gleichwohl stoßen sie an ihre Grenzen, wenn die Anliegen der IG Metall nicht durch gesellschaftliche Bewegungen und eigene organisationspolitische Kraft unterlegt werden. Aufgabe ist es, Kontakte auf allen Ebenen (von lokal bis international) zu allen demokratischen Parteien (insbesondere zu denen, die sich konstruktiv auf gewerkschaftliche Programmatik beziehen) sowie zu NGOs, Sozialverbänden, Wissenschaft, Religionsgemeinschaften, Bürgerinitiativen etc. weiter zu entwickeln, gesellschaftliche Bewegungen aufzugreifen und auf Augenhöhe im Bündnis mit allen, die am Erhalt und Ausbau des Sozialstaates interessiert sind, öffentlichkeitswirksam zu agieren. Das stärkt uns in quantitativer Hinsicht, zugleich können intellektuelle Ressourcen besser gemeinsam genutzt und im Prozess der Zusammenarbeit gemeinsam politisch gelernt werden.

Dabei muss der DGB als Zusammenschluss der Gewerkschaften auf allen Ebenen eine wichtigere Rolle spielen. Er muss politisch, finanziell und personell gestärkt werden. Die großen gesellschafts- und sozialpolitischen Aufgaben lassen sich, trotz unterschiedlicher organisationspolitischer Interessen der einzelnen Gewerkschaften, nur gemeinsam bewältigen.

Die IG Metall muss hierbei als eine der stärksten Gewerkschaften im DGB und als außerparlamentarische Kraft wieder ein Sammelpunkt des gesellschaftlichen Widerstands werden und sich offensiv für eine Politik einsetzen, die die Interessen der Mehrheit der Menschen und nicht des Profits in den Mittelpunkt des politischen Handelns rückt.

Norman Paech

Die Militarisierung der EU

Europa wird in den politischen Reden immer noch als Sehnsuchtsort einer besseren Zukunft gehandelt, als historisch notwendiger und letztlich geglückter Fort-Schritt auf eine höhere Stufe gesellschaftlicher Entwicklung. Dabei spielen die durchaus nachweisbaren Erfolge der europäischen Integration auf ökonomischer und politischer sowie kultureller Ebene eine wichtige Rolle. Die Europäische Union wird als Wirtschafts- und politische Union wahrgenommen, nicht aber als »Verteidigungsunion«, wie sie Ministerin Ursula von der Leyen jüngst nannte. Und wer von der »Militarisierung« der EU spricht, stößt zumeist auf Unverständnis oder wird der Provokation bezichtigt. Wer aber von der Krise der EU spricht, darf diese nicht nur an dem unbestreitbaren demokratischen Defizit, dem bürokratischen Aufwuchs der Exekutive, dem neoliberalen Grundkonsens der Kommission und der Bürgerferne der Institutionen festmachen. Er muss auch von der zunehmenden Militarisierung der EU trotz und neben der NATO sprechen.

1. Von den unbemerkten Anfängen …
Dies begann praktisch schon 1999, als auf den Ratsgipfeln in Köln und Helsinki im Rahmen der »Gemeinsamen Außen- und Sicherheitspolitik« (GASP) die Aufstellung einer EU-Interventionstruppe, die European Rapid Reaction Force, beschlossen wurde. Das machte für die Einsatz- und Kriegsplanung die Einrichtung u. a. eines Militärausschusses notwendig, die 2000 erfolgte, und den Entwurf einer »Europäischen Sicherheitsstrategie«, die 2003 verabschiedet wurde. 2004 wurden die sog. Battlegroups beschlossen und die Europäische Verteidigungsagentur (EDA) eingerichtet. Sie soll sog. Fähigkeitslücken identifizieren, die eine effektive Kriegsführung behindern, und Rüstungsprojekte EU-weit anregen und entwerfen.

Parallel zu diesem Aufbau militärischer Fähigkeiten erfolgte die Expansion der EU vor allem nach Osten, welches die Anzahl der Mitgliedstaaten von 15 auf jetzt 28 ansteigen ließ. Seit 2004 wurde mit der »Europäischen Nachbarschaftspolitik« der Einfluss der EU auf 15 Länder von Nordafrika bis zum Kaukasus ausgedehnt. Mittels sog. Assoziationsabkommen werden die Staaten einer neoliberalen Renovierung unterzogen und der europäischen Wirtschaftszone ohne Beitrittsangebot angegliedert. Nachbarschaftspolitik bedeutet allerdings weitaus mehr als nur ökonomische Beteiligung. Mit ihr ist der Anspruch der EU als Ordnungsmacht mit militärischen Befugnissen verbunden. Was der damalige Bundespräsident Gauck, Außenminister Steinmeier und Verteidigungsministerin von der Leyen auf der Sicherheitskonferenz in München 2017 mit der gestiegenen Verantwortung der Bundesrepublik in den Konflikten der Welt meinten, hatte die ehemalige EU-Außenbeauftragte Catherine Ashton bereits 2013 deutlicher formuliert, nämlich

»dass Europa mehr Verantwortung für seine eigene Sicherheit und die seiner Nachbarschaft übernehmen muss [...] Die Union muss in der Lage sein, als Sicherheitsgarant – mit Partnern so möglich, autonom, wenn nötig – in ihrer Nachbarschaft entschieden zu handeln, dies schließt direkte Interventionen ein. Strategische Autonomie muss sich zuerst in der Nachbarschaft der Europäischen Union materialisieren.«[1]

Obwohl das ganze Projekt etwas ins Stocken geriet, als Franzosen und Niederländer den 2003 verabschiedeten EU-Verfassungsvertrag in ihren Referenden 2005 scheitern ließen, hat die Bundeswehr ihre Soldaten in 12 Militäreinsätze von Mazedonien bis in die Zentralafrikanische Republik entsandt. Hinzu kommen sog. Ertüchtigungsinitiativen der Ausbildung und des Trainings in Irak, Jordanien, Tunesien, Mali und Nigeria. Sie werden überwiegend als Maßnahmen der Entwicklungshilfe aus dem Entwicklungshilfe-Haushalt finanziert. Das Finanzierungsverbot des Art. 41 II EU-Vertrag wird so umgangen unter Berufung auf die »Armutsbekämpfung«, die gemäß Art. 208 des »Vertrags über die Arbeitsweise der Europäischen Union« (AEUV), »ein Hauptziel in diesem Bereich (Entwicklungszusammenarbeit)« sein soll. Militärausbildung als Armutsbekämpfung – für Juristen kein Argumentationsproblem. Um den Rüstungshaushalt zu entlasten, werden auch

---

1 Catherine Ashton, Preparing the December 2013 European Council on Security and Defence, Brussels, 15.10.2013, S. 2.

andere Maßnahmen mit militärischer Bedeutung aus dem EU-Budget finanziert. So etwa aus dem Stabilitätsinstrument (bis 2020 2,33 Mrd. Euro) oder aus dem Forschungsetat (bis 2020 ca. 2 Mrd. Euro). Aus ihm wird z. B. die Entwicklung von Drohnen mitfinanziert, und aus dem Agrarhaushalt sollen bis 2020 rund 11,3 Mrd. Euro zur Finanzierung der Satellitensysteme Galileo/Kopernikus, die auch militärisch genutzt werden sollen, fließen. Die »African Peace Facility« erhält so seit 2004 1,9 Mrd. Euro aus dem »Europäischen Entwicklungsfonds« nicht etwa für zivile Entwicklungs- und Friedensprojekte, sondern für den Aufbau afrikanischer Interventionstruppen und die Militäreinsätze der AU. Im September 2016 hatte EU-Kommissionschef Jean-Claude Juncker seinen Vorschlag für einen »Europäischen Verteidigungsfonds« mit den Worten angekündigt:

»Europa muss Härte zeigen. Dies gilt vor allem in unserer Verteidigungspolitik. Eine starke europäische Verteidigung braucht eine innovative europäische Rüstungspolitik. Deshalb werden wir noch vor Jahresende einen Europäischen Verteidigungsfonds vorschlagen, der unserer Forschung und Innovation einen kräftigen Schub verleiht.«[2]

2. ... zu den Verpflichtungen des Lissabon-Vertrages

Was im Jahr 2003 mit der EU-Verfassung nicht gelang, wurde 2009 mit dem Lissabon-Vertrag nachgeholt. Hier sind jetzt im Abschnitt 2 »Bestimmungen über die Gemeinsame Sicherheits- und Verteidigungspolitik« in weitgehend identischem Wortlaut mit dem gescheiterten Vertrag jene Ziele und Vorhaben festgeschrieben, die den weiteren Ausbau der militärischen Kapazitäten und Fähigkeiten garantieren. So heißt es in Art. 42 EUV: »Die Mitgliedstaaten verpflichten sich, ihre militärischen Fähigkeiten schrittweise zu verbessern«. Im Protokoll 10 des Vertrages wird präzisiert, was das bedeutet: die Verteidigungsfähigkeit ausbauen und sich an den wichtigsten europäischen Rüstungsprogrammen zu beteiligen, die sog. Battlegroups aufstellen und gegebenenfalls Truppen in Kriegseinsätze der EU entsenden.

Zwei sehr unterschiedliche Ereignisse in den Folgejahren gaben dem Militärprojekt neuen Schub. Der Krieg gegen Libyen 2011, in dem die

---

2 State of the Union Address 2016: Towards a better Europe - a Europe that protects, empowers and defends, https://ec.europa.eu/commission/presscorner/detail/en/SPEECH_16_3043

USA den Europäern die Führung überließen, offenbarte, dass Großbritannien und Frankreich als Repräsentanten der NATO allein nicht in der Lage waren, die komplexen Aufgaben und Anforderungen einer solchen Militärintervention, die weit über den vom Sicherheitsrat in seiner Resolution 1973 gesetzten Rahmen hinausging, zu bewältigen. Sodann wurde mit der Austrittsentscheidung Großbritanniens aus der EU auch offen ausgesprochen, dass die Engländer über viele Jahre hinweg die Militarisierung der EU blockiert hatten – ganz offensichtlich im Interesse der USA, die auf die NATO setzten. Verteidigungsministerin von der Leyen fiel ein Stein vom Herz: »Wir haben lange Rücksicht nehmen müssen auf Großbritannien, weil Großbritannien konsequent diese Themen nicht wollte.«[3]

Unmittelbar danach im Juni 2016 nahm der EU-Rat eine neue EU-Globalstrategie an, die die bisherige Europäische Sicherheitsstrategie von 2003 ersetzte. Ihr Rahmen ist in der Tat jetzt global definiert und hat mit der klassischen Verteidigung, wie sie noch im Grundgesetz und NATO-Vertrag verankert ist, nichts mehr zu tun:

»Die EU wird zur weltweiten maritimen Sicherheit beitragen und dabei auf ihre Erfahrungen im Indischen Ozean und im Mittelmeer zurückgreifen und die Möglichkeiten für den Golf von Guinea, das Südchinesische Meer und die Straße von Malakka prüfen.«[4]

Mit seinem »Implementierungsplan zur Sicherheit und Verteidigung« konkretisierte der Rat seine Vorstellungen davon, wie diese Globalstrategie umgesetzt werden sollte: durch eine generelle Erhöhung der Militärkapazitäten. Dazu war es notwendig, die Rüstungsforschung mit 500 Mio. € zu forcieren und die Beschaffung von Rüstungsgütern mit 5 Mrd. € anzukurbeln. Notwendig waren diese Maßnahmen deswegen, weil der EU-Vertrag die Verwendung von EU-Geldern für Militärausgaben untersagt.

3. Die »Ständige Strukturierte Zusammenarbeit« – PESCO

Eine der Strukturentscheidungen, die Großbritannien immer blockiert hatte, ist die »Ständige Strukturierte Zusammenarbeit« (SSZ). Sie war schon im Lissabon-Vertrag von 2009 vorgesehen und Jean-Claude Juncker hatte auf

---

3 Thomas Pany, Nach Brexit: Von der Leyen für mehr militärische EU-Zusammenarbeit, Telepolis, 14.7.2016.

4 Gemeinsame Vision, gemeinsames Handeln: Ein stärkeres Europa, Brüssel 28.6.2016.

ihre Realisierung gedrängt. Denn mit ihr hätte das Konsensprinzip durchbrochen werden können. Wichtige Teile der Militärpolitik, wie die Beteiligung an Militäreinsätzen und an den relevanten Rüstungsprojekten, würden dann durch eine kleine Gruppe mit Mehrheitsentscheidung schneller und effizienter erledigt werden. Diesem immer umstrittenen »Europa der zwei Geschwindigkeiten« ist man nun im November 2017 zumindest im Bereich »Sicherheit und Verteidigung« mit der Unterschrift (Notifizierung) von 23 der 28 EU-Staaten unter ein Dokument zur engeren militärischen Kooperation mit dem Kürzel PESCO (Permanent Structured Cooperation)[5] näher gekommen. Damit möchte man der Union mehr »strategische Autonomie« verschaffen, was vor allem militärische Unabhängigkeit von und Selbständigkeit gegenüber den USA heißt. Das Dokument formuliert 20 konkrete Teilnahmebedingungen wie die regelmäßige Erhöhung der Verteidigungsausgaben, die Beteiligung an gemeinsamen Rüstungsprojekten, die Bereitstellung von Soldaten für die Krisenreaktionskräfte etc. Alle Mitglieder haben über die Realisierung dieser Bedingungen und ihren genauen Beitrag zur engeren Kooperation einen Plan vorzulegen. Er soll regelmäßig überprüft werden. Das ist zwar noch nicht die von Ursula von der Leyen anvisierte »Sicherheits- und Verteidigungsunion« mit einer eigenen Europa-Armee, aber der Weg ist vorgezeichnet.

Auch dieses Dokument ist wiederum ohne Mitwirkung der jeweiligen Parlamente von den Exekutiven erarbeitet und verabschiedet worden – ein weiteres Beispiel des bedenklichen Demokratiedefizits in der EU. Aber ebenso wie seinerzeit die Klage gegen die Entscheidung der NATO-Staatschefs im April 1999, die NATO von einem Verteidigungs- in ein Interventionsbündnis umzuwandeln, vom Bundesverfassungsgericht in seinem Urteil vom 22. November 2001 verworfen worden ist, würde auch eine Klage gegen PESCO dort keine Chance haben. Denn das Bundesverfassungsgericht hielt die Umwandlung der NATO, für die die Beteiligung des Bundestages mit der Klage eingefordert wurde, lediglich für eine Erweiterung des Aufgabengebietes im Rahmen des NATO-Vertrages. Im Wortlaut:

---

5   Permanent Structured Cooperation – PESCO. Deepening Defence Cooperation among EU Member States. Eeas.europa.eu, 19.10.2017; Rat der Europäischen Union, Schlussfolgerungen zu Sicherheit und Verteidigung im Kontext der Globalen Strategie der EU, 14190/17, v. 13.11.2017.

»Zwar enthält das Konzept 1999 die im Ursprungsvertrag nicht implizierte Erweiterung auf Krisenreaktionseinsätze außerhalb des Bündnisgebiets. Hier ist das Konzept 1999 gegenüber dem NATO-Konzept von 1991 wesentlich verändert worden [...] Dennoch ist eine objektive Vertragsänderung nicht festzustellen, es handelt sich um eine Fortentwicklung und Konkretisierung der offen formulierten Bestimmungen des NATO-Vertrages: Der Nordatlantikrat erklärt ausdrücklich, Zweck und Wesen des Bündnisses blieben unverändert.«[6]

Nicht nur dem Laien mag es nicht recht einleuchten, dass die Umwandlung der NATO von einem Verteidigungs- in ein Interventionsbündnis zwar eine »wesentliche Veränderung« bedeutet, nicht aber eine »objektive Vertragsänderung«, die die Zustimmung des Parlaments erfordert hätte. Die Wege auch des obersten Gerichts sind oft unerforschlich, doch so viel lässt sich feststellen, dass seine Rechtsprechung »exekutivlastig« ist und erkennen lässt, wie es einer Klage auf Parlamentsbeteiligung gegen PESCO ergehen würde. Denn PESCO baut die Interventionsfähigkeit der EU nur aus, versucht das militärische Potential zu stärken und den effektiveren Einsatz zu organisieren. Das ist in den Augen des Bundesverfassungsgerichts allein Aufgabe der Exekutive, bei der die Legislative keine Mitwirkung beanspruchen kann. Im Rahmen der EU ist die Stellung der Parlamente zudem noch schlechter als in der Bundesrepublik. Wie Artikel 42 AEUV bestimmt, kann das Parlament zwar Fragen stellen und Empfehlungen geben, jedoch nicht mitentscheiden.

Im Koalitionsvertrag von Union und SPD hieß es 2013 noch: »Wir streben einen immer engeren Verbund der europäischen Streitkräfte an, der sich zu einer parlamentarisch kontrollierten europäischen Armee weiterentwickeln kann.« Auf dem Weg zu einer europäischen Streitmacht hat die Koalition schon entscheidende Schritte gemacht. Die lückenhafte parlamentarische Kontrolle hat sie jedoch offensichtlich für ausreichend erachtet und deshalb auch im neuen Koalitionsvertrag nicht mehr erwähnt.

Wichtiger als die demokratische Kontrolle ist ihr zweifellos die Stärkung der militärischen Fähigkeiten für die zukünftigen Einsätze im neokolonialen Bogen ihrer Interessen vom Mittleren Osten bis nach Westafrika und gegen-

---

6 BVerfG-Urteil v. 22. November 2001, 2BvE 6/99, Pressemitteilung Nr. 105/2001 v. 22. November 2001.

über der neuen »Bedrohung« aus dem Osten. Bei der Verlegung US-amerikanischer Truppen nach Polen und in die Baltischen Staaten hatte sich gezeigt, dass der Transit derartiger Einheiten mit schwerem Militärgerät nicht nur durch unzureichende Infrastruktur (Brücken, Straßen, Unterführungen), sondern auch durch bürokratische Genehmigungs- und Zollverfahren behindert und verzögert wird. Deshalb hat die EU einen Aktionsplan zur Verbesserung der militärischen Mobilität erarbeitet. Ziel ist der Ausbau der Transportinfrastruktur, um die NATO-Truppen schnell und ungehindert an die »Ostfront« bringen zu können. Dabei soll das »Transeuropäische Transportnetzwerk« (Trans-European Network for Transport, TEN-T) mit seinem Netz von Verkehrskorridoren, welches sich durch alle Staaten der EU zieht und Straßen, Schienen, Wasserwege, Häfen und Flughäfen umfasst, auch militärisch genutzt werden. Die EU-Verkehrskommissarin Violeta Bulc will der militärischen Nutzung sogar Vorrang einräumen: »Wir brauchen eine Priorität für den militärischen Bedarf, schon bei der Planung neuer Verbindungen.«[7] Dazu gehört dann auch der Aufbau eines neuen Hauptquartiers, das die bessere Mobilität organisieren und garantieren soll und um das sich Deutschland bewirbt.

4. Was treibt die EU an?

Kommen wir zum Schluss und zu der Frage, was die europäische Politik dazu treibt, neben der NATO eine weitere Streitmacht mit eigenen Institutionen, eigenem Budget und eigenem Personal aufzubauen. Sie soll im Ernstfall mit der NATO kooperieren, beide Streitmächte sollen sich ergänzen und unterstützen, aber gleichzeitig strebt die EU nach strategischer Autonomie. Die Unabhängigkeit von den USA, die Großbritannien immer verhindern wollte, ist zweifellos einer der Hauptgründe, die insbesondere die »Beinfreiheit« der beiden dominierenden Militärmächte in der EU, Frankreich und Deutschland, erweitern würde. Dazu mag auch zählen, dass eine Neugründung unter der Marke EU seine Einsätze relativ unbelastet vom negativen Image einer Interventionsarmee (NATO in Jugoslawien, Afghanistan, Irak, Libyen etc.) planen kann. Die herrschende Wahrnehmung der EU als zivile politische und ökonomische Organisation und die angestrebte Verknüpfung militärischer Aktionen mit der Entwicklungs-

---

7   Detlef Drewes, Panzerstraßen für Europa, sz-online.de, 11.11.2017.

hilfe mögen als Schafspelz über der Wolfsgestalt die wahren strategischen Interessen verdecken. Entscheidend ist aber auch die Konstruktion eines äußeren Feindbildes mit einem Bedrohungsszenarium, welches aus einer Kombination von realen Entwicklungen und imaginierten Projektionen neue unmittelbare Gefahren heraufbeschwört. Beispielhaft zitiert Andreas Wehr eine Studie des Pariser Büros der Friedrich-Ebert-Stiftung, in der es heißt:

> »Der strategische Kontext, in dem sich die Europäische Union befindet, ist in den letzten zehn Jahren deutlich angespannter geworden. Im Osten hat die wiedererstarkende Macht Russlands zu zwei Konflikten mit seinen Nachbarn geführt: erst 2008 in Georgien, dann 2014 in der Ukraine. Im Süden folgten auf die Hoffnungen des ›arabischen Frühlings‹ von 2010 Konflikte in Libyen und Syrien, deren Folgen sich nun auch in der Flüchtlingskrise niederschlagen, mit der Europa konfrontiert ist. Der islamistische Terrorismus [...] hat sich auf die Sahelzone und anschließend auf den Irak und Syrien ausgeweitet. Zu diesen Bedrohungen in der unmittelbaren Nachbarschaft kommen noch weitere beunruhigende geopolitische Entwicklungen hinzu, wie die Spannungen im Chinesischen Meer oder das Risiko einer Destabilisierung durch die Verbreitung von Kernwaffen in Nordkorea und im Iran.«[8]

Es ist schon seltsam, mit welcher Chuzpe die Autoren die EU in der Rolle des Opfers sehen, ohne die aktive Verantwortung der EU-Staaten z.B. bei der Einkreisung Russlands durch die NATO oder die Verantwortung für die Destabilisierung des Nahen- und Mittleren Ostens in den Blick zu bekommen. Die permanente Zuspitzung der militärischen und diplomatischen Situation gehört offensichtlich zum Konzept, um die EU in eine »Sicherheits- und Verteidigungsunion« (von der Leyen) zu verwandeln. Es ist relativ gleichgültig ob die Triebfeder in der Überwindung innenpolitischer Schwierigkeiten liegt, wie Theresa Mays Probleme mit der Umsetzung des Brexit, in der Sicherung der alten kolonialen Claims, wie für Frankreich in Westafrika oder in der Angst, bei der Verteilung der Beute nach Beendigung der Kriege leer auszugehen, wie im Mittleren Osten von Afghanistan über Irak bis Syrien. Die europäische Beteiligung an diesen Kriegen oder ihre In-

---

8 Erneuerung der GSVP – hin zu einer umfassenden, realistischen und glaubwürdigen Verteidigung in der EU, http://augengeradeaus.net/2016/09/dokumentation-deutsch-franzoesische-Initiative-fuer-europäische-Verteidigung/

szenierung erfordert nicht nur verbale europäische Solidarität, sondern aktiven militärischen Beistand. Darin waren sich der damalige Außenminister Gabriel und die Verteidigungsministerin von der Leyen auf der Münchner Sicherheitskonferenz im Februar 2018 einig. »Europa braucht [...] eine gemeinsame Machtprojektion in die Welt«, meinte Gabriel, bei der man »auf das Militärische [...] nicht [...] verzichten« dürfe. Und von der Leyen bekräftigte, dass zu den militärischen »Fähigkeiten und Strukturen«, die man aufgebaut habe, nun nur noch »der gemeinsame Wille« hinzukommen müsse, »das militärische Gewicht auch tatsächlich einzusetzen«.[9] Das ist das Gebot für eine eigene Streitmacht auch der EU, wie sie immer deutlicher entsteht. Sie wird aber wohl kaum zur Überwindung der Krise der EU durch die »Einheit von Frieden und Sozialem« beitragen...

---

9 Zitate aus den Reden der beiden Minister am 1. bzw. 17. Februar 2018. Vgl. www.german-foreign-policy.com/news/detail/7535/; www.german-foreign-policy.com/news/detail/7475.

»Wollt ihr den totalen Markt?«

Wirksam gegen Rechts handeln

»Politischer Einfluss wird genutzt, um Profite zu sichern«

Gespräch mit Stephanie Blankenburg

Zuerst erschienen in junge Welt vom 25.11.2017[1]
Interviewer: Simon Zeise

Der britische Ökonom John Maynard Keynes ging 1936 davon aus, dass Rentiers – also Spekulanten, die Profite aus dem Besitz von Eigentumstiteln erzielen – an Bedeutung verlieren werden. In dem von Ihnen mitverfassten »Trade and Development Report 2017« der Welthandels- und Entwicklungskonferenz (UNCTAD)[2] gehen Sie davon aus, die Rentiers seien quicklebendig. Inwiefern haben diese eine Renaissance erlebt?

Keynes Ausspruch von der »Euthanasie des Rentiers« und seine Vorstellung, wie diese durch Wirtschaftspolitik zu erreichen sei, ist berühmt. Er schätzte ein, dass durch staatliche Regulierung produktive Investitionen unterstützt werden können und dadurch die Daseinsgrundlage von Finanzrentiers untergraben werden würde. Seiner Ansicht nach würde so viel Kapital geschaffen werden, dass man keine Rente mehr darauf erzielen werde. Es gab ja auch eine Periode nach dem Zweiten Weltkrieg bis zum Anfang der 70er Jahre, in der das einigermaßen zu funktionieren schien. Nationale und internationale Wirtschaftsabläufe waren zum größten Teil dominiert von langfristigen privaten und öffentlichen Investitionen.

---

1 Das vorliegende Interview ist am Wochenende des Symposiums in der Tageszeitung »junge Welt« erschienen. Stephanie Blankenburg hat dort einen Vortrag zum Thema »Die ideologische Allianz von Neoliberalismus und der extremen Rechten« gehalten, dessen Videomitschnitt unter www.youtube.com/watch?v=EBM5M4ZypCY aufgerufen werden kann.

2 Vgl. http://unctad.org/en/PublicationsLibrary/tdr2017_en.pdf

Schuld an der Änderung ist die Durchsetzung des Neoliberalismus – im Sinne veränderter Machtverhältnisse zwischen Regierungen und großen Unternehmen, die das Interesse von Finanzrentiers bedient haben. Eine Politik der Liberalisierung wurde durchgepeitscht.

In Ihrer Studie sprechen Sie von der »Rache des Rentiers« …

Unsere These lautet, dass der Finanzrentier heute wieder auf der Bildfläche erschienen ist, obwohl er eigentlich ein Relikt vergangener Zeiten ist. Schon in den frühen Jahren der industriellen Revolution zogen Rentiers ihren Profit aus dem bloßen Besitz von Land und Minen. Die französischen Physiokraten des 18. Jahrhundert urteilten, dass die Grundrente als Haupteinnahmequelle des Rentiers nur auf der Lage und der Größe des Landes basierte, nicht auf dem Gewinn, den er aus den dort erzeugten Produkten machte. Deshalb forderten diese Volkswirte der ersten Stunde die Besteuerung des Bodens. Und Karl Marx argumentierte, die Landwirtschaft habe sich im Zuge der Industrialisierung denselben Regeln des Marktes unterwerfen müssen wie andere Wirtschaftssektoren auch. Adam Smith warnte bereits vor der wachsenden Marktmacht, die dem Kapitalismus innewohne. Den Markt zu erweitern und den Wettbewerb zu beschränken sei immer das Ziel des Händlers, hatte Smith 1776 geschrieben. Im Zuge der Herausbildung der globalen Geld- und Kreditmärkte avancierte der Rentier zum Eigentümer von finanziellen Vermögenswerten wie Aktien und Anleihen. Durch die keynesianische Wirtschaftspolitik, die nach dem Zweiten Weltkrieg im Westen verfolgt wurde, konnte der Rentier ein wenig eingehegt werden. Heute ist er wieder ein Wirtschaftssubjekt mit großem Einfluss.

Das klingt nicht neu. Schon Lenin argumentierte, dass diese Spekulanten nur vom Couponschneiden leben würden.

Der Unterschied ist, dass es sich bei dieser »Spezies« nicht mehr nur um Finanzrentiers und Spekulanten handelt, sondern dass das Phänomen des Rentierverhaltens heute in großen sogenannten nichtfinanziellen Unternehmen ebenso vorherrscht, oder dabei ist, dominant zu werden. Das ist das Neue.

Wie kann ich mir das vorstellen? Ist der Rentier der Chef eines globalen Monopols, oder handelt es sich um einen Privatspekulanten, der per Laptop am Küchentisch Aktien kauft?

Der Finanzrentier in der frühen Literatur ist im wesentlichen der einzelne Spekulant. Der ist weiter lebendig, aber die Hauptakteure an den Finanzmärkten der vergangenen 20 Jahre waren die sogenannten institutionellen Investoren – Rentenfonds, Kreditinstitute, Investmentfonds und Hedgefonds. Man denke etwa an die Finanzkrise von 2007. Aber wir haben heute auch Unternehmensstrategien in vielen Großkonzernen, die auf nichtfinanzielle Rentierstrategien abstellen: Es betrifft zum Beispiel den Missbrauch von intellektuellen Eigentumsrechten. Planungen, um aggressive Fusionen und Übernahmen durchzusetzen und die Art und Weise, wie öffentliches Vermögen privatisiert worden ist, zum Vorteil von Großunternehmen, gehören dazu. Weitreichende staatliche Subventionen und Steuererleichterungen zu erhalten sowie Möglichkeiten der Steuerhinterziehung auszuloten und diese umzusetzen – all das zählt zu diesem »Geschäft«. Manager manipulieren gezielt die Börsenwerte ihres Unternehmens – nicht mal, um die Aktienkurse ihrer Firma zu stärken, sondern um ihre eigenen Einkommen hochzutreiben.

Bekannt wurden zum Beispiel die Tricks des Apple-Konzerns, der lediglich 0,001 Prozent Steuern auf seine erzielten Gewinne in der Europäischen Union zahlt ...

In der Tat haben es manche Großkonzerne geschafft, ihre effektive Besteuerung in der Europäischen Union mehr oder weniger auf Null zu senken. In unserer Studie haben wir über die vergangenen 20 Jahre eine neue Datenbasis zusammengestellt. Darin wird ein Überblick über die konsolidierten Finanzbilanzen von öffentlich gelisteten Unternehmen in 56 Ländern, einschließlich einiger Entwicklungsländer vermittelt. Wir haben uns Konzentrationstendenzen angesehen. Für das letzte Jahr mit verfügbaren Daten, 2015, umfasst die Datenbasis mehr als 30.000 Unternehmen.

Wir haben die Konzentrationstendenzen für die obersten hundert dieser Firmen untersucht, mit den Variablen Marktkapitalisierung, Einnahmen, physische und finanzielle Vermögensstände usw. Wir haben darin nach Sektoren unterschieden. Diejenigen, die relativ beständig an der Spitze stehen, sind Unternehmen aus den Bereichen Energie und Rohstoffe, Pharmaindustrie und Gesundheitswesen sowie Software und IT-Dienstleister. Gerade bei letzteren handelt es sich um Unternehmen, die in der Presse wegen der verschwindend geringen Steuerzahlungen erwähnt wurden.

Welche Auswirkungen hat diese Marktmacht?

Damit Sie sich eine Vorstellung machen können: Im Jahr 2015 verfügten die 100 größten Konzerne über eine Marktkapitalisierung, die 7.000 mal größer war als die der kleinsten 2.000 Firmen in der Datenbasis. Vor

20 Jahren lag dieser Faktor noch bei 31. Die Überschussprofite der größten 100 Unternehmen sind im selben Zeitraum durchschnittlich von 16 auf 40 Prozent gestiegen. Das sind Profite, die diese Unternehmen über das hinaus einstreichen, was wir als »normale« Firmengewinne in jedem der Sektoren definieren. Diese Entwicklung ist auch insofern alarmierend, als dieses Wachstum nicht einherging mit einem entsprechenden Anstieg der Beschäftigung. Stattdessen wird nach dem Motto verfahren: Der Gewinner nimmt sich das größte Stück. Das Interesse an der Hebung des allgemeinen Wohlstands bleibt auf der Strecke.

Warum konzentriert sich Kapital besonders in den genannten Bereichen?

Es sind Branchen, in denen Großunternehmen schon seit langem dominieren. Bei Energie und Rohstoffen existieren sozusagen natürliche Monopole. Wenn es um Minen geht, gibt es immer nur eine begrenzte Anzahl von Firmen. Aber es hat auch mit enormen Privatisierungsprogrammen der 90er Jahre zu tun. Pharmakonzerne befinden sich bereits seit hundert Jahren in dieser Kategorie. Gesundheitsunternehmen haben von Privatisierungen zahlreicher entsprechender Dienstleistungen profitiert. Es sind wenige Unternehmen, die in vielen Ländern dominieren. IT-Konzerne, wie Apple oder Amazon, profitieren von sogenannten positiven Skaleneffekten. Das bedeutet, mit der Ausweitung der Produktion fallen die Produktionskosten sehr schnell.

Über ein wenig Knowhow verfügen die Konzerne aber auch. Ist das nicht der entscheidende Faktor?

Zum Teil profitieren solche Konzerne von der Technik. Aber der Punkt, den ich stark betonen möchte, ist folgender: Es liegt nicht an den technologischen Faktoren selbst, dass es zu einer solchen Marktbeherrschung kommen konnte, wie es insbesondere in den 2000ern zu sehen war. Die Produktivitätsziffern sind zwar höher als im Durchschnitt, aber nicht ausreichend, um diese Entwicklung zu erklären. Im Gegenteil ist es so, dass eine prominente Marktstellung zu Beginn ausgenutzt wurde, durch Lobbying. Um Wettbewerbspolitik zu vermeiden, wurden sehr niedrige Preise gemacht, mit denen die Konkurrenz nicht mithalten konnte. Luigi Zingales, ein Kollege des Stigler Center for the Study of the Economy and the State in Chicago, wohlgemerkt nicht berüchtigt für fortschrittliche Wirtschaftstheorie, hat es Medici-Teufelskreis genannt: Wo Geld ist, wird es benutzt, um politischen Einfluss zu gewinnen. Der wird wiederum dafür genutzt, sich durch Rentierstrategien mehr Profite zu sichern.

Hat sich diese Entwicklung seit der Finanzkrise von 2007 verstärkt? Und welche Auswirkungen hat die kurz danach in allen kapitalistischen Zentren eingeführte Niedrigzinspolitik der Zentralbanken?

Die globale Finanzkrise hat diesen Trend nicht gestoppt. Das »Quantitative easing«, die Niedrigzinspolitik, vor allem in den USA, aber auch in England und in der Euro-Zone, hat zu einem sehr instabilen internationalen Finanzmarkt geführt. Es gab sehr viel billige Kredite, insbesondere in Entwicklungsländern und deren Firmen, unter Bedingungen, die sehr gefährlich sind, wenn dieses Geld wieder abgezogen wird – was im Moment der Fall ist. Das destabilisiert diese Länder vor allem dann, wenn Firmenkonkurse weitreichend sind, so dass deren Schulden verstaatlicht werden müssen, und wenn staatliche Außenschulden unhaltbar werden. Das Gespenst neuer Finanz- und Schuldenkrisen wird dann real und zieht weitere Kapitalabflüsse nach sich. Das Geschäft mit den Firmenschulden ist im Übrigen auch Teil der Rentenstrategien neuer Großunternehmen. Man muss sich daran erinnern, dass Konzerne wie Apple auch als Aufkäufer solcher Firmenschulden eine zunehmend bedeutende Rolle spielen.

Der Internationale Währungsfonds hat zuletzt auf seiner Jahrestagung am 13. und 14. Oktober mehr »inklusives Wachstum« gefordert. Höhere Löhne müssten gezahlt und Investitionen in Infrastruktur getätigt werden. In Washington denkt man dabei aber nicht an die Übernahme der Macht durch Gewerkschaften und andere Arbeiterorganisationen... Sie kritisieren, von einem »inklusiven finanziellen Wachstum«, wie es der IWF fordert, würden Finanzdienstleister wie Paypal und Mastercard profitieren. Wie das?

Die Frage des inklusiven Wachstums ist umfassender. Die Frage ist, was das eigentlich bedeuten soll. Die Frage der finanziellen Inklusion ist spezifischer. Dabei handelt es sich um eine bestimmte Entwicklungspolitik, die von vielen internationalen Organisationen, wie der Weltbank, vielen Organisationen der Vereinten Nationen, usw. stark betont wird. Da geht es um die Einschränkung des Bargeldverkehrs in Entwicklungsländern und um die Ausweitung einfacher finanzieller Dienstleistungen, wie Bankkonten. Davon profitieren im Wesentlichen Unternehmen. Das sind keine Spekulanten, sondern Konzerne, die finanzielle Dienstleistungen bereitstellen.

Es ist fraglich, ob diese Finanzinklusion eine erfolgreiche Entwicklungspolitik ist – sie wird gefördert auf Kosten anderer Entwicklungsstrategien, aufgrund der enormen Lobbyingkapazitäten der interessierten Unternehmen.

Man fühlt sich erinnert an den Friedensnobelpreisträger von 2006, Muhammad Yunus, der für seine Pläne ausgezeichnet wurde, Mikrokredite an die Ärmsten der Armen zu vergeben. Diese Vorhaben kritisieren Sie?

Ja, es fördert die Verarmung. Mikrokredite basieren ursprünglich auf neoliberalen Ideen. Unternehmensgründungen sollten in sehr armen Sektoren angekurbelt werden. Wir sprechen hier von einem »Unternehmer« mit einem Korb auf dem Kopf, der Tortillas verkauft. Zum größten Teil haben sich Mikrokredite in Konsumentenkredite gewandelt, weil die Leute einfach zu arm sind. Das Geld, das ihnen geliehen wurde, müssen sie verbrauchen, sie können es nicht investieren. Hinzu kommt, dass diese Kredite zu einem Überangebot an Kleinunternehmen führen, wohingegen die Nachfrage nach deren Produkten nicht steigt, solange die Menschen nicht eine ausreichende Einkommensgrundlage haben. Die Kredite können oft nicht zurückgezahlt werden, eben weil auf diese Weise keine ordentlichen Jobs – und damit Einkommen – bereitgestellt werden. Das hat zu Mikrokreditkrisen in vielen Entwicklungsländern geführt.

Und dann steigt in diesen Staaten die Verschuldung der Privathaushalte?

Ja. Und am Ende verschulden sich auch die Banken, die dahinterstehen. Das ist in einer ganzen Reihe von Entwicklungsländern passiert. Welchen Sinn hat es, im Sinne der Strategie der Finanzinklusion, dass Leute in Entwicklungsländern, die einen oder zwei Dollar am Tag verdienen, über ein Bankkonto verfügen sollen? Als ob das Problem, das ich nur einen oder zwei Dollar am Tag verdiene, dadurch gelöst würde, dass ich einfach ein Bankkonto eröffne. Für das bisschen Geld brauche ich kein Konto – schon gar nicht, wenn ich dafür bezahlen muss.

Kennen Sie jemanden, der den Rentier wieder in den Schwitzkasten nehmen will, oder zumindest anfängt, wieder ein wenig auf ihn draufzuhauen?

Im Moment nicht. Man muss dabei im Auge behalten, das es zwar möglich ist, aber dafür braucht es Koordination und multilaterale Initiativen. Denn wir haben es mit global operierenden Großunternehmen zu tun. Einmal abgesehen vom fehlenden politischen Willen stünde überhaupt nichts im Wege, Wettbewerbspolitik und Kartellrecht wieder anzuwenden und so zu gestalten, dass steigende Marktkonzentration von Konzernen nicht solch einen Einfluss auf wirtschaftliche und gesellschaftliche Verhältnisse hätte. Große Übernahmen könnten gestoppt werden. Das ist aber im Moment nicht der Fall. Man könnte Regulierungen, die bereits existieren, auch wirklich anwenden. Es müsste Revisionen von vielen regionalen Handels- und Investitionsabkommen, die häufig Kontrolle über intellektuelle Eigentumsrechte und andere Rentenstrategien möglich machen, durchgeführt werden.

Durch diese Abkommen werden auf recht undemokratische Weise Regulierungen eingeführt, die der Ausweitung von großunternehmerischer Marktmacht die Tür öffnen. Man kann Maßnahmen ergreifen, die sogenannte Land-zu-Land-Berichte von wesentlichen Unternehmensdaten erforderlich machen. So, dass man das vergleichen kann und Steuervermeidung viel schwieriger wird.

Ex-Finanzminister Wolfgang Schäuble, CDU, hatte der Steuerhinterziehung in der EU den Kampf angesagt. Stimmt Sie das nicht optimistisch?

Es gibt gewisse Maßnahmen in der EU, zum Beispiel Wettbewerbspolitik und Kartellrecht wieder zu stärken. Aber der wesentliche Punkt ist, dass es ein systematisches Herangehen der EU, der USA und Großbritannien geben müsste, damit Großunternehmen dem nicht ausweichen können. Davon bemerke ich nichts. Weil wir hier bei den Vereinten Nationen sind: Es gab 1980 ein UN-Set für die Vermeidung restriktiver Unternehmerpraktiken, das viele der genannten Gegenmaßnahmen und viele weitere effektive Bestimmungen zur Einschränkung unproduktiver Marktmacht enthält. Es wurde von der UNCTAD beschlossen und danach von der Vollversammlung der Vereinten Nationen verabschiedet. Und dann ist es eben untergegangen. Man könnte auf multilateraler Ebene diese Dinge einfach wieder aufnehmen. Es gibt vieles, was man tun könnte, und vieles davon ist nicht neu.

Kristian Glaser / Sinah Mielich / Florian Muhl

Zum Verhältnis von neoliberalem Kapitalismus und der extremen Rechten am Beispiel der AfD

Die andauernde Verwertungskrise des kapitalistischen Wirtschaftssystems ist jüngst mit dem Erstarken von reaktionären Kräften in verschiedenen Ländern Europas, hierzulande der sogenannten Alternative für Deutschland (AfD) einhergegangen. In den Medien wird verbreitet, die Partei sei ihren neoliberalen Gründungsvätern »entglitten« (ZEIT 2019) – aus einer Partei von Neoliberalen und ›Euroskeptikern‹ sei quasi über Nacht eine extrem rechte Partei geworden. Dass dies geschehen konnte, war jedoch kein unglücklicher Zufall, sondern liegt in der ideologischen Nähe von Neoliberalismus und Rechtsextremismus begründet.

Zum Verständnis des Zusammenhangs von Neoliberalismus und der extremen Rechten lässt sich aus den Arbeiten Herbert Schuis viel lernen. Er hat bereits mit der Studie »Wollt ihr den totalen Markt? Der Neoliberalismus und die extreme Rechte« (1997) die Verbindung von Neoliberalismus und der extremen Rechten analysiert. Auch sein letztes Buch (»Politische Mythen & elitäre Menschenfeindlichkeit« (2014)) geht auf diesen Zusammenhang ein. Anknüpfend daran zeigen wir im Folgenden, inwiefern die AfD ein Bindeglied zwischen der extremen Rechten und dem Neoliberalismus darstellt und diskutieren Perspektiven der wissenschaftlichen und politischen Gegnerschaft.

**Verbindungen, Parallelen und Unterschiede
zwischen Neoliberalismus und extremer Rechten**
Zum Charakter des Neoliberalismus | Die Anfänge des Neoliberalismus liegen in den (wirtschafts-)politischen Auseinandersetzungen vor, während und nach der »Great Depression« der Jahre 1929/32. Phänomene wie die Hyper-

Inflation und rasant wachsende Massenarbeitslosigkeit trugen ebenso zur Zerstörung des Mythos der sich selbstregulierenden Märkte bei, wie zur Ablösung der bis dahin hegemonialen Erklärung der Krise als ausschließliches Resultat von dem Markt äußerlichen Effekten. Aufgrund der neu gewonnenen Einsicht in den Umstand, dass Krisen der kapitalistischen Produktionsweise innewohnen, richteten viele Regierungen europäischer Staaten – unter expliziter Bezugnahme auf die Theorien von John Maynard Keynes – ihren Blick auf binnenwirtschaftliche Fragen und es entwickelte sich »eine neue Schule des systematischen, makroökonomisch fundierten Interventionismus, welche darauf abzielte, die krisenhafte kapitalistische Ökonomie aktiv durch Prozesspolitik zu stabilisieren« (Ptak 2008: 17). Diese staatsinterventionistische Politik stellte eine Niederlage des Wirtschaftsliberalismus dar und bildete den Startpunkt für eine langfristig angelegte Gegenbewegung der Marktradikalen.

Ihr Hauptanliegen war die Reinterpretation der Ursachen der »Great Depression«, die von ihnen nicht als Versagen des Marktes, sondern als Versagen der Politik zu bestimmen versucht wurden. In offener Gegnerschaft zur Weimarer Republik beklagte beispielsweise der ordoliberale Ökonom Walter Eucken den Einfluss der »chaotischen Kräfte der Masse« (zit. nach ebd.: 20) in Staat und Gesellschaft als Ursache für die Weltwirtschaftskrise. Als Problemlösung forderten die Neoliberalen vor dem Hintergrund des Aufstiegs der NSDAP einen »starken Staat«, der – im kapitalistischen Gesamtinteresse – Parteien und Gewerkschaften zurückdrängen und so die Sphären Wirtschaft und Gesellschaft trennen sollte. Abgesehen von einer gewissen Sympathie für diktatorische Elemente ist diese Kritik am vermeintlich überbordenden und fehllenkenden Interventionsstaat bis heute die gängige der Neoliberalen (vgl. ebd.: 20).

Von Beginn an war der Neoliberalismus eine internationale Bewegung, die sich über die entwickelten kapitalistischen Staaten bis hin zu – ab den 1960er Jahren – Entwicklungs- und Schwellenländern ausbreitete. Der Begriff »Neoliberalismus« setzte sich 1938 während des internationalen Lippmann-Kolloquiums durch. Im Anschluss daran wurde 1947 unter Federführung von Friedrich August Hayek die nach dem Schweizer Tagungsort benannte »Mont Pèlerin Society« gegründet, die sich zum heute bedeutendsten neoliberalen Netzwerk entwickelte, mit ca. 1.000 Mitgliedern aus allen Kontinenten und etwa 100 vernetzten Denkfabriken (vgl. ebd.: 13-26). Interessenpolitisch und historisch betrachtet ist der Neoliberalismus das ideologische Programm zur Legitimation eines ungezügelten Kapitalismus, also der unbeschränkten Herrschaft des Kapitals.

Nach Schui et al. (1997: 53) steht im Mittelpunkt des neoliberalen Konzepts »die Annahme, daß der Markt als Institution und der Wettbewerb als Organisations- und Entwicklungsmethode der Politik und damit der bewußten, zielgerichteten Kooperation als Ausdruck von kollektivem Interesse überlegen sei«. Damit ist impliziert, die Verfügung über die eigenen Lebensbedingungen an die spontanen Kräfte des Marktes abzutreten und jede private und gesellschaftliche Lebensäußerung dem Grundsatz des Tausches zu unterwerfen. In konkreten (wirtschafts-)politischen Forderungen ausgedrückt, klingt das so: Abschaffung des »gewerkschaftlichen Arbeitsmonopols«, Einschränkung parlamentarischer Kompetenzen, Deregulierung und Zentralisierung des öffentlichen Lebens und Privatisierung staatlicher Unternehmen (vgl. ebd.: 53f.).

Das Marktprinzip wird von den neoliberalen Theoretikern als Ergebnis eines gesellschaftlichen Evolutionsprozesses verstanden, und es sei aufgrund der Tatsache, dass es sich gegen andere Prinzipien durchgesetzt habe, höherwertig als sie und müsse daher uneingeschränkt verwirklicht und gegen Angriffe verteidigt werden. Hayek formuliert in diese Richtung: »Für die Wissenschaft der Anthropologie mögen alle Kulturen [...] gleich gut sein, aber zur Aufrechterhaltung unserer Gesellschaftsordnung müssen wir die anderen als weniger gut ansehen« (zit. nach Schui et al. 1997: 63). Die Ergebnisse des Marktes – ökonomischer Erfolg oder Misserfolg – werden als gerecht angesehen und die Idee »sozialer Gerechtigkeit« abgelehnt, da soziale Absicherung das je persönliche Versagen auf dem Markt nicht ausreichend sichtbar und erfahrbar mache (vgl. ebd.: 78f.).

Der Neoliberalismus verspricht dem Individuum letztlich nur die Freiheit, auf dem Markt agieren zu können und nach selbstgesteckten Zielen zu handeln. Nicht im Sinne einer »Freiheit zu« in Verbindung mit (angestrebter) sozialer Gerechtigkeit oder Vollbeschäftigung, sondern im Sinne einer »Freiheit von« Zwang eines Menschen gegenüber einem anderen Menschen. Dass dabei der ökonomische Zwang, als Subalterne die Arbeitskraft verkaufen zu müssen, nicht als solcher verstanden wird, überrascht nicht. Hayek dazu: »Auch wenn ihn selbst und vielleicht seine Familie die Gefahr des Hungers bedroht und ihn zwingt, eine ihm widerwärtige Beschäftigung für einen sehr geringen Lohn anzunehmen und der Gnade des einzigen Menschen ausgeliefert ist, der bereit ist, ihn zu beschäftigen, so ist er doch weder von diesem noch von irgend jemand anderem in unserem Sinn gezwungen. [...] Solange die Absicht der Handlung, die ihn schädigt, nicht ist, ihn in den Dienst der Ziele eines anderen zu stellen, ist ihre Wirkung auf seine Freiheit keine andere als die einer Naturkatastrophe – eines Feuers oder einer Überschwemmung, die sein Heim zerstört, oder eines Unfalles, der seine Gesundheit schädigt« (zit. nach ebd.: 73f.).

Als ein wesentliches Ideologieelement des Neoliberalismus lässt sich zudem eine tiefe Ablehnung gegen die Demokratie – im Sinne der kollektiven, bewussten Verfügung über die gemeinsamen gesellschaftlichen Lebensgrundlagen – bestimmen. Der Neoliberalismus verfolgt das Ziel, nachzuweisen, dass Politik dem Markt bei der Organisation der Gesellschaft unterlegen sei. Dabei werden die Begriffe »Staat« und »Demokratie« nahezu synonym verwendet. Als Aufgabe des Staates wird einzig und allein bestimmt, die Aufrechterhaltung der Regeln des kapitalistischen Wirtschaftssystems zu gewährleisten.

Hayek wendet sich gegen »demokratische Dogmatiker« (zit. nach Schui 2014: 105) und interpretiert den Wohlfahrtsstaat als eine Vorstufe zum Sozialismus, von dessen Abwicklung und Verhinderung nichts weniger als das Überleben der Menschheit abhänge (vgl. ebd.: 107). Vor dieser Angst flüchtet er sich in die autoritäre Vorstellung, die staatliche Verwaltung von Recht und Moral einer »Charakterelite« zu übertragen, »die die Probleme in längerer Sicht betrachten und nicht von den schwankenden Moden und Leidenschaften einer wandelbaren Masse abhängig sind« (zitiert nach ebd.: 103).

Zusammenfassend lässt sich sagen, dass das Ziel des Neoliberalismus die Marktdiktatur ist: Privatisierung, Abbau des (wirtschaftlich eingreifenden) Sozialstaats, Steuerreduzierung, Demokratieabbau und Angriff auf die Gewerkschaften und die Arbeitnehmerrechte. Das allgemeine Wohlstands- und Mündigkeitsversprechen des klassischen Liberalismus ersetzt der Neoliberalismus durch eine negative Synthese: Das Glücksversprechen mündet in die bloße Marktteilnahme der »eigenverantwortlichen« Individuen (vgl. Schui et al. 1997: 59). Ansonsten hält der Neoliberalismus für die Menschen bereit: »Auslese und Unterwerfung – all dies ausstaffiert mit Hinweisen auf persönliche Freiheit, Überlebenschancen, drohende Knechtschaft« (Schui 2000).

Zum Charakter der extremen Rechten | Mit Reinhard Kühnl lässt sich der Faschismus als eine spezifische Form bürgerlicher Herrschaft bestimmen: »Der Faschismus und die extreme Rechte generell zeichnen sich nun dadurch aus, daß sie die reaktionären, antidemokratischen, sozialdarwinistischen und imperialistischen Elemente der bürgerlichen Ideologie aufgreifen, verabsolutieren und ihre rücksichtslose Durchsetzung verlangen, sie sozusagen beim Wort nehmen« (Kühnl 1998: 26). Als ein Ausdruck des realen internationalen Konkurrenzkampfs zwischen Kapitalfraktionen bildet ein »ausgeprägter, rücksichtsloser Nationalismus [...] ein zentrales Motiv jeder rechtsgerichteten Ideologie« (ebd.: 17). Die eigene Nation befinde sich in einem Existenzkampf gegen andere Nationen bzw. Völker und brauche deswegen als oberste Leitlinie politischen Handelns das Interesse der eigenen Nation.

Das zweite zentrale Motiv extrem rechter Ideologie ist die Einteilung der Menschen in verschiedene Gruppen mit höher- und minderwertiger Qualität, wobei die ersteren das Recht hätten, über die letzteren zu herrschen. Legitimiert wird dies mit der Biologie und der Evolutionstheorie von Darwin. »The survival of the fittest« sei ein allgemein menschliches und damit gesellschaftliches Prinzip, was auch ein »Unten« und »Oben« zwingend nach sich ziehen müsse. Somit sei Hierarchie und nicht Egalität das bestimmende gesellschaftliche Prinzip. Und weiter heißt es, »daß die Tüchtigen und Leistungsstarken ihre höhere Qualität eben dadurch beweisen, daß sie sich durchsetzen« (ebd.: 17).

Mit der vermeintlich natürlichen Verschiedenartigkeit von Menschen durch unterschiedliche Volks- oder Rassenzugehörigkeit wird in der rechten Ideologie auch immer eine Verschiedenwertigkeit konstruiert, welche die real vorhandene soziale Ungleichheit der kapitalistischen Gesellschaft begründen und legitimieren soll (vgl. ebd.: 17 ff.). In Verbindung damit behauptet der Nationalismus »die Existenz einer nationalen Gemeinschaft, die einheitliche Interessen habe und deshalb geschlossen auftreten müsse. So können Klassenspaltung und soziale Interessenunterschiede zugedeckt und die Kritiker solcher Machtpolitik als »Staatsfeinde« und »Volksfeinde« diffamiert und entsprechend behandelt werden (vgl. Kühnl 1998: 18). Nationalismus und Biologismus beinhalten damit Elemente der Gemeinschaftsstiftung – durch gemeinsame Abstammung, Blutsverwandtschaft – auf Kosten Gemeinschaftsfremder, die einer anderen Kultur, einem anderen Volk oder einer anderen »Rasse« angehören und zu Sündenböcken für gesellschaftliche

Übel erklärt werden. Als Schuldige werden von der Rechten aber auch ganz zentral diejenigen identifiziert, »die die bestehende Ordnung nicht als von Natur aus gegeben und unabänderlich akzeptieren wollen, sondern von sozialen Gegensätzen reden und die Einheit der Nation durch ›Klassenkampf‹ zerreißen« (ebd.: 24). Herbert Schui belegt, dass der deutsche Faschismus und mit ihm Hitler das Privateigentum an den Produktionsmitteln genauso wenig wie den Wettbewerb ablehnte (vgl. Schui 2014: 106). 1935 führte Hitler im Deutschen Reichstag aus: Planmäßige Leitung sei ein »gefährliches Unternehmen, weil jeder Planwirtschaft nur zu leicht die Verbürokratisierung und damit die Erstickung der ewig schöpferischen privaten Einzelinitiative folgt [...] Diese Gefahr wird noch erhöht durch die Tatsache, daß jede Planwirtschaft nur zu leicht die harten Gesetze der wirtschaftlichen Auslese der Besseren und der Vernichtung der Schwächeren aufhebt oder zumindest einschränkt zugunsten einer Garantierung der Erhaltung auch des minderwertigen Durchschnitts« (Hitler 1935/1937: 71, zit nach Schui et al. 2002: 167 f.).

Zum Verhältnis von Neoliberalismus und extremer Rechten | Der Neoliberalismus lässt sich gut mit den traditionellen Grundmustern extrem rechten Denkens verknüpfen, so die »Auslese des Stärkeren, kulturell determinierter Rassismus, Leistungsethos, Gewerkschafts- und Demokratiefeindlichkeit, Autoritarismus« (Schui et al. 1997: 125). Um die bürgerliche Eigentumsordnung und das kapitalistische Wirtschaftssystem aufrechtzuerhalten, haben die Neoliberalen seit jeher – so etwa in den 1970er Jahren während der Pinochet-Diktatur in Chile – keine Berührungsängste mit extrem rechter Ideologie und Praxis (vgl. Schui 2014: 107 f.).

Schui et al. kommen 1997 in ihrer Untersuchung der parteipolitischen Ausformung der extremen Rechten in Deutschland (Republikaner, DVU, NPD, Bund freier Bürger [BfB])[1] und Österreich (FPÖ) Mitte der 1990er Jah-

---

1 Der 1994 vom ehemaligen FDP-Mitglied Manfred Brunner gegründete BfB ist ein personeller und inhaltlicher Vorbote der heutigen AfD. Inhaltlich war der BfB eine Reaktion insbesondere auf den Maastrichter Vertrag, der u. a. die Einführung des Euro beinhaltete. »Zugleich trat der BFB in seinem Grundsatzprogramm von 1995 für Leistungsorientierung, nationale Identität und Heimatbewusstsein, sowie gegen Korruption, Verschwendung und Parteienfilz ein und skizzierte seine politische Ausrichtung als ›freiheitlich, marktwirtschaftlich, konservativ und national‹« (Häusler 2014: 19). Im Laufe der Zeit radikalisierte sich der BfB zunehmend bis hinein in den rechtsextremen Rand. Im Jahr 2000 stellte er seine Aktivitäten ein.

re zu dem Ergebnis, dass der Neoliberalismus »zur Parteidoktrin der Rechtsextremen« (Schui et al. 1997: 54) geworden ist: »Die extreme Rechte unternimmt in ihren Programmen, Heimat und Nation mit radikalem Markt und ungehindertem Wettbewerb zu verbinden. Die soziale Sicherheit des Wohlfahrtsstaates soll durch das Gefühl der Zugehörigkeit zu einer Volks- und Kulturgemeinschaft ersetzt werden. Faschistische Gemeinschaftsideologie – wenngleich stark geläutert und sprachlich modernisiert – dient also dazu, die materielle Sicherheit durch überhöhte Geborgenheitsgefühle ersetzen zu wollen.« (ebd.: S. 16.)

Die Neoliberalen beweisen ihre antidemokratische Grundhaltung vor allem in dem Primat »Markt vor Parlament«. Angela Merkel, die sich 2005 in einem Artikel für die Financial Times explizit positiv auf Hayek bezog, sprach in diesem Kontext davon, »Wege zu finden, die parlamentarische Mitbestimmung so zu gestalten, dass sie trotzdem auch marktkonform ist« und entschuldigte sich im Jahr 2012 gegenüber Wirtschaftsvertreter*innen dafür, dass es mit den »strukturellen Reformen« nur langsam vorangehe und bat darum, »den Nachteil der Langsamkeit dann auch demutsvoll hinzunehmen« (zit. nach Schui 2014: 75 ff.).

Eine weitere ideologische Verknüpfung von neoliberalem Kapitalismus und der extremen Rechten lässt sich zwischen dem Konzept der »kulturellen Evolution« Hayeks und dem Sozialdarwinismus deutlichmachen. In beiden wird die Annahme der Egalität oder Gleichwertigkeit der Menschen abgelehnt und als Verfahren zum Beweis der Überlegenheit der Prozess der Auslese gesetzt. Im Neoliberalismus werden die ökonomisch Erfolglosen per Markt und Wettbewerb, in der extrem rechten Ideologie die »Lebensunwürdigen« durch den natürlichen Existenzkampf zwischen »Völkern« und »Rassen« selektiert: »In beiden Fällen, also auch in der reinen, neoliberalen Tausch- und Marktgesellschaft, gilt der Kampf ums Überleben und das Heldentum, aber der Held der reinen Tauschgesellschaft ist nicht pathetisch. Dieser Held ist der rechenhafte, berechnende, rechtschaffende und strebsame Kleinbürger« (Schui et al. 1997: 15).

Neben dieser ideologischen Verwandtschaft muss auch auf den damit verbundenen Türöffner neoliberaler »Reformen« für die Verbreitung extrem rechter Einstellungen hingewiesen werden: Die Demontage des Sozialstaats, der angeblich die Bürger entmündigen und in die individuelle Freiheit eingreifen würde, der Ausverkauf öffentlichen Eigentums und die entfesselte

Leistungskonkurrenz – wie sie etwa von den neoliberal geführten Regierungen Margret »There is no such thing as society« Thatchers (1979-1990) oder Helmut Kohls praktiziert wurden – versetzen die Menschen in den Zustand der permanenten Verteidigung und Aggression. All das bereitet durch eine Brutalisierung, Ethnisierung und Ästhetisierung alltäglicher Konkurrenzprinzipien den Boden für die extreme Rechte: »Sozialdarwinismus fällt nicht vom Himmel, wurzelt vielmehr in einer Erfahrungswelt, die durch das kapitalistische Leistungsprinzip, die Allgegenwart des Marktmechanismus und den Konkurrenzkampf jeder gegen jeden geprägt wird« (Butterwegge 2008: 219).

Als ein weiterer Punkt der Gemeinsamkeiten von Neoliberalismus und Rechtsextremismus lässt sich in der Begeisterung für die unbeschränkte Auslese des Schwächeren in Verbindung mit der Ideologie der (kulturellen) Evolution ein aggressiver Standortnationalismus ausmachen. Er erfüllt die Funktion eines politisch-ideologischen Kitts, der die neoliberalisierte kapitalistische Gesellschaft trotz ökonomischer Krisenhaftigkeit und sozialer Zerklüftung zusammenhält. Der Wirtschaftspatriotismus lässt sich mit Butterwegge (2008: 216) als »eine für den modernen Finanzmarktkapitalismus charakteristische, von Teilen des organisierten Rechtsextremismus radikalisierte Form des Nationalismus, gepaart mit Wohlstandschauvinismus« bestimmen.

Die Funktion des Neoliberalismus besteht darin, die Vollendung der Demokratie hin zur *partizipativen Massendemokratie* (H. Schui) interessegeleitet zu verhindern. Nur durch die gemeinschaftliche Verfügung und vernunftgemäße Planung kann erreicht werden, dass der materielle und kulturelle Reichtum sowie die Produktivkräfte nützlich für die allgemeine Wohlfahrt und Emanzipation werden. Das zu verhindern und das Privateigentum an den Produktionsmitteln zu verteidigen, ist der Neoliberalismus angetreten. Insofern wendet er sich als militante Gegenaufklärung gegen Keynesianismus und Marxismus gleichermaßen und zielt darauf zu verhindern, dass die Menschen ihre Lage »durch vermehrtes Wissen in einer kollektiven bewußten Anstrengung in den Griff bekommen. Denn dies würde mit der Herrschaft aufräumen müssen, die der Neoliberalismus mit all seinen Kunstgriffen zu legitimieren sucht« (Schui 2000).

Inwiefern nun die AfD ein Bindeglied zwischen der extremen Rechten und dem Neoliberalismus darstellt, werden wir im Folgenden aufzeigen.

Die AfD als Bindeglied zwischen dem Neoliberalismus und der extremen Rechten

Mit dem Zusammenbruch der Sowjetunion und dem Anschluss der DDR an die BRD endete die Systemkonkurrenz zwischen real-sozialistischen und kapitalistischen Ländern, die in der Zeit nach dem Zweiten Weltkrieg bestimmend für die gesellschaftliche Entwicklung war. Der »unsichtbare Verhandlungspartner« fiel damit weg. Infolgedessen konnte es zu einer verschärften Durchsetzung des Neoliberalismus kommen: Soziale Errungenschaften wurden geschleift, da sie dem Profitinteresse entgegenstanden, Einrichtungen der sozialen Daseinsvorsorge wurden privatisiert und der Wohlfahrtsstaat autoritär umgebaut (Hartz IV-Gesetze). Dieses System hat jedoch unmittelbar in die Krise der 2010er Jahre geführt und die nächste ökonomische Krise zeichnet sich bereits ab.

Vor diesem Hintergrund ist die Neue Rechte (Front National in Frankreich, Lega Nord in Italien, Fidesz in Ungarn, AfD in der BRD) insgesamt als Reaktion auf eine tiefgreifende Legitimationskrise des Marktsystems und seiner Eliten sowie auf die Renaissance progressiver Bewegungen zu verstehen.

Die AfD vereint gegenwärtig in ihren Reihen sowohl »marktradikale Eliten als auch nationalkonservative Hardliner, christlich-fundamentalistische Aktivisten und völkische Nationalisten« (Dietl 2018). Strömungsübergreifend werden sowohl die Agenda 2010 als auch Leiharbeit unterstützt. Die AfD kann somit als eine neoliberale und marktradikale Partei bezeichnet werden (vgl. DGB Bundesvorstand 2016). Mit ihren wirtschaftspolitischen Positionen liegt sie auf der Linie *der* Politik, die in die letzte große Finanzkrise geführt hat.

Die AfD ist gleichzeitig eine Anti-68er-Partei und strebt kulturell eine Rückkehr in die Restaurationsphase der 50er Jahre an. Das bedeutet ein Wiederaufleben biedermeierlicher und spießbürgerlicher Vorstellungen: Familie, Fleiß, Strebsamkeit, Erfolg, Anstand, Ordnungsliebe und all die anderen Sekundärtugenden (die auch zur Führung eines KZ taugen). Wer erniedrigt, geknechtet, verlassen, verächtlich ist, der habe sich nicht ausreichend angestrengt und sei letztlich selbst schuld.

Das Völkische in der AfD ist dabei kein Widerspruch zum Marktradikalen. Das Rohe und Rabiate hat eine flankierende ideologische Funktion: Unzufriedenheit und Protest soll auf Sündenböcke (Ausländer, Linke, Moslems, ...) abgelenkt werden. Gleichzeitig wird die Zugehörigkeit zu einer »höherwertigen«, weil teutogermanischen »Gemeinschaft« proklamiert, bei gleichzeitiger Forcierung der Konkurrenz durch Ungleichheitsideologien und im Einklang mit Eigenverantwortungs- und Familienideologie, damit die Menschen eben nicht aufbegehren, sich nicht assoziieren, sondern privat, konsumtorisch und brav bleiben.

Die AfD ist die Organisation der »rabiaten Mittelschicht«, des »entkultivierten Bürgertums« (Heitmeyer) geworden, dessen Aufstieg durch die neoliberalen Mythen vom Leistungsträger (vgl. Schui 2014) gefördert wurde: »Die Ausgrenzung und Selektion von sozial Benachteiligten nach vermeintlichen Leistungskriterien zum Wohle von Weltwirtschaft und Volk fügt sich in die sozialdarwinistische Ideologie der völkischen Antikapitalisten ebenso ein wie in das marktradikale Denken neoliberaler Hardliner« (Dietl 2018).

Die AfD ist ein Krisenphänomen, in dem Sinne, dass sie in Zeiten eines krisenbedingten Legitimationsverlusts der neoliberalen Hegemonie Partei ergreift für ein Aufrechterhalten der neoliberalen Maßnahmen der vergangenen Jahre. Dabei gelingt ihr das Kunststück, »exakt jene Mechanismen, die erst für die Ängste gesorgt haben, als Problemlösung anzubieten.« Denn als »Lösung für die materiellen Ängste werden schließlich ausgerechnet weitere Wettbewerbsintensivierungen gefordert« (Bebnowski/Förster 2014: 31). Die AfD ist damit die extreme Spitze einer von der deutschen Regierung ausgehenden Austeritätspolitik, die besonders im Süden Europas die Krise weiter verschärft und eine Alternativlosigkeit der aktuellen Verhältnisse proklamiert hat. »Die Identifizierung der reinen ökonomischen Vernunft mit dem vermeintlichen Willen der Bevölkerung führt so keinesfalls eine Alternative zur Politik der letzten Jahre herbei, sondern resultiert im Gegenteil in einer besonderen Form alternativloser Aussichtslosigkeit« (ebd.). Sie versucht zwar, sich als »Partei der kleinen Leute« darzustellen, macht jedoch real Politik im Interesse des großen Geldes und seiner Eigentümer*innen (vgl. Butterwegge et al. 2018: 217).

Die AfD stellt in diesem Kontext ein parteiförmiges Vehikel für die Bindegliedwirkung zwischen neoliberalem Kapitalismus und der extremen Rechten dar. Damit erfüllt sie zum einen die Funktion des versuchten Erhalts der neoliberalen Ordnung und zum anderen die Transformation von gesellschaftlicher Unzufriedenheit in rechte Positionen. Bisherige Antwortversuche auf neoliberale Parteien, wie die FDP, können daher ebenso wenig greifen wie solche auf extrem rechte Parteien, wie die NPD. Es muss vielmehr darum gehen, an die Wurzel des Phänomens AfD zu gehen.

Perspektiven der wissenschaftlichen und politischen Gegnerschaft

Was für Ansatzpunkte für wissenschaftliche und politische Gegnerschaft lassen sich vor diesem Hintergrund ausmachen? Weder ist ein bloßes Skandalisieren des faschistoiden Gehalts der AfD-Ideologie ausreichend, noch, zu meinen, »die Freiheit« (Welche Freiheit?) müsse nun mit allen verfügbaren Kräften gegen die AfD verteidigt werden oder man könne ihr mit inhaltlichen Zugeständnissen das Wasser abgraben. Letzteres bedeutet Wasser auf die Mühlen der Demagogen, und ersteres trifft den Kern nicht.

Wenn die These der Wesensverwandschaft von Neoliberalismus und Rechtsextremismus zutreffend ist, dann gilt, dass die Mittel gegen das eine auch als Mittel gegen das andere wirksam sein können. Gegen die neoliberale Einrede der Agesellschaftlichkeit des Menschen und seiner vermeintlich natürlichen Konkurrenzhaftigkeit, ist die Perspektive und die Erfahrung von Solidarität zu stärken und selbstbewusst zu vertreten. Wo von rechts auf die Spaltung der Bevölkerung, das Etablieren von Sündenböcken und den Rückzug ins Private gesetzt wird, sollte darauf orientiert werden, die gemeinsamen Angelegenheiten selbst in die Hand zu nehmen und dafür zu kämpfen, dass dies mehr Menschen möglich gemacht wird – durch den Ausbau des Sozialstaats, das Schaffen von Wirtschaftsdemokratie sowie die Stärkung der Gewerkschaften. Es muss darum gehen, die vermeintliche Alternativlosigkeit der Verhältnisse zu durchbrechen – theoretisch und praktisch. In Anbetracht des auch kulturell reaktionären Charakters der AfD (vgl. ihr Menschen- und Familienbild) muss darauf orientiert werden, auch diesbezüglich den Muff und die Spießigkeit zu vertreiben, die sie wieder etablieren will.

Neben der Aufklärung über die wahren Ambitionen der AfD kommt es darauf an, der sozialen Perspektivlosigkeit vieler Menschen und der Angst vor sozialem Abstieg reale Reformen und damit die Verbesserung ihrer Lebensbedingungen entgegenzusetzen. Das bedeutet für die politische Linke das Verlassen der »Politik des Ausnahmezustands« (vgl. Schaber 2015) als Reaktion auf immer neu auftauchende rechte Formierungen hin zu einer konstanten Arbeit, »das Neue« (Gramsci 2012: 354) auf die Welt zu bringen im Sinne revolutionärer Realpolitik, also den Kampf zwischen dem Antagonismus von Tausch- und Gebrauchswertorientierung überall zu führen.

In der jetzigen Phase der Krise im Sinne Gramscis, also einer Phase, in der ein Hegemoniemodell in die Krise geraten ist und durch ein neues ersetzt werden muss, kommt es vor allem darauf an, gegenhegemoniale Alternativen in allen Facetten des Lebens zu praktizieren. Denn »umfassende gesellschaftliche Veränderung erschöpft sich nicht in ›großer Politik‹, muss vielmehr im Alltag der Menschen ankommen und diesen selbst als Sphäre der Politik begreifen […]. Das zielt auf individuelle und kollektive Handlungsfähigkeit, die Frage der alltäglichen Organisierung und die Erfahrung, dass die verfügende Anordnung gesellschaftlicher Verhältnisse selbst verfügbar, also veränderbar ist« (Candeias 2008: 313).

Es sollten nicht die Fehler der 1970er und 80er Jahre wiederholt werden, sondern auf Eingriffe in die bestehende Eigentumsordnung zugunsten des Allgemeinwohls, die Vergesellschaftung der Produktionsmittel und damit verbunden eine wirkliche Demokratisierung der Wirtschaft orientiert werden. Nur so kann die organisierte Macht der Kapitaleigner*innen zugunsten der organisierten Macht der Bevölkerung überwunden werden.

In einem Artikel für das Debattenorgan der Hamburger Linkspartei, die »Hamburg Debatte«, in deren Redaktion Herbert Schui lange Jahre mitgearbeitet hat, fasst er die Perspektive der Gegnerschaft zur Menschenfeindlichkeit des »entkultivierten Bürgertums« wie folgt: »Da hilft nur eines: Die große Mehrheit, die von Arbeit lebt, Erwerbsarbeit sucht, wegen geringen Lohns zu wenig Altersrente hat, noch in der Ausbildung ist, all die müssen die Sache selbst in die Hand nehmen. Da hilft kein Bewerbungstraining für Stellen, die es nicht gibt. Also weg mit der Resignation, mit der Selbstbezichtigung, dass Armut und Arbeitslosigkeit der eigene Fehler gewesen sei! Trainieren wir stattdessen, uns selbst um die öffentlichen Angelegenheiten zu kümmern in Initiativen, in der Gewerkschaft, in unserer Partei. Und verhalten wir uns da nicht wie das entkultivierte und rabiate Bürgertum! Packen wir die Sache an mit Solidarität und Elan – geduldig und beharrlich! Es ist viel zu tun« (Schui 2013: 7).

Literatur

Bebnowski, David/Förster, Lisa Julika (2014): Wettbewerbspopulismus. Die Alternative für Deutschland und die Rolle der Ökonomen; Frankfurt am Main

Butterwegge, Christoph (2008): Marktradikalismus und Rechtsextremismus, In: ders./Lösch, Bettina/Ptak, R. (Hg.): Neoliberalismus. Analysen und Alternativen; Wiesbaden; S. 203-223

Butterwegge, Christoph/Hentges, Gudrun/Wiegel, Gerd (2018): Rechtspopulisten im Parlament; Frankfurt am Main

Candeias, Mario (2008): Von der Dialektik des Neoliberalismus zu den Widersprüchen der Bewegungen, In: Butterwegge, Christoph et al. (Hg.): Neoliberalismus. Analysen und Alternativen; Wiesbaden; S. 301-317

Dietl, Stefan (2018): Die AfD und die soziale Frage. Zwischen Marktradikalismus und ›völkischem Antikapitalismus‹; Münster

DGB Bundesvorstand (2016): AfD-Wirtschaftspolitik: marktradikal, unsozial, Klartext Nr. 18/2016, www.dgb.de/themen/++co++5eb3bbd2-135a-11e6-ab1b-52540023ef1a

Gramsci, Antonio (2012): Gefängnishefte. Kritische Gesamtausgabe; hg. v. W.F. Haug; Hamburg

Häusler, Alexander (2014): Mut zur Wahrheit? Entstehungskontext, Entwicklung und gesellschaftspolitische Positionen der »Alternative für Deutschland«; Düsseldorf

Kühnl, Reinhard / Wiegel, Gerd / Klittich, Steffen / Renner, Jens (1998): Die extreme Rechte in Europa: Zur neueren Entwicklung in Deutschland, Österreich, Frankreich und Italien; Heilbronn

Lösch, Bettina (2008): Die neoliberale Hegemonie als Gefahr für die Demokratie, In: Butterwegge, Christoph / Lösch, Bettina / Ptak, Ralf (Hg.): Kritik des Neoliberalismus; Wiesbaden; S. 221-284

Ptak, Ralf: Grundlagen des Neoliberalismus (2008), In: Butterwegge, Christoph / Lösch, Bettina / Ptak, Ralf (Hg.): Kritik des Neoliberalismus; Wiesbaden; S. 13-86

Schaber, Peter: »Antifa ist mehr«, In: junge welt; 28.01.2015

Schui, Herbert / Ptak, Ralf / Blankenburg, Stephanie / Bachmann, Günter / Kotzur, Dirk (1997): Wollt ihr den totalen Markt? Der Neoliberalismus und die extreme Rechte; München

Schui, Herbert (2000): Bemerkungen zur Nähe von Neoliberalismus und Rechtsextremismus, in: FORUM Wissenschaft, www.linksnet.de/artikel/17635

Schui, Herbert / Blankenburg, Stephanie (2002): Neoliberalismus: Theorie, Gegner, Praxis; Hamburg, https://www.vsa-verlag.de/uploads/media/Schui_Blankenburg_Neoliberalismus_Inhalt.pdf

Schui, Herbert (2013): Wollt ihr den totalen Markt? In: Hamburg Debatte Nr. 9, S. 6-7, http://epub.sub.uni-hamburg.de/epub/journal.php?journal_id=1014&la=de

Schui, Herbert (2014): Politische Mythen & elitäre Menschenfeindlichkeit; Hamburg

ZEIT Online (2019): Wo haben sie sich verrechnet?, 30.01.2019, www.zeit.de/2019/06/afd-gruender-bernd-lucke-hans-olaf-henkel-joern-kruse

Patrick Schreiner

Vom Irrationalismus des Marktes zum Irrationalismus des Lebens im Neoliberalismus

Wenn in Medien, Politik und Öffentlichkeit von »Neoliberalismus« gesprochen oder geschrieben wird, so ist damit zumeist ein Bündel wirtschafts- und sozialpolitischer Überzeugungen und Maßnahmen gemeint. Mehr Markt und weniger Markteingriffe, so der Kern dieses Denkens, aus dem dann »Reformen« wie etwa Lohnkürzungen, Arbeitsmarkt-Flexibilisierungen, Sozialabbau oder Steuersenkungen für Reiche abgeleitet werden.

»Neoliberalismus« in dieser Weise zu verstehen, ist angemessen – und doch unvollständig. Denn die beschriebene Perspektive lässt außer Acht, dass Neoliberalismus mehr ist als Wirtschafts- und Sozialpolitik, als soziale Ungleichheit und Marktextremismus: Neoliberalismus geht mit einem Bild von Mensch und Gesellschaft einher, welches das Denken und Handeln der Menschen noch im banalsten Alltag prägt. Er ist immer auch eine ganz bestimmte Art und Weise, das eigene Leben zu führen. Gerade deshalb erscheint er vielen Menschen als harmlos und unpolitisch – als gesunder Menschenverstand, wenn man so möchte. Darin zeigt sich ein Irrationalismus, bei dem es sich im Kern um einen Irrationalismus gegenüber »dem Markt« handelt. Dies wird im Folgenden am Beispiel einer bestimmten Ratgeber-Literatur aufgezeigt, für die der Begriff der »Lebensberatung« treffend erscheint.[1]

---

[1] Die nachfolgenden Überlegungen zum »Leben im Neoliberalismus« beruhen auf zwei Buchveröffentlichungen des Autors zum Thema (Schreiner 2018a, Schreiner 2018b) und ergänzen diese.

Der neoliberale Irrationalismus des Marktes

Nicht »die Märkte« in ihrer Vielfalt und jeweiligen Besonderheit stehen im Mittelpunkt neoliberalen Denkens, sondern »der Markt« als abstraktes Konzept und Prinzip. Ihm schreiben die Neoliberalen eigene Gesetzmäßigkeiten zu, sie verstehen ihn als etwas von selbst Ablaufendes, Autonomes, Immergleiches und Überlegenes. Er gilt ihnen als das Gute schlechthin, das sie einem Bösen gegenüberstellen, von dem er beständig bedroht werde: »dem Staat« bzw. »der Politik«. Damit ist ihnen »der Markt« zugleich gesellschaftliches Ideal (im Sinne einer anzustrebenden Utopie), politische Aufgabe (der Markt ist rein zu halten von äußeren Eingriffen) und politisches Instrument (der Markt tritt als Mittel zur Gestaltung und Lenkung von Gesellschaft in weiten Teilen an die Stelle des Staates) (Ötsch/Pühringer 2015; Ötsch 2011).

Indem er den Markt in dieser abstrakten Weise absolut setzt, entwickelt der Neoliberalismus ein eigenwilliges Verständnis von Freiheit und von Leistung bzw. Gerechtigkeit. Frei ist aus dieser Sicht, wer als Marktakteur in seinem Markthandeln nicht von politischen Eingriffen gelenkt oder auch nur beeinflusst wird. Insbesondere die Wahrung des Privateigentums ist dabei zentral, einschließlich des Privateigentums an Produktionsmitteln. Freiheit kann damit nur an und mit Märkten stattfinden. Politik oder Demokratie sind daher nicht nur nicht in der Lage, Freiheit zu verwirklichen. Sie bedrohen gar die Freiheit, weil und wenn sie in Märkte eingreifen (Hayek 1977; Hayek 1981). Unfrei ist folglich nicht, wer etwa wegen geringer Löhne 80 Wochenstunden arbeiten muss, um zu überleben. Unfrei ist nicht, wer sich nur durch Flaschensammeln halbwegs über Wasser halten kann. Unfrei ist, wer durch Sozialleistungen vom Flaschensammeln oder durch Tarifverträge von Niedriglohnarbeit abgehalten wird. Zwang geht per Definition nicht vom Markt aus (Hayek 2005). Dies ist auch der Hintergrund der Äußerung des neoliberalen Vordenkers Friedrich August von Hayek, dass die persönliche Freiheit in Chile unter dem Diktator Augusto Pinochet größer gewesen sei als unter dem demokratisch gewählten, linken Präsidenten Salvador Allende.

Der neoliberale Begriff der Gerechtigkeit – und damit zusammenhängend der Leistung – ist ähnlich eigenwillig. Entscheidend ist hier der Gedanke, dass Verteilungsergebnisse funktionierender Märkte stets gerecht und jeder anderen Verteilungsvariante überlegen seien. Hayek schreibt:

»Gerechtigkeit befaßt sich nicht mit den Ergebnissen der verschiedenen Transaktionen, sondern nur mit der Frage, ob die Transaktionen selbst fair waren.« (Hayek 1986: 189).

Aus neoliberaler Sicht ist also jede Form von »Belohnung« oder »Bestrafung« durch den Markt gerecht, solange sie nur eben durch den Markt erfolgt und nicht von außen beeinflusst wird. Wer so argumentiert, der hat allerdings ein Problem: Dass Anstrengung und Bemühen sich auch lohnen, ist keineswegs sicher. Ob eine Person viel oder wenig Zeit aufwendet, viel oder wenig Bildung erworben hat, viel oder wenig Kraft aufwendet, konzentriert oder unkonzentriert ist usw. – all dies ist nicht relevant. Entscheidend ist nur, ob der Markt die entsprechenden Mühen belohnt oder nicht. Hayek stellt ausdrücklich klar, dass man seine Erfolgschancen durch Anstrengung zwar erhöhen mag, ein Markt auf individuelle Verdienste und Anstrengungen aber keine Rücksicht nehmen kann:

»Aber dieser Erfolg stellte sich ein, weil die Entlohnung der Leistungen der Individuen von objektiven Tatsachen abhing, die niemand alle kennen konnte, und nicht von der Meinung irgend jemandes, was sie erhalten sollten. Dies bedeutete aber auch, daß sie dem einzelnen, obwohl Befähigung und Fleiß die Chancen eines jeden verbessern mögen, kein bestimmtes Einkommen garantieren konnte, und daß der unpersönliche Prozeß, der alle verstreuten Kenntnisse nutzte, die Signale der Preise so setzte, daß den Leuten mitgeteilt wurde, was zu tun ist, keine Rücksicht auf Bedürfnisse und Verdienste nahm.« (Hayek 1977: 31).

Diese Feststellung könnte man zum Anlass für eine marktkritische Haltung nehmen, was Hayek natürlich nicht tut. Aber immerhin ist er an diesem Punkt viel realistischer und ehrlicher als all jene in Politik, Medien und Wissenschaft, die allenthalben das Hohelied der Leistung singen, die sich lohne. Diese Ehrlichkeit ist gleichwohl insofern ein riskanter Luxus, als dieses Hohelied eine – aus neoliberaler Sicht – durchaus folgerichtige Reaktion auf ein objektives Dilemma darstellt. Schließlich wird man den Menschen kaum empfehlen können, nichts zu tun und abzuwarten, ob der Markt sie belohnt oder nicht. So funktionieren Kapitalismus und Gesellschaft nicht. Und eben deshalb erleben wir tagtäglich, wie den Menschen das Mantra von der sich lohnenden Leistung eingetrichtert wird: Man solle sich nur anstrengen, dann habe man auch Erfolg. Dann werde man vom Markt belohnt. Und wenn der Erfolg ausbleibe, dann sei man eben selbst schuld.

Auch Hayek hält es für sinnvoll und richtig, wider besseres Wissen die Menschen glauben zu machen, dass Leistung sich lohne:
»Es ist gewiß wichtig in der Marktordnung [...], daß die Individuen davon überzeugt sind, daß ihr Wohlergehen primär von ihren eigenen Anstrengungen und Überzeugungen abhängt. Tatsächlich gibt es nur wenige Umstände, die eher dazu geeignet sind, einen Menschen energisch und effizient zu machen, als die Überzeugung, daß es hauptsächlich von ihm selbst abhängt, ob er die Ziele erreicht, die er sich gesetzt hat. Aus diesem Grunde wird diese Überzeugung oft durch Erziehung und die herrschende Meinung ermutigt – wie mir scheint, im allgemeinen sehr zum Vorteil der meisten Mitglieder der Gesellschaft [...].« (Hayek 1981: 106-107).

Das ständige moralisierende Raunen von der sich lohnenden Leistung bleibt ganz offensichtlich nicht ohne Widerhall. Tatsächlich verfallen viele Menschen derlei Überzeugungen. Und konsequenterweise folgen sie dann einer Art neoliberaler Moral, die ihnen entsprechende Handlungsanleitungen gibt: Sei marktkonform! Nieder mit dem inneren Schweinehund! Sei aktiv! Passe Dich an die Anforderungen von Markt und Gesellschaft an! Setze Dich im Wettbewerb durch! Denke unternehmerisch! Oder in Hayeks Worten: Sei »energisch und effizient«!

Ein solches Denken und Handeln ist rational insofern, als es sich strikt an Zwecken und Zielen orientiert. Die Vernunft dient hier nicht dazu, Markt oder Gesellschaft zu verstehen, zu hinterfragen oder gar zu verändern. Stattdessen dient sie dazu, das eigene Verhalten im neoliberalen Kapitalismus zu kontrollieren und zielgerichtet zu lenken, zu optimieren und zu manipulieren. Sie dient der Anpassung. Hayek spricht davon, dass der »Wettbewerb« die Menschen nötige, sich »rational zu verhalten« (Hayek 1981: 108). Es ist ein Sich-rational-Verhalten innerhalb des nicht hinterfragten und nicht hinterfragbaren Rahmens des Marktes.

Mit seiner Selbstbegrenzung ist dieser Rationalismus einem Irrationalismus systematisch untergeordnet: Der irrationalen Überzeugung nämlich, dass die menschliche Vernunft nicht in der Lage sei, die Welt und heutige Gesellschaften zu verstehen oder gar zu verändern. Und der irrationalen, weil nicht begründeten und nicht begründbaren Überzeugung, dass der Markt individuelles Wohlverhalten belohne – dass Leistung sich lohne. Die Vernunft beschränkt sich auf das eigene Denken und Verhalten. Sie akzeptiert den Markt als neutrale und objektive Beurteilungs-Instanz. Der Markt tritt auf kollektiver, gesellschaftlicher Ebene damit an die Stelle der Vernunft: Nicht der Mensch, sondern der Markt sorgt (vermittelt über Preise) für eine gute und angemessene gesellschaftliche Ordnung. Vermutlich bringt diesen Irrationalismus nichts besser zum Ausdruck als Adam Smiths Formulierung von der unsichtbaren Hand, die von Neoliberalen gerne zitiert wird – die für Smith aber gleichwohl keineswegs die Bedeutung hatte, die manche ihr zuschreiben (Herrmann 2017).

Zu einer solchen Selbstbeschränkung der menschlichen Vernunft fordert Hayek ausdrücklich auf:

»Der Mensch hat sicherlich öfters gelernt, das Richtige zu tun, ohne zu verstehen, warum es richtig war, und auch heute noch sind seine Gewohnheiten ihm häufig dienlicher als das Verstehen. […] Das Gehirn ist ein Organ, das uns befähigt, Kultur aufzunehmen, aber nicht, sie zu entwerfen.« (Hayek 1981: 213-214).

An anderer Stelle schreibt er, dass sich Moral parallel zur Vernunft entwickelt habe und nicht deren Ergebnis sei (Hayek 1996: 6). Gerade weil der Mensch nicht in der Lage sei, Gesellschaft zu verstehen und zu überblicken, habe er sich dem Markt zu unterwerfen. Letzterer wird zu »einer Art Übervernunft« (Ötsch/Pühringer 2015: 17), zu einem zentralen Element einer höheren Ordnung, die der Mensch gleichfalls nicht verstehen, sondern nur akzeptieren kann. (Für Hayek sind diese Ordnung und der Markt Resultate eines langen kulturellen Selektionsprozesses. Solche evolutionistischen Ansätze bilden im neoliberalen Denken eine Minderheit; ein Primat des Marktes gegenüber der menschlichen Vernunft lässt sich gleichwohl auf vielerlei Weise behaupten und begründen.)

Ratgeber-Literatur zwischen Industrie und Esoterik
Der evangelikale US-amerikanische Priester und Autor Norman Vincent Peale ließ die Leserinnen und Leser seines Bestsellers »Die Kraft positiven Denkens« optimistisch wissen:

»Dieses Buch zeigt Ihnen, wie Sie die gegenwärtigen Lebensumstände ändern und verbessern und wie Sie die Kontrolle über die Verhältnisse gewinnen können, anstatt sich von ihnen beherrschen zu lassen.« (Peale 2006: 8).

Was hier auf den ersten Blick wie eine Absage an die Unterordnung unter die herrschenden Verhältnisse erscheint, ist das genaue Gegenteil. Peale beansprucht, Menschen darin anzuleiten, ein besseres Leben zu führen: sich als Persönlichkeit weiterzuentwickeln, Freunde und Anerkennung zu gewinnen, gesünder, reicher, motivierter und erfolgreicher zu werden. Eine positive Lebenseinstellung sei der Schlüssel zu einem solchen besseren Leben – mehr Selbstbewusstsein, eine positivere Grundhaltung, Optimismus und nicht zuletzt Gebet und Glaube an Gott. Der Begriff »Positives Denken«, von Peale in den Titel seines Hauptwerks aufgenommen, drückt diesen Ansatz ganz gut aus. Dahinter steht die Überzeugung, dass zwischen der inneren Haltung eines Menschen und seiner äußeren (sozialen, ökonomischen, körperlichen, persönlichen ...) Situation ein enger Zusammenhang besteht: Je positiver die innere Einstellung, desto positiver das Leben.

Diese Herangehensweise beschränkt sich notwendig auf Veränderungen innerhalb der bestehenden Verhältnisse – ja mehr noch: auf Veränderungen ausschließlich des Menschen selbst. Und zwar jedes einzelnen, nicht der Menschheit oder der Gesellschaft als solcher:

»Mein Bekannter hat eine neue Einstellung zu sich selber und zu seinem Leben gefunden. Er wurde gesund, glücklich und frei.« (Peale 2006: 45).

»Glück ist erreichbar, und der Weg dazu ist jedem offen.« (Peale 2006: 83).

Den größten Umfang nehmen bei Peale Erlebnisberichte ein – er schreibt über Personen, denen er angeblich geholfen hat, über positive Beispiele, von denen er lernen konnte, oder über negative Beispiele, die er auf den richtigen Weg brachte. Auffallend viele dieser Personen sind Unternehmer, Kaufleute, Manager oder ähnliches. Peale hat mithin eine positive Einstellung zum Markt. Seine Lebensberatung zielt auch und gerade auf Erfolg am Markt durch Anpassung des Denkens und Handelns von Menschen.

Peale ist ein vergleichsweise früher Vertreter einer Branche, die heute geradezu zu einer Industrie ausgewachsen ist: Mit Lebensberatung im weitesten Sinne zu Themen wie Erfolg, Selbstbewusstsein, Beziehungen oder Motivation erreichen Autorinnen, Autoren, »Speaker« und »Coaches« ein Massenpublikum. Sie vermitteln in Büchern, Vorträgen und Seminaren angebliches Wissen, das den Menschen Wege zu einem vermeintlich glücklicheren Leben aufzeigen soll. Ihre Lehren weisen dabei stets zwei Grundelemente auf: einen individualistischen Ansatz, nach dem Verantwortung und Handlungsmöglichkeiten bei jedem einzelnen Menschen liegen, und einen irrationalen Glauben an eine Art übergeordnete Gerechtigkeit und Ordnung.

Die geschichtlichen Wurzeln dieser Branche liegen, wie auch die Lebenszeit Peales, weit vor dem letzten Viertel des 20. Jahrhunderts. So gab es schon im späten 19. Jahrhundert entsprechende Ratgeber-Werke etwa in den USA im Umfeld des evangelikalen Christentums. Solche Lebensberatung ist damit älter als der Neoliberalismus, der sich ab den 1970er Jahren durchzusetzen begann. Zu einem Massenphänomen, das direkt und indirekt den Alltag breiter Bevölkerungsteile bestimmt, wurden Ratgeber-Literatur und Coachings aber erst mit dem Neoliberalismus, so dass ein enger Zusammenhang zwischen beiden durchaus besteht.

Eine jüngere Vertreterin dieser Industrie ist die australische Journalistin und Autorin Rhonda Byrne. Was bei Peale (und vielen anderen) das »Positive Denken« ist, ist bei Byrne (und vielen anderen) das »Gesetz der Anziehung«. Sie schreibt darüber:

»Kraft dieses überaus mächtigen Gesetzes werden Ihre Gedanken zu den Dingen in Ihrem Leben. Ihre Gedanken werden Dinge!« (Byrne 2007: 24).

»Wenn Sie sich in Gedanken intensiv auf Ihre Wünsche konzentrieren, dann rufen Sie in demselben Augenblick mit der mächtigsten Kraft im Universum das herbei, was Sie wollen.« (Byrne 2007: 29).

Jeder Mensch könne also alles erreichen, könne sich alle Wünsche erfüllen – wenn er nur seine Gedanken entsprechend auf die Erfüllung dieser Wünsche konzentriere. Alleine durch das Denken und Wünschen ziehe man Positives – oder eben Negatives – im Leben an. Die Manipulation seiner Gedanken und inneren Einstellung sei daher sinnvoll und notwendig. Das Spektrum dessen, was Byrne auf diesem Weg zu erreichen verspricht, ist groß: Geld, Beziehungen, Selbsterkenntnis, Gesundheit und vieles mehr. Die Schnittmengen dieser Überzeugungen mit dem »Positiven Denken« sind offensichtlich.

Bei Byrne spielt der Glaube an Gott, anders als bei Peale, keine Rolle mehr. Sie begründet Ihre Lehre vielmehr unter Berufung auf Wissenschaft und Physik (»Quantenphysik«):

»Da Sie Energie sind, schwingen auch Sie auf einer Frequenz, und diese wird von Ihren gegenwärtigen Gefühlen und Gedanken bestimmt. [...] Wenn Sie an das denken, was Sie wollen, und diese Frequenz aussenden, bewirken Sie, dass die Energie des Gewünschten auf dieser Frequenz schwingt – und Sie ziehen es an!« (Byrne 2007: 186-187).

Mit so viel irrationalem, pseudo-naturwissenschaftlichem Nonsens hält sich Ilja Grzeskowitz, laut Klappentext immerhin einer von »Deutschlands Top-Speakern«, nicht lange auf. Er beruft sich gleichfalls auf das »Gesetz der Anziehung«, begründet es aber salopper:

»Um das Gesetz der Anziehung umfassend zu erklären, könnte ich jetzt einen langen Ausflug in die spannende Welt der Quantenphysik machen, jedoch ist in diesem Fall gar nicht wichtig, warum es so gut funktioniert, sondern einzig und allein, dass es das tut. Die Welt ist voller lebender Beweise dafür.« (Grzeskowitz 2012: 72).

Gemein haben Peale, Byrne, Grzeskowitz und ihre vielen Kolleginnen und Kollegen, dass sie sich dagegen immunisieren, widerlegt zu werden. Denn ganz gleich, ob als Begründung für »Positives Denken« bzw. das »Gesetz der Anziehung« nun Gott oder die Natur herhalten muss oder ob gleich gar nicht begründet wird: Gegenbeispiele lassen sich stets als individuelle Verfehlungen der jeweils betroffenen Menschen auslegen. Wer nicht reich wird, hat eben einfach nicht genug an Reichtum gedacht. Wer Probleme im Leben hat, denkt eben einfach nicht positiv genug. Und wer krank wird, sollte mehr und besser an seiner inneren Einstellung arbeiten.

Die Schnittmengen dieses Denkens mit neoliberalen Glaubenssätzen sind ebenso offensichtlich wie die gemeinsame Immunisierungsstrategie: Jeder Mensch könne alles erreichen, wenn er nur wolle und entsprechend denke und handle. Und wer auf keinen grünen Zweig komme, der habe sich einfach nicht genug angestrengt. Hier wird neoliberale Moral verkauft.

Während Peale und Byrne den Eindruck erwecken, das bloße Denken an ein besseres Leben sei ausreichend, kritisiert Grzeskowitz diese Idee. Bloßes Denken und Wünschen genüge nicht, man müsse vielmehr schon auch entsprechend handeln, um Ziele zu erreichen. Man müsse eine »Macher-Mentalität« (Grzeskowitz 2012: 73) entwickeln. Dann aber seien Erfolg und Reichtum wirklich garantiert. Entsprechend lautet der Titel seines Buches »Denk Dich reich! Wohlstand ist Einstellungssache«.

Wie bei Peale, so ist auch bei Grzeskowitz »der Unternehmer« eine zentrale Figur. Im übertragenen Sinne gemeint, versteht er darunter all jene Personen, die über angemessene innere Einstellungen und Verhaltensweisen verfügen. So wüssten die Unternehmer, dass es das Geheimnis des Erfolgs sei, einmal mehr aufzustehen als hinzufallen. Und anders als der »Unterlasser«, der sich in seiner »Komfortzone« eingerichtet habe, »packe« der »Unternehmer« tatsächlich »aktiv an«:

> »Er wartet nicht darauf, was das Schicksal mit ihm vorhat, sondern bestimmt es durch seinen Tatendrang und seine Handlungen selbst. Er richtet seinen gesamten Fokus auf Chancen und Möglichkeiten, bereit diese zu ergreifen, wenn sie sich ergeben.« (Grzeskowitz 2012: 17).

Peale, Byrne, Grzeskowitz und viele andere lehren Selbstoptimierung, genauer: eine Form der Selbstoptimierung, die auf die richtige innere Einstellung und das richtige Verhalten zielt. Damit lehren sie zugleich das, was Hayek als unzutreffend, aber doch unabdingbar für kapitalistische Gesellschaften beschrieben hat: den Glauben, dass jeder Mensch alles erreichen könne, wenn er nur wolle.

Indem sie mit ihren Ratschlägen auf eine Veränderung des individuellen Menschen abzielen, lassen sie gesellschaftliche und ökonomische Bedingungen unangetastet. Nicht die Veränderung von Politik und Gesellschaft, sondern alleine die Selbstveränderung zähle. Der kollektiven Verstehbarkeit und Gestaltbarkeit von Gesellschaft erteilen sie eine Absage. Im Kern bedeutet dies eine Übertragung neoliberaler politischer Inhalte in unpolitischer Form auf das Leben der Menschen.

Eine ausdrückliche Auseinandersetzung mit dem Konzept »des Marktes« wird man bei ihnen zwar nicht finden. Wenn Peale und Grzeskowitz aber immer wieder Unternehmerfiguren anführen, und wenn für alle drei Geld ein zentrales Lebensziel darstellt, dann wird deutlich, dass sie ihre Überzeugungen sehr wohl auch prominent mit ökonomischen Fragen verknüpfen.

Ein Irrationalismus in zweierlei Form
Der eingangs beschriebene Irrationalismus des Marktes im Neoliberalismus ist im Kern ein Irrationalismus des Menschen gegenüber dem Markt: Dieser sowie dessen Ergebnisse werden nicht rational hinterfragt, sondern akzeptiert. Stattdessen entwickelt der Mensch »Strategien« im Umgang mit dieser Situation. Der Einsatz der Vernunft beschränkt sich darauf, diese Strategien zu perfektionieren. Der Markt gilt dabei als eine Art gerechtes Belohnungssystem: Belohnt werde (in realistischerer neoliberaler Auslegung), wer eine bestimmte Nachfrage am besten bedient; bzw. belohnt werde (in offizieller neoliberaler Auslegung), wer sich anstrenge und viel leiste.

Diese Konstellation kehrt in der Ratgeber-Literatur wieder. Peale, Byrne,

Grzeskowitz und viele andere teilen die irrationale Überzeugung, dass es eine Art übergeordnetes Belohnungssystem gebe, das individualistisches Denken und Verhalten beurteilt und entweder belohnt oder bestraft. Sei es »Gott«, das »Universum«, ein »Geist«, das »Gesetz der Anziehung« oder was auch immer: Auch hier hat der Mensch die höhere Ordnung nicht zu hinterfragen, sondern als gerecht zu akzeptieren. Und auch hier soll er seine Vernunft darauf beschränken, seine individuelle Strategie im Umgang mit dieser Ordnung zu perfektionieren. Der Markt ist ganz offensichtlich Teil dieser Ordnung. Empfohlen werden Anstrengung, Selbstoptimierung und Selbstmanipulation.

Karl Marx argumentiert bekanntlich, dass die Menschen die sozialen Beziehungen nicht mehr erkennen, die hinter den arbeitsteilig hergestellten Waren stehen, die sie am Markt miteinander austauschen. Aus der menschlichen Beziehung zweier Warenproduzenten werde in ihren Augen vielmehr eine sachliche Beziehung zweier Waren; er spricht vom »Fetischcharakter der Ware« (Marx 1962). Hinter der Oberfläche des Warentauschs sieht er damit eine ganze Gesellschaftsform und Produktionsweise versteckt. Aber nicht nur das: Gesellschaftsform und Produktionsweise gewinnen Übermacht über den Menschen selbst. Sie treten ihm als etwas gegenüber, das sich (scheinbar) weder verstehen noch lenken lässt. Marx' Bild des Fetischcharakters der Ware weist damit gewisse Übereinstimmungen mit Hayeks Vorstellung »des Marktes« auf. Während Hayek allerdings die menschliche Vernunft ausdrücklich auf das Handeln im Markt beschränken und vom Verstehen des Marktes abhalten möchte, und während die beschriebene Ratgeber-Literatur ein solches Denken und Verhalten als angemessene Lebensmaxime verkauft, fordert Marx genau das Gegenteil: Gesellschaftsform und Produktionsweise zu verstehen, um sie verändern und menschenwürdig gestalten zu können. Exakt hier gründet der Unterschied zwischen Aufklärung und Irrationalismus, zwischen Vernunft und Esoterik (Schreiner 2018b). Damit fußen der neoliberale Irrationalismus wie auch der Zwang zur permanenten Selbstoptimierung und Selbstmanipulation, wie sie sich etwa in der beschriebenen Ratgeber-Literatur zeigen, letztlich im Kapitalismus selbst. (Marx 1962; Marx 1968).

Warum machen Menschen sowas mit?
Abschließend bleibt die Frage, weshalb Menschen so etwas überhaupt mitmachen. Dass sie es mitmachen, erscheint evident: Peales Hauptwerk wurde in über 40 Sprachen übersetzt und mehr als 20 Millionen mal verkauft. Byr-

nes Buch befindet sich seit seiner deutschsprachigen Veröffentlichung 2007 bis heute (Mai 2018) ununterbrochen in den Top 50 der Spiegel-Bestsellerliste, davon über ein Jahr in den Top 10. Grzeskowitz verdient als Autor, »Speaker« und »Coach« offenbar mehr als gutes Geld. Und die Zahl vergleichbarer Autorinnen und Trainer ist ebenso enorm wie die Zahl ihrer Themen: Bücher und Seminare über Selbstoptimierungs-Themen wie »emotionale Intelligenz«, »Neuro-Linguistisches Programmieren«, »Achtsamkeit«, »Soft Skills«, »Gruppenarbeit«, »Projektmanagement«, »Selbsterkenntnis«, »Selbstvertrauen« und viele mehr sind ein einträgliches Geschäft.

Im Zeitalter des Neoliberalismus sind die Menschen ganz offensichtlich auf der Suche: nach Antworten, nach Erklärungen, nach Handlungsanleitungen. Sie erleben eine Gesellschaft, in der soziale Bindungen schwächer werden, soziale Rollen an Verbindlichkeit verlieren und die Bedeutung von Großorganisationen wie Gewerkschaften und Kirchen abnimmt. Sie streben nach Anerkennung in einem Umfeld, das an Komplexität und Unsicherheit zunimmt. Dies weckt offensichtlich eine Nachfrage nach Orientierung, die bestimmte Medien- und Seminarangebote bedienen. Gerade im Zeitalter des Neoliberalismus scheint diese Nachfrage geradezu zu explodieren.

Neoliberale Denk- und Verhaltensweisen sind zur weitgehend unhinterfragten Normalität geworden. Sich selbst zu optimieren, sich für sich selbst verantwortlich zu fühlen – das gilt vielen Menschen als selbstverständlich. Die neoliberale Moral ist in öffentlichen und politischen Diskursen oft gar nicht mehr als solche erkennbar. Auch an der beschriebenen Ratgeber-Literatur lässt sich dies gut erkennen.

Nicht zuletzt sollte man nicht unterschätzen, in welchem Ausmaß für viele Menschen Selbstoptimierung, »Selbstverantwortung« und das Befolgen der neoliberalen Moral mit einem Gefühl von Freiheit verbunden sind. Wenngleich es sich dabei um Freiheit im beschränkten, neoliberalen Sinne handelt, dürfte die Wirkmächtigkeit dieses Empfindens enorm sein. Tatsächlich besteht eines der verbreitetsten Irrtümer über den Neoliberalismus wohl darin, dass dieser ein autoritäres System der Unterdrückung darstelle: Eine solche Sichtweise unterschätzt, in welchem Ausmaß der Neoliberalismus auf Konsens und Zustimmung beruht (Schreiner 2018a). Wer einmal gesehen hat, wie begeistert das Publikum an den Lippen der Selbstoptimierungs-Gurus hängt, der mag davon eine Vorstellung gewinnen.

Und dennoch gibt es zu übertriebenem Pessimismus keinen Anlass. Kein

Mensch ist nur neoliberal. Und die Unzufriedenheit mit den bestehenden Verhältnissen scheint groß. Auch wenn viele der heute zu beobachtenden Widerstände in eine beängstigend falsche Richtung laufen, so gibt es doch auch zahlreiche Beispiele, die optimistisch stimmen können: Von Platz- und Wohnungsbesetzungen in Spanien und den USA über linke Wahlerfolge in Portugal und linke Beinahe-Wahlerfolge in den USA und Großbritannien bis hin zu kämpferischen Gewerkschaftsprotesten in Frankreich oder Griechenland. Ihnen gemein ist, dass sie die bestehende Ordnung nicht akzeptieren, sondern rational hinterfragen und kollektiv herausfordern.

Karl Polanyi hat den Kapitalismus als einen beständigen Widerstreit zwischen stärkerer und geringerer Regulierung von Märkten beschrieben, als eine unablässige Auseinandersetzung zwischen Mensch und Markt (Polanyi 1978; Schreiner 2018b). Folgt man seiner Argumentation, die Entwicklungen über Jahrhunderte hinweg beschreibt, so wäre die derzeitige Phase des Neoliberalismus eine, in der der Markt wieder Oberhand gewonnen hat – mit entsprechender Gegenwehr der Menschen. Tatsächlich spricht einiges für diese Annahme, und nur aus Gegenwehr heraus sind tatsächliche Veränderungen zu erwarten. Kari Polanyi Levitt warnt gleichwohl zu Recht davor, Veränderungen in Richtung einer stärker regulierten, rationaleren und menschlicheren Wirtschaftsweise für einen historischen Automatismus zu halten:

»Es ist die entstellte und irreführende individualistische Ideologie, die es modernen Gegenbewegungen lange Zeit so schwer machte, sich zu widersetzen, und es ist genau diese intellektuelle Front, an der progressive und heterodoxe Ökonomen mehr tun müssen, um die Herausforderung anzugehen.« (Polanyi Levitt / Seccareccia 2016).

Quellenangaben
Byrne, Rhonda 2007: The Secret – Das Geheimnis. 15. Auflage. München.
Grzeskowitz, Ilja 2012: Denk Dich reich! München.
Hayek, Friedrich August von 1977: Der Atavismus sozialer Gerechtigkeit. In: Hayek, Friedrich August von: Drei Vorlesungen über Demokratie, Gerechtigkeit und Sozialismus. Tübingen. S. 23-38.
Hayek, Friedrich August von 1981: Recht, Gesetzgebung und Freiheit. Die Verfassung einer Gesellschaft freier Menschen. Band 3. Landsberg.
Hayek, Friedrich August von 1986: Recht, Gesetzgebung und Freiheit. Regeln und Ordnung. Band 1. 2. Auflage. Landsberg.
Hayek, Friedrich August von 1996: Die verhängnisvolle Anmaßung. Die Irrtümer des Sozialismus. Tübingen.

Hayek, Friedrich August von 2005: Die Verfassung der Freiheit. 4. Auflage. Tübingen.

Herrmann, Ulrike 2017: Kein Kapitalismus ist auch keine Lösung. Die Krise der heutigen Ökonomie oder Was wir von Smith, Marx und Keynes lernen können. Bonn.

Marx, Karl 1962: Werke. Band 23: Das Kapital I. Berlin.

Marx, Karl 1968: Ökonomisch-philosophische Manuskripte aus dem Jahr 1844. In: Werke. Band 40. S. 465-590.

Ötsch, Walter Otto 2011: Die Tiefenbedeutung von »Markt«. Ein Schlüssel zum Verständnis der neoliberal-marktradikalen Gesellschaft. http://momentum-kongress.org/cms/uploads/documents/Beitrag_%C3%96tsch8_3_2011_0908.pdf (13.06.2016).

Ötsch, Walter Otto/Pühringer, Stephan 2015: Marktradikalismus als Politische Ökonomie. Wirtschaftswissenschaften und ihre Netzwerke in Deutschland ab 1945. In: ICAE Working Paper 38 (2015).

Peale, Norman Vincent 2006: Die Kraft positiven Denkens. Zürich.

Polanyi, Karl 1978: The Great Transformation. Politische und ökonomische Ursprünge von Gesellschaften und Wirtschaftssystemen. Frankfurt am Main.

Polanyi Levitt, Kari/Seccareccia, Mario 2016: The Importance of Karl Polanyi's Analysis to Understanding Current Neoliberalism. http://www.globalresearch.ca/the-political-movement-that-dared-not-speak-its-own-name-thoughts-on-neoliberalism-from-a-polanyian-perspective/5526320 (9.5.18).

Schreiner, Patrick 2018a: Unterwerfung als Freiheit. Leben im Neoliberalismus. 5. Auflage. Köln.

Schreiner, Patrick 2018b: Warum Menschen sowas mitmachen. Achtzehn Sichtweisen auf das Leben im Neoliberalismus. 2. Auflage. Köln.

Wissenschaft
in gesellschaftlicher
Verantwortung

Rainer Volkmann

Gedanken zu einer verantwortungsvollen Wissenschaft

Das Symposium zur Erinnerung an Herbert Schui bot natürlich Gelegenheit zur Reflexion unseres langjährigen Bemühens, wissenschaftliche Tätigkeit in Lehre und Forschung in einen gesellschaftlichen Kontext zu übertragen. Die Volkswirtschaftslehre, die der Verfasser 40 Jahre lang vertreten hat, ist freilich ein politisches Fach; sie hat mit ihren Fragen und Klärungen den historischen Entwicklungsprozess unserer Gesellschaft zu begleiten, das historische Auftreten und die Notwendigkeit volkswirtschaftlicher Theorien begreifbar zu machen, die darin abgebildeten Interessen zu klären und sich an sozialen Zukunftsversprechen, den »Utopien«, zu beteiligen. Diese können sowohl »reaktionär«, also zu einer vergangenen Epoche der kleinbetrieblichen Marktwirtschaft mit paternalistischer Leitung und politisch unorganisierten Arbeitenden zurückführen wollen, oder »fortschrittlich« Wege suchen zu einer Auflösung des Widerspruchs von gesellschaftlich und ökonomisch mächtigen Konzernen bei gleichzeitig privatwirtschaftlich verfasster Eigentumsstruktur und privater Gewinnmaximierung. So wenig es ein »Ende von Geschichte« gibt, so wenig kann es eine endgültige Volkswirtschaftslehre geben. Dies gilt es zu betonen gegen den Hang im volkswirtschaftlichen Alltag der Lehre und Forschung, gewisse Grundannahmen als immer gültige (naturgegebene) zu setzen, also eine ahistorische Ökonomie zu lehren. Dazu gehört heute, das Feld der Produktionssphäre mit der Klärung der Wertentstehung und -schöpfung gänzlich zu verlassen (zu verheimlichen?) und sich der Konsumtions- bzw. Marktsphäre zuzuwenden.[1] Dort finden wir dann

---

1 So wird explizit die Volkswirtschaftslehre als »Wissenschaft von den Märkten« (Bofinger) charakterisiert. Und in einem umfangreichen und populären Einführungswerk in die Volkswirtschaftslehre von knapp 900 Seiten ist das Problem der Knappheit »als zentrales Charakteristikum aller Wirtschaftsgesellschaften« bereits auf Seite 20 ohne

»Lohn« und »Profit« – zwei zentrale Konstitutionsbedingungen des Kapitalismus – nicht mehr als in der Produktionssphäre entstandene historische Kategorien, sondern bereits als auf dem Markt vorfindlich und gegeben vor. Nicht entschuldigend, sondern zu bedauern ist, dass viele gegenwärtig Lehrende von der klassischen Wertlehre (objektive Werttheorie) schlicht nichts wissen und somit keinen Zugang zu Ursprüngen, Kontroversen und interessengeleiteten Theorieentwicklungen ihres Faches haben. So wird sogleich mit der unsäglichen Knappheit von Gütern begonnen, denen maßlose Bedürfnisse von uns Konsumenten entgegen stehen – ein immerwährendes »Gesetz«.

1. Zur Erinnerung: Die Hochschule für Wirtschaft und Politik.

Für das Thema »Wissenschaft in gesellschaftlicher Verantwortung – das Beispiel HWP« – (so das Referat des Verfassers) bot sich zunächst die Erinnerung an die ehemalige Hochschule bzw. Universität für Wirtschaft und Politik (bis 2005) an.[2] Es gab vier wissenschaftliche Fächer (Volkswirtschaftslehre »VWL«, Betriebswirtschaftslehre »BWL«, Soziologie und Rechtswissenschaft); und sowohl die Dozentinnen und Dozenten als auch Studierenden hatten mit einem sog. integrierten Grundkurs (IGK) früh Kontakt mit den typischen Fragestellungen und methodischen Vorgehensweisen der je anderen Fachgebiete.[3] Das Grundstudium der ersten beiden Semester sah

---

gesellschaftliche Bezüge gesetzt. Vgl. P. Bofinger; Grundzüge der Volkswirtschaftslehre. 2. A. München 2007 sowie Baßeler, Heinrich. Utech; Grundlagen und Probleme der Volkswirtschaftslehre. 17. A. Stuttgart 2012. In beiden aktuellen – hier exemplarisch ausgewählten – Lehrbüchern kommt die objektive bzw. »klassische« Werttheorie nicht vor. Damit bleibt heute Lernenden (und Lehrenden!) unerklärt, dass es die mit der objektiven Werttheorie gewonnene Erkenntnis der »Ausbeutung« bzw. Erklärung der Besitzeinkommen durch Mehrarbeit der Arbeitenden war, die zur bis heute gültigen Hinwendung zur subjektiven, individuellen Werttheorie führte, damit den Wertbegriff auf die Marktsphäre der individuellen Nutzenvorstellungen verschob und die Existenz von »Profit« als naturgesetzlich immer schon gegeben rechtfertigt. Dieser historische Paradigmenwechsel wird den heute Studierenden schlicht vorenthalten.

2 Einen recht umfangreichen Überblick auf die Geschichte, Reformen und typischen Kontroversen in der Hochschule für Wirtschaft und Politik (HWP), einer wiss. Hochschule des 2. Bildungsweges, bietet aus Anlässlich ihres 50jährigen Bestehens mit 29 Beiträgen der Band: W. Hund (Hrsg.); Von der Gemeinwirtschaft zur Sozialökonomie. Hamburg 1998

3 So war ein Thema des integrierten Grundkurses IGK die »Herausbildung der bürgerlichen Gesellschaft«. Dazu waren Texte zur Bearbeitung verteilt, die den Beitrag der verschiedenen sozialwissenschaftlichen Disziplinen an der historischen Entwicklung unserer Gesellschaft verdeutlichten.

verbindlich den erfolgreichen Abschluss aller sog. Grundkurse der vier vertretenen Fächer vor, bevor ein monodisziplinärer Studienschwerpunkt im Hauptstudium gewählt werden konnte. Im Titel der »Hochschule für Wirtschaft und Politik« (HWP) war gleichwohl angemahnt, dass man sich doch mit »öffentlichen« (also politischen) Angelegenheiten zu beschäftigen habe, obwohl explizit das Fach Politikwissenschaften nicht vertreten war. Nach dem sechssemestrigen Studium schloss ein dreisemestriges »Projektstudium« an, um die Erlangung der Promotionsbefähigung, vor allem aber ein formal vergleichbares Universitätsstudium zu ermöglichen. Im Projektstudium wurde ein bestimmtes Thema behandelt/erforscht. Angeleitet wurden diese Projekte von zwei Kursleitern bzw. Kursleiterinnen aus verschiedenen (!) wissenschaftlichen Disziplinen; somit konnte dieser »sozialökonomische Studiengang« als sozialintegrativer Studiengang beworben werden. Verstärkt wurde das Bemühen um »Sozialökonomie« durch die Tatsache, dass die teilnehmenden Studierenden bis dahin ihren Studienschwerpunkt in einen der vier Fachdisziplinen gelegt hatten.[4]

Ein großer Teil der Studierenden gelangte über eine bestandene Aufnahmeprüfung zur Hochschule. Die schriftlichen Leistungen über 2 Tage verlangten Wiedergabe sowie inhaltliche Auseinandersetzungen mit vorgetragenen bzw. vorgelegten wissenschaftlichen Texten. Die Hälfte der Note wurde durch die Qualität eines mündlichen Referats bestimmt.

Da vor Studienbeginn nicht Fachliches abgefragt werden sollte, konnten sich die Prüflinge mit einem Thema eigener Wahl profilieren. Das war dann häufig die Titelgeschichte eines Nachrichtenmagazins, oder Stipendiaten der Hans-Böckler-Stiftung referierten über ein gewerkschaftliches Thema, andere Bewerber über Wahlen, politische weltweite Konflikte usw.

Es waren also überwiegend politische Themen, über die diskutiert, geprüft und benotet wurde. Und die Dozentinnen und Dozenten als Prüferinnen und Prüfer mussten darüber entscheiden, ob der Prüfling den politischen Sachverhalt annähernd angemessen gewürdigt und differenziert genug erläutert hat. Es wurde also eine »allseits informierte« Persönlichkeit gesucht.

Bei Nichtbestehen der Prüfung lautete häufig der Tipp zur erneuten Vorbereitung: »Mehr Zeitung lesen.«, also sich umfassender mit Gesellschaft

---

4 Aus Projekten zur (Hamburger) Stadtentwicklung sind Veröffentlichungen hervorgegangen, Vgl. R. Volkmann (Hrsg.); Metropole Hamburg – wachsende Stadt. Hamburg 2006. Darin sind die Arbeitsergebnisse der Studierenden wiedergegeben.

und Politik zu beschäftigen als Voraussetzung für ein Studium der Wirtschafts- und Sozialwissenschaften (sic!).

Diese Beispiele sollen zeigen, dass trotz aller Schwierigkeiten der eindeutigen Konturierung einer »Wissenschaft in gesellschaftlicher Verantwortung« viele Bruchstücke zusammengesetzt werden müssen, um zu einem Mosaik zu gelangen, welches sich asymptotisch dem Erwünschten nähert, freilich nie es eindeutig definiert.

Ich will im Folgenden ein paar Punkte benennen, die der Verfasser für Bausteine eines erwähnten Mosaiks von »Wissenschaft in gesellschaftlicher Verantwortung« hält.

2. Was ist gesellschaftlich verantwortete Wissenschaft?

Solche Diskussionen gab es in der HWP – sie endeten unbefriedigend; spätestens dann, wenn der konkrete Lehrplan daraufhin durchforstet wurde, was verzichtbare oder eben unverzichtbare Inhalte für bestimmte Berufsfelder waren. Solche Überlegungen spitzten sich etwa bei der Frage zu, für welche Berufsbilder denn das Seminar »Marxistische Wirtschaftstheorie« zumindest geeignet sein könnte. Hinzu kamen quer dazu die Zuordnung von Fächern/Fachinhalten zu den Rastern der Qualifikation für Bildung versus Ausbildung, von intrinsischer zu extrinsischer Motivation usw. Also dann einfach pragmatisch bestimmte Vorschläge, Kursinhalte, Modifikationen bisheriger Praxis organisieren in der Hoffnung, oben erwähnter Erwartung irgendwie entsprechen zu können?

Der Verfasser selbst hält es gegenwärtig in seinem Kurs »Alternative Wirtschaftspolitik« so, dass eine andere als die gegenwärtige Wirtschaftspolitik (oder Argumentation) interpersonal überprüfbar und nachvollziehbar zu einer »alternativen Wirtschaftspolitik« entwickelt wird. Dies führt zu einer sorgfältig wissenschaftlich abgesicherten Konzeption einer sozioökonomischen Alternative zur gegenwärtigen neoliberalen Austeritätspolitik.[5] Wenn folglich zwei Alternativen »hier und heute« als machbar erscheinen, wächst die Einsicht, dass die konkrete (kritisierte) Politik als Ergebnis einer politischen und eben nicht wissenschaftlichen Entscheidung zwischen verschiedenen Alternativen begriffen wird. Hier sollen Studierende ausgestattet

---

5   Zur neoliberalen Austeritätspolitik siehe Arbeitsgruppe Alternative Wirtschaftspolitik; Memorandum 2017. Köln 2017, S. 89-130. Zu generellen Grundlagen des Neoliberalismus: Butterwege, Lösch, Ptak; Kritik des Neoliberalismus. Wiesbaden 2017

werden mit der Einsicht, dass der Verweis auf T.I.N.A. (There is no alternative) schlicht unredlich ist und von nicht kapitalorientierten Wirtschaftspolitiken, die machbar wären, ablenken soll. So könnte zum Mosaik beigetragen werden: Wissenschaft in gesellschaftlicher Verantwortung zeigt Alternativen auf und »demaskiert« daher eine konkrete Politik nicht als wissenschaftliches Ergebnis, sondern als politische Entscheidung.

3. Eine Wissenschaft in gesellschaftlicher Verantwortung
muss natürlich über Voraussetzungen ihrer Wirksamkeit nachdenken, sonst ist sie gesellschaftlich nicht verankert und hat keine Durchsetzungskraft. Wann immer neue Angebote gegen herrschende Theoreme und Paradigmen vorgetragen werden, werden davon die gesellschaftlichen Basisinstitutionen zunächst nicht berührt. Gemeint sind damit die vorfindliche Hochschulgesetzgebung, die Exzellenzausrichtungen, die generelle Akzeptanz internationaler Konkurrenzsituationen in Forschung und Entwicklung, die vorrangig private Finanzierung von Forschung, der desolate Zustand der heutigen Studienorganisation und die finanziell erschreckende Alimentation des deutschen Hochschulwesens mit 80 Prozent prekär beschäftigten Wissenschaftlern und Wissenschaftlerinnen. Innerhalb eines solchen Datenkranzes bliebe »Wissenschaft in gesellschaftlicher Verantwortung« nur ein geduldeter Exot und Alibi für plurale Ökonomie. Wenn man nun diese allgemeinen institutionellen Bedingungen als Produktionsverhältnisse interpretiert, was sie so auch sind, dann verlangt eine neue und nachhaltige Aufgabenbestimmung von Lehre und Forschung veränderte Produktionsverhältnisse. Das aber ist ein (zu) großes Vorhaben. So bietet sich an: Es wäre anzustreben, quasi als methodisch unsauberes Vorgehen, die Auflösung des bekannten Datenkranzes namens »ceteris paribus« mitzudenken, Im Wissenschaftsbetrieb sind explizit artikulierte Denkverbote eher selten, obwohl die sog. abgeleitete Lehre der vielen Assistenten und Assistentinnen dies faktisch verkörpert. Aber Denkverbote schleichen sich ohne personale Erscheinung als Datenkranz (von wem konstruiert?), als »es gilt«-Formulierung, als »ceteris paribus« in unseren Kopf ein. Hier wäre nach einer eleganten Umgehensweise zu suchen, mit der einerseits die notwendige Disziplinierung des wissenschaftlich-methodischen Vorgehens eingeübt wird, andererseits aber jene »ceteris paribus«-Einübungen deutlich als Hindernisse des Nachdenkens über systemüberwindende Fortschritte benannt werden.

Zu erinnern ist: »ceteris paribus« ist regelmäßig ein Mittel, gesellschaftliche Veränderungen etwa des Kräfteverhältnisses von gesellschaftlichen Gruppen oder der Konstitutionsmerkmale einer Gesellschaft aus Modellen und Theorien auszuschließen.[6]

Wissenschaft in gesellschaftlicher Verantwortung muss mindestens an der Grenze des Systemimmanenten agieren und versuchsweise das Überschreiten dieser Grenze wagen.

Zu fordern wäre, zwei Denkverbote außer Kraft zu setzen: »TINA« und »ceteris paribus« bezüglich gesellschaftlicher Datenkränze. Zu lehren ist:

Prämissen unserer Theorien und Modelle spiegeln immer die konkrete Stärke der in unserem Wirtschaftssystem sich gegenüberstehenden Kräfte (Kapital, Arbeit) wider und werden so als Prämissen zur Zementierung des gegenwärtigen Kräfteverhältnisses genutzt. Dies gilt es offen zu legen. Sonst bliebe die Knappheit der Güter sowie die unbegrenzten Bedürfnisse der Menschen – diese agesellschaftlichen Eröffnungsphrasen vieler VWL-Veranstaltungen – eine Restriktion, die jegliche Emanzipation sowohl der sozialen Bewegungen auch des Menschenbildes bis in alle Ewigkeit begrenzt – was wohl auch ihre Aufgabe ist.

4. Wer ist das handelnde Subjekt?

Der Lehrkörper allein wird diese anstehende Aufgabe nicht bewerkstelligen können. Ohne eine breite Unterstützung durch die »Betroffenen« fände sonst ein elitärer Aufbruch statt, der in ein bloßes Reproduzieren kritischer Positionen versanden würde. Die Umsetzung eines neuen Wissenschaftsverständnisses ist immer eine gemeinsame Sache. Wir hatten an der Hochschule für Wirtschaft und Politik über die Aufnahmeprüfung, aber auch über die Rekrutierungsmöglichkeiten auf gewerkschaftlich, sozialdemokratisch und weiter links orientierte Bewerbermilieus einen Zulauf von vielen, die ein gesellschaftlich oppositionelles, zumindest in Kritik eingeübtes Bewusstsein mitbrachten. Dieses ist im Nachhall der 70er Jahre (»mehr Demokratie wa-

---

6   Eine subtile Form ist der Ausschluss des Gesellschaftlichen durch Verweis auf statistische Größen. Dann ist von »Publikumsgeschmack«, von »Konsumentenwillen« und »Marktprozessen« die Rede. Vgl. dazu Barfuss, Jehle; Antonio Gramsci zur Einführung. Hamburg 2014, S. 57 ff. »Erschlagen« wird das Gesellschaftliche vor allem durch den bequemlichen Hang, durch Bevorzugung formaler Methoden gesellschaftliche Kategorien – weil nicht quantifizierbar – von vornherein ausschließen zu können.

gen«) häufig in ihrem Arbeitsmilieu (Gewerkschaften, öffentliche Unternehmen, Bildungseinrichtungen, Parteien, usw.) entwickelt worden und konnte auch unter der allgemeinen Akzeptanz der Sinnhaftigkeit politischer Bildung durchgesetzt werden. Ich halte diesen Studierendentypus als zwingend notwendigen Komplementär für unseren Ansatz. Lehr- und Lernziel muss erst einmal Kritikfähigkeit sein; erst dieses bringt die komplementäre Voraussetzung für unser Vorhaben. Damit entwickeln sich innovative Gestaltungsideen für eine Universität in gesellschaftlicher Verantwortung. Ein konkretes Beispiel: Als Anfang der 80er Jahre über die Mittelstreckenraketenstationierung (Pershing 2, SS 20) diskutiert wurde, haben dazu Studierende ein dreisemestriges Projektstudium initiiert, also die Organisation, die Werbung, das Durchsetzen in Gremien etc. und das erfolgreiche Einwerben von Kursleiterinnen und Kursleitern erkämpft. Ähnliche Aktivitäten der Nutzung der zur Verfügung stehenden (und ermöglichten) Wissenschaftsfreiheit führte zu dreisemestrigen Projekten über Hamburger Stadtentwicklungskonzepte, zum Kurs »Alternative Wirtschaftspolitik« (80er Jahre) und zu Kursen wie »Gewerkschaftswesen«. Es ist also darüber nachzudenken, dass unser Vorhaben – neben all dem, was die gegenwärtige Hochschullandschaft in erschreckendem Maße auszeichnet – auch hohe Anforderungen an die Studierenden stellt, sich über den Studienalltag hinaus um eine regelmäßige kulturelle und politische Qualifikation zu bemühen. Brechts Gedicht des »Lob des Lernens« enthält den Aufruf: »Hungriger, greife nach dem Buch. Es ist eine Waffe.« Dies ist den herrschenden Lehrenden weitgehend fremd und der Mehrzahl der Studierenden nicht bewusst.

5. Lehrende für eine Wissenschaft in gesellschaftlicher Verantwortung
haben sich als wissenschaftliche Dienstleisterinnen und Dienstleister für die Gesellschaft zu verstehen. Da mag jede Wissenschaft ihre spezifischen Einsatzmöglichkeiten haben. Aber die Aufgabenstellung, also die wissenschaftlichen Fragestellungen in Forschung und eben auch in den Freiräumen der Lehre leiten sich aus der Beobachtung und aktiven Begleitung der gesellschaftlichen Entwicklungsprozesse ab. Was sind zentrale gesellschaftliche Auseinandersetzungen, sind diese in unseren wissenschaftlichen Auftragsbüchern berücksichtigt? Wer sind die Beteiligten in gesellschaftlichen Konflikten, wie lauten deren Interessen? Welche Lösungen bieten wir an? Wie ist unsere Stellung im Konflikt? Zu bedenken ist dabei: Die wissenschaftliche

Ausdrucksweise, formale Methodik und inhaltliche Vernachlässigung historischer und gesellschaftlicher Bezüge erschweren den Nachvollzug von wissenschaftlichen Angeboten und halten heute große Teile der Gesellschaft von jeglichen Teilhabemöglichkeiten an fabriziertem wissenschaftlichen Erkenntnisfortschritt ab. Dem müssen wir ein Verständnis von Aufgaben, Vorgehensweise und Vermittlung von Wissenschaft entgegensetzen, welches den vermeintlichen Bedürfnissen und Wünschen der Arbeitnehmerinnen und Arbeitnehmer nachspürt, auch wenn sicherlich nicht immer Klarheit über »die Interessen der Arbeiterklasse« vorhanden ist. Dass Harmonie, Gleichgewicht und Gradualismus in den neoklassischen/neoliberalen Wirtschaftswissenschaften im Mittelpunkt stehen und damit weitgehend der konkreten und erfahrbaren Welt eine idealtypische der geräumten Märkte dank Preis-, Zins- und Lohnflexibilität entgegengesetzt wird, ergab sich nicht aus einem wissenschaftlichen Bedürfnis nach Realitätsnähe, sondern durch die bürgerliche Notwendigkeit, gegen ein Theoriesystem der klassischen Nationalökonomie, dass alles andere als gesellschaftlich harmonisch konstruiert war, eine Alternative zu konstruieren. Der Klassengesellschaft von Marx, Ricardo, Smith u. a. musste ein Gegenentwurf konstruiert werden, um das Überleben der gespaltenen Gesellschaft und ihrer tragenden Interessen zu sichern. In solch einem Kontext wird für Studierende überhaupt verständlich, warum Theorien einander ablösen, warum sie zu unterschiedlichen Zeiten »mainstream« darstellen. Und um die gegenwärtige inhaltliche Trivialisierung (ahistorisch, agesellschaftlich, methodischer Individualismus) der Neoklassik zu kompensieren, ist eben der Ausarbeitung und Verfeinerung ihrer Techniken, also der Unterordnung der Ökonomie unter die mathematische Quantifizierbarkeit steigende Aufmerksamkeit gewidmet.

6. Wissenschaft in gesellschaftlicher Verantwortung
sollte zur historischen Vorgehensweise neigen. Fragestellungen, Methoden der Sozialwissenschaften verändern sich, und deren Anlässen ist nachzugehen. Die historische Einordnung der Theorien, bevor man sie dann natürlich auch zu lernen hat, lässt begreifen, welche gesellschaftliche Entwicklungen Paradigmenwechsel auslösen, die das Ökonomische, vor allen seine vorherrschenden Theorien verändern und neuen »mainstream« formieren. Wenn in jedem Kunstwerk Weltanschauung enthalten ist, so wird auch die

Volkswirtschaftslehre nur verständlich, wenn man sie im historischen Kontext begreift. So mag das »tableau economique« der Physiokraten aus dem 18. Jahrhundert in Frankreich ein erstes Kreislaufbild über die ökonomische Abhängigkeit der feudalen Herrschaft von der Ergiebigkeit der agrarischen Produktion gewesen sein, widersprach es damit aber auch der gegebenen politischen Ordnung, in der die agrarischen Produzentinnen und Produzenten als »vierter Stand« politisch entrechtet waren. Dieser Widerspruch im »tableau economique«, also einer grafischen Veranschaulichung einer volkswirtschaftlichen Theorie, musste in der französischen Revolution von 1789 überwunden werden.[7]

Wenn Einführungen in die Volkswirtschaftslehre heute ohne die objektive Werttheorie auskommen, wird nie verständlich, welche wichtige Aufgabe der heute nun umfassend verbreiteten subjektiven Wertlehre, mithin der Neoklassik, zufiel. Sie hatte von der Kritik am sich entwickelnden Kapitalismus, von der Entstehung des Besitzeinkommens (Profit), von Ausbeutung und Krisen und vom Elend in den Fabriken abzulenken, um nunmehr zur Besichtigung des bunten Treibens auf der Marktsphäre und dortigen individuellen Bedürfnisbefriedigungen einzuladen und vom gesellschaftlich objektiven Wert zum individuellen subjektiven Wert der Nützlichkeit überzuleiten, dessen Sinn nur darin besteht, jegliches individuelles Marktverhalten grundsätzlich als rationales Verhalten zu rechtfertigen. Man bedenke: Jetzt sind mit der Neoklassik alle Einkommen, insbesondere der Profit, auf einmal gegeben. Durch Verzicht der Erkenntnismöglichkeiten der objektiven Werttheorie wird der Profit, ein konstituierendes Merkmal der kapitalistischen Gesellschaft, nicht mehr durch Arbeit anderer, sondern nunmehr durch pfiffige Aufschlagkalkulation in der Marktsphäre auf die Kosten (»mal mehr, mal weniger«) erklärt. Profit als Luftbuchung! Man bedenke: Gossens geringer Nachlass (er hat nahezu alle seiner Schriften wegen der mangelnden wissenschaftlichen Anerkennung seiner Zeit verbrannt) mit seiner subjektiven Werttheorie gewann erst weit nach seinem Tode gesellschaftliche Beachtung, als es nützlich wurde, von der mithilfe der objektiven Werttheorie gewonne-

---

7   Zur Darstellung und historischen Bedeutung des »tableau économique« der Physiokraten unter François Quesnay (1694–1774) siehe R. Volkmann; Einfach Lernen: Makroökonomie. 4. Aufl. 2019 (www.Bookboon.com). Eine umfangreiche sozialökonomische Würdigung in: W. Hofmann; Sozialökonomische Studientexte. Bd. 3: Theorie der Wirtschaftsentwicklung. Berlin o. J. S. 33 ff

nen Erkenntnis über die Entstehung des Profits als angeeignete Mehrarbeit (»Mehrwert«), also der Ausbeutung, abzulenken. Ihm ist auch zuzuschreiben, dass »wahre Nationalökonomie ohne Hilfe der Mathematik« nicht vorgetragen werden kann. Vielmehr sei Mathematik notwendig, um »wahre Gesetzmäßigkeiten« entdecken zu können. Das gilt bis heute: Die Mathematik dominiert in der Ökonomie, weil ihr Anspruch, endgültige Erkenntnisse aufzudecken und also ahistorische Wissenschaft zu ermöglichen, im ausschließlich formalen Ausdruck schnell Diskussionen abwürgt. Nur die dramatisch sich abzeichnende Kapitalismuskritik durch die analytischen Vorarbeiten der Klassiker der Nationalökonomie brachten als Abwehr die orthodoxe Neoklassik mit ihrem methodischen Individualismus, Rationalitätskriterien und Gleichgewichtsvorstellungen in den politisch gewünschten Vordergrund. Dies nicht zu erkennen, führt dann zu skurril wirkenden Phrasen über das Entstehen von Paradigmen. So taucht ein neues Paradigma »ganz plötzlich, manchmal mitten in der Nacht, im Geist eines tief in die Krise verstrickten Wissenschaftlers auf«.[8]

Die heutige Dominanz der orthodoxen Neoklassik in den wirtschaftswissenschaftlichen Fakultäten bleibt indes nicht ungestört: Protest und Ansporn zur vordringlichen Veränderung kommt vor allem von studentischer Seite. Die studentische Bewegung der »Pluralen Ökonomik«, hervorgegangen aus einer Bewegung »post-autistische Ökonomie« bzw. manchmal auch als »Real World Economics« bekannt, arbeitet – befeuert vom sagenhaften Versagen der Mainstream-Ökonomie beim Vorhersagen der Krise 2008 ff. – seit 2012 verstärkt daran, reale gesellschaftliche Probleme in den Mittelpunkt ökonomischen Denkens zu stellen und den schädlichen Konformitätsdruck in den Wirtschaftswissenschaften zu brechen. Der Bedarf an kritischer, reflektierter, keynesianischer, marxistischer Lehre in den Fakultäten ist immens, es bleibt abzuwarten, ob es die studentische Vereinigung mit ihrem Ziel der »Pluralität der Theorien und Methoden« schafft, genügend politische Bewegungsenergie zu entwickeln.

Ein weiteres Beispiel: Der Verfasser hat in Vorlesungen aus einer Veröffentlichung des »Reichsverbandes der deutschen Industrie« von 1929 an das Kabinett Brüning zitiert, aber nicht die Quelle, Erscheinungsjahr usw.

---

8 Vgl. T. S. Kuhn; Die Entstehung des Neuen: Studien zur Struktur der Wissenschaftsgeschichte. Frankfurt/M. 1992

genannt und Studierende über Autoren, Erscheinungsjahr usw. raten lassen. Die Antworten bezogen sich auf das aktuelle Zeitgeschehen und spekulierten über gegenwärtige politische bzw. ökonomische Zeitzeugen. Überraschend war für die beteiligten Studierenden: Diese vom Reichsverband der deutschen Industrie 1929 geforderte Politik entsprach überwiegend jener der gegenwärtigen neoliberalen Ära (Schröder und Merkel) und war bereits damals gescheitert. Somit gelang es den Studierenden, im historischen Vergleich weder die einmalige Besonderheit der gegenwärtigen neoliberalen Politik (erinnert sei an das T.I.N.A.-Prinzip) noch das Erfolgsversprechen der gegenwärtigen Politik zu akzeptieren.

Wir hatten an der früheren HWP hierzu gute Arbeit geleistet. Für den IGK wurde über zwei Semester das Thema »Geschichte der bürgerlichen Gesellschaft« behandelt. Und wir hatten dazu Beiträge verschiedener Disziplinen, die zur Formierung dieser Epoche wichtige konstituierende Beiträge lieferten. Beispielsweise ist an soziologische Texte zu erinnern, die die gesellschaftlichen Mechanismen der Erziehung zur Pünktlichkeit und Verlässlichkeit der Arbeiter und Arbeiterinnen für die maschinengesteuerte industrielle Produktion erläuterten.

Dazu gehört(e) auch das Begreifen vom Wandel des Reichtumsbegriffs (Gold und Silber im Feudalismus) bis zum durch Gütermengen bestimmten Wohlstandbegriff (Bruttoinlandsprodukt) der Gegenwart, was den Wandel sowohl der gesellschaftlichen Charakterisierung als auch die sich ändernden gesellschaftlichen Anreizsysteme erklärt.

7. Wenn Wissenschaft gesellschaftlich verantwortlich sein will,

muss gefragt werden: Was ist Inhalt des Gesellschaftsbegriffs? Wir haben als Antwort eine gewisse Auswahl. Von hoher Bedeutung ist sicherlich, den Stellenwert des Privateigentums in der Gesellschaft zu würdigen. Schließlich hatte F. Engels die klassische Nationalökonomie deshalb als Bereicherungswissenschaft eingeschätzt, weil sie nur wegen des Privateigentums existiere. Zu überlegen wäre schon, welche Teile der BWL- bzw. VWL-Inhalte schlicht wegfielen, wenn der behandelte Gegenstand nicht eine auf Privateigentum fußende Gesellschaft wäre. Neoklassisch ist die Gesellschaft ein homogen formiertes Konstrukt – man denke an die alles vereinnahmende Maximierungsprämisse aller Handelnder (Ludwig Erhards gleichschaltende »formierte Gesellschaft« erinnern daran). Dann ist da die gespaltene Gesellschaft, mal durch antagonistische unüberwindbare Gräben gespalten oder nur in »Reich« und »Arm« kraft Geburt, Anlage oder Fähigkeiten oder falscher, aber jederzeit korrigierbarer Politik durch die gleiche oder auch andere Koalition der bürgerlichen Parteien. Man kommt auch nicht weiter, wenn man an die »arbeitnehmerorientierten Wirtschaftswissenschaften« des Deutschen Gewerkschaftsbundes denkt. Wir hatten/haben weitere Angebote aus den Diskussionen im wirtschafts- und sozialwissenschaftlichen Institut der Hans-Böckler-Stiftung.[9] Dort wird keine künftige Gesellschaft, aber die Aufgaben einer gesellschaftlich verantwortlichen Wirtschaftswissenschaft benannt, nämlich in Forschung und Lehre zur Verbesserung von Arbeits- und Lebensbedingungen der Arbeitenden beizutragen. Auch da bleibt vieles unklar und lädt zu weiterer Diskussion ein. Bei »Verbesserung der Arbeits- und Lebensbedingungen« ist natürlich die nahe Gegenwart gemeint. Geht das im Kapitalismus? Ein wenig blitzt die alte Rivalität zwischen Reform und Revolution durch. Gehen wir von der noch dauernden Stabilität der herrschenden politischen Verhältnisse aus, dann bedeutet unsere kritische Wissenschaftsarbeit nur Streit über unterschiedliche Annahmen über die Wirkungsweisen der vertrauten Politikinstrumente. Wirtschaftswissenschaftlerinnen und Wirtschaftswissenschaftler in gesellschaftlicher Verantwortung würden dann alle Theorien zurückweisen, die einseitig den Gewinninteressen der Kapitalisten und Kapitalistinnen dienen sowie ökonomische Entwicklungen schicksalhaft hinzunehmen.[10] Ausgearbeitete, überzeugende Alternativen sind auf dieser Ebene ja vorhanden: Die AG Alternative Wirtschaftspolitik publiziert seit 1975 (!) eine Kritik und alternative wirtschaftspolitische Empfehlungen. Auch der Verfasser dieser Zeilen hat seit 30 Jahren diese »Memoranden«, i. d. R. rund 250-seitige Schriften, an der Universität Hamburg bzw. an der früheren Hochschule für Wirtschaft und Politik regelmäßig vorgestellt. Nur hat in und außerhalb der Universitäten insgesamt das Interesse langfristig nachgelassen. Hier war exemplarisch das An-

---

9 Vgl. dazu Hans-Böckler-Stiftung (Hrsg.); WSI-Mitteilungen 8/2016 zum Thema: arbeitnehmerorientierte Wissenschaft

10 P. Kaiser; Bourdieus Gegenfeuer. Soziologische Gegenwartsdiagnose im Gewand einer politischen Kampfansage; in: Rosa-Luxemburg-Stiftung; Utopie konkret Mai 2008; S. 412. Hier wird auch auf Bourdieu hingewiesen, der eine gewisse »Religiösität« im Neoliberalismus erkennt, wenn neoliberale Ökonomen in den Medien schon als »Hohepriester« präsentiert werden, die mit »Freiheit«, »Befreiung« und »Deregulierung« ihre »Befreiungsbotschaft« verkünden.

gebot an »Wissenschaft in gesellschaftlicher Verantwortung« als Beleg, was »hier und heute« möglich ist, gegeben. Aber auch, welche komplexe Analyse wohl erforderlich ist, die gesellschaftlichen und individuellen Determinanten benennen zu können, die den erhofften Weg ausleuchten. Aber auch der Frage nachzugehen, warum ersten funktionierenden Ansätzen nicht der gewünschte Durchbruch gelingt.

Zuletzt: Wer ist eigentlich Adressat unserer Wissenschaft? Wer setzt um? Studierende, soziale Bewegungen, Staat, Parteien, eine interessierte Öffentlichkeit, die Wissenschaft? Auch darüber müssen wir reden.

Torsten Bultmann

Cui bono?

Den entscheidenden Grundgedanken, wie Hochschulreform im Spannungsverhältnis zwischen wissenschaftlicher Erkenntnis und demokratischer Beteiligung funktionieren kann, findet man in der Denkschrift des Sozialistischen Deutschen Studentenbundes (SDS) »Hochschule in der Demokratie« aus dem Jahre 1961: »Die Unabhängigkeit der Hochschule in Staat und Gesellschaft aber ist die Voraussetzung ihrer inneren Demokratisierung – und umgekehrt. Beides zusammen ermöglicht erst ihre kritische Funktion gegenüber der Gesellschaft.«[1] Das Neue daran war, dass das Humboldtsche Konzept der Autonomie der Wissenschaft hier systematisch – und in dieser Form erstmalig – mit dem Gedanken der demokratischen Selbstverwaltung verkoppelt wird. Dieser Ansatz wird zugleich definiert als »Unabhängigkeit vom Staatsapparat und den herrschenden gesellschaftlichen Kräften im Interesse der gesamten Gesellschaft.«[2]

Die Kriterien ›Wissenschaftlichkeit‹ und ›Demokratie‹ sind natürlich nicht identisch, sondern bewegen sich auch in einem Spannungsfeld. Ob eine wissenschaftliche Schlussfolgerung richtig ist, lässt sich nicht durch eine politische Abstimmung klären. Dass politische Mehrheiten Unrecht haben können, ist historisch häufig genug vorgekommen. Eine ideale institutionelle Form zur produktiven Realisierung dieses Spannungsfeldes ist bis heute nicht gefunden worden, oder besser gesagt: Es gibt annäherungsweise Zwischenlösungen. Dabei gilt: Alles was sich in diese Richtung bewegt – unabhängige kritische Wissenschaft, partizipative Entscheidungsfindung in Hochschul-

---

1   Sozialistischer Deutscher Studentenbund, 1965: Hochschule in der Demokratie – Durchgesehene Neuauflage (Ersterscheinung 1961). Frankfurt/Main, S. 93
2   Ebd.

gremien und deren Öffnung zu gesellschaftlicher Beteiligung – charakterisiert eine fortschrittliche Hochschulpolitik.

Das gegenwärtig dominierende hochschulpolitische Leitbild der ›unternehmerischen Hochschule‹ bewegt das ganze System in die entgegengesetzte Richtung, was wohl kaum einer näheren Begründung bedarf. Die horizontale akademische Selbstverwaltung wird zugunsten autokratischer Leitungsstrukturen an der Spitze abgebaut. Diese sind vor allem damit beschäftigt, ›Profile‹ aufzubauen, um über diese zusätzliche Finanzen zu akquirieren: hauptsächlich Drittmittel und Gelder aus dem Topf der sog. Exzellenzinitiative. Wenn man nun im Rahmen dieser wettbewerblichen Zuteilung für irgendetwas Geld bekommt – in der Regel für befristete Forschungsprojekte – ist dieses Geld bereits ein hinreichendes Argument für die Qualität der auf diese Weise finanzierten Wissenschaft. Weitere Begründungen sind nicht erforderlich. Durch diesen selbst-referentiellen Mechanismus findet eine ergebnisoffene Debatte über Schwerpunkte, gesellschaftliche Aufgaben und Verantwortlichkeiten der Wissenschaft nirgendwo mehr statt. Die Demokratiefrage ist sogar als offene Frage abgeschafft. Ebenso wird die Frage nach gesellschaftlicher Verantwortung institutionell liquidiert.

Diese Wettbewerbsideologie ist nicht vom Himmel gefallen, sondern toppt eine Entwicklung, die seit zwei bis drei Jahrzehnten anhält. Die Grundfinanzierung der Hochschulen für ihre gesetzlichen Aufgaben wurde im Verhältnis zur gesellschaftlichen Nachfrage nach Studienplätzen bereits Ende der 1970er Jahre eingefroren. Die argumentative Unterfütterung dafür lieferten die einschlägigen neoliberalen Think Tanks seit etwa Mitte der 90er Jahre mit der Behauptung, das traditionelle Modell einer auslastungsorientierten Flächenfinanzierung der Hochschulen sei leistungsindifferent, indem damit eine Art Tonnenideologie und bloßes Jammern gefördert würde. Nur der ›Wettbewerb‹ würde Leistung fördern. Unterschlagen wird dabei, dass es sich nicht primär um wissenschaftlichen Erkenntnisfortschritt handelt, der hier gefördert wird. Primär geht es um finanzielle Ausstattungsvorsprünge gegenüber den Konkurrenzhochschulen, die hier ermöglicht – und automatisch mit ›besserer‹ Wissenschaft gleichgesetzt – werden. So werden mittlerweile erhebliche finanzielle Zuwächse über Wettbewerbe verteilt; gegenwärtig in einem Umfang von sieben Milliarden Euro jährlich (etwa ein Drittel des Gesamtbudgets der Hochschulen), allerdings an ganz wenigen Standorten konzentriert.

Der renommierte Kasseler Hochschulforscher Ulrich Teichler (em.) vertritt in der Zeitschrift des bayrischen Staatsinstituts für Hochschulforschung 4/2007 die mir plausibel erscheinende These, dass es nach der Jahrtausendwende offenbar einen »stillschweigenden Paradigmenwechsel« in der Hochschulpolitik gegeben hätte, Qualitätsunterschiede zwischen den Hochschulen durch eine zunehmend ungleiche Verteilung von Finanzen zu fördern. Das wäre dann gleichbedeutend mit der Absicht, finanzielle Zuwächse, die über ›Wettbewerbe‹ verteilt werden, nur noch an ganz wenigen Standorten zu konzentrieren und den seit mehr als zwei Jahrzehnten unterfinanzierten Regelbetrieb mehr oder weniger sich selbst zu überlassen. Zumindest ist dieser Effekt der Exzellenzinitiative – ob beabsichtigt oder nicht – bisher eingetreten. Folglich ist es weder logisch noch politisch konsequent, Exzellenzerfolge zu bejubeln und gleichzeitig die Unterfinanzierung des Regelbetriebes zu beklagen, wie es die meisten Rektoren und Präsidenten tun.

Spitzen wir das mal zu: Zugunsten weniger Leuchtturmprojekte und Exzellenzbereiche werden die Arbeitsbedingungen in der Breite des Hochschulsystems tendenziell zerstört. Damit wird aber auch gesellschaftlich relevante wissenschaftliche Innovation in der gleichen Breite verhindert. Innovation beruht auf Kooperation und Gedankenaustausch, auch Meinungsstreit, unter vergleichbaren, möglichst guten Ausstattungs- und Arbeitsbedingungen. Das ist der materielle Unterbau gesellschaftlicher Verantwortung. Beim gegenwärtigen Wettbewerbsmodell wird aber der größere Teil potentiell leistungsstarker Wissenschaftler_innen monopolartig aus der Erkenntnisgewinnung und einer produktiven akademischen Konkurrenz ausgeschlossen.

Nun ist es keine politische Option zu warten bis das System irgendwann mal implodiert – und zu hoffen, dass dann politisch irgendwas passiert. Ich halte es aber für wichtig, nachdrücklich öffentlich zu machen, dass hinter der ganzen Exzellenz-, Elite- und Hochleistungsrhetorik der aktuellen Wettbewerbspolitik nichts steht, dass die damit verbundenen Versprechen nicht eingehalten werden und auf *systemischer* Ebene Leistung verhindert und abgebaut wird.

Eine politische Wende kann zuvorderst nur von denjenigen politisch erstritten werden, deren Studien- und Arbeitsbedingungen durch die aktuellen Strukturen immer weiter beschädigt und verschlechtert werden. Dabei sind folgende Entwicklungen positiv zu vermelden:

Immer größere Teile der Studierendenvertretungen beschäftigen sich kritisch mit der Exzellenzinitiative und organisieren Proteste dagegen, in deren Zentrum die Verschlechterung der Studienbedingungen steht. Vor wenigen Jahren war noch gar nicht absehbar, dass jenseits einer kleinen Fachöffentlichkeit und der ›üblichen Verdächtigen‹ größere Gruppen der Hochschulöffentlichkeit gegen die Exzellenzinitiative in Bewegung geraten würden.

Erstmals seit der Auflösung der Bundesassistentenkonferenz (BAK) im Jahre 1974 gibt es seit 2017 eine ständig wachsende bundesweite Vereinigung des akademischen Mittelbaus (»Netzwerk Gute Arbeit in der Wissenschaft«) mit einer gewerkschaftsähnlichen Agenda. Im Zentrum deren Politik steht die Prekarisierung wissenschaftlicher Arbeitsverhältnisse unterhalb der Professur als Kehrseite der Wettbewerbsorientierung. Auch Teile der Professorenschaft, bis in deren konservatives Spektrum hinein, sehen die Exzellenzinitiative kritisch, auch wenn hier noch viel Luft ›nach oben‹ ist.

Im Zentrum aller Forderungen muss natürlich die nach einem *anderen System der Hochschulfinanzierung* stehen. Es reicht also nicht, lediglich ›mehr Geld‹ zu fordern, weil es einem fehlt (und weil man deswegen so leidet). Vielmehr muss offensiv mit den gesellschaftlichen Zielen von Hochschulfinanzierung argumentiert werden. Im Leitbild »Demokratische und soziale Hochschule« des DGB und der Böckler Stiftung (2012) und vor allem im wissenschaftspolitischen Programm der GEW (2008) finden sich dazu viele tragfähige Gedanken.

Zusammengefasst:

Erstens muss die Grundfinanzierung der Hochschule aus öffentlichen Mitteln deutlich aufgestockt werden. Diese Grundfinanzierung erfolgt grundsätzlich *zuwachsorientiert* in Relation zur Auslastung bzw. zur wachsenden gesellschaftlichen Beanspruchung des Hochschulsystems. Dies ist auch eine zwingende Konsequenz des Übergangs zur ›Wissensgesellschaft‹ – oder marxistisch formuliert: High-Tech-Kapitalismus – in der die relevanten gesellschaftlichen Qualifikationen zunehmend wissensintensiv und wissenschaftsbasiert sind. Allein dies erfordert einen neuen Schub an sozialer Öffnung der Hochschulen.

Zweitens: Die gesetzlichen (›grundständigen‹) *Daueraufgaben* der Hochschulen in Studium, Forschung und Lehre müssen durch diese kalkulierbare staatliche Grundfinanzierung (Grundmittel) abgesichert werden. Das ist die entscheidende Voraussetzung zur Sicherung einer Mindestqualität wissenschaftlicher Arbeitsverhältnisse, von der wiederum die gesellschaftliche Relevanz (›Qualität‹) der erbrachten Leistungen abhängt. Das ist zugleich die Voraussetzung künftiger Spitzenleistungen. Man sollte sich keineswegs scheuen, diesen Begriff zu verwenden. Viele ungelöste globale Themen (Friedenssicherung, soziale Sicherheit, Klimakatastrophe) verweisen auch auf wissenschaftliche Defizite. Drittmittelförderung beschränkt sich auf *befristete* und *komplementäre* Projekte jenseits dieser grundständigen gesetzlichen Aufgaben.

Drittens: Die Wahrscheinlichkeit einer sinnvollen dezentralen Verteilung der Finanzmittel auf Hochschulebene steht in direkter Relation zur Stärkung der Rechte demokratisierter Selbstverwaltungsstrukturen und ist folglich ein Kriterium transparenter politischer Aushandlung zwischen denjenigen Mitgliedergruppen der Hochschule, welche die wesentlichen Prozessabläufe in Wissenschaft und Studium, auf welche sich die Entscheidungen beziehen, ohnehin gemeinsam tragen und gestalten. Dies widerspricht folglich einer sich gegenwärtig etablierenden monokratischen Exekutive an der Spitze der jeweiligen Einrichtung entsprechend dem falschen Leitbild der ›unternehmerischen Hochschule‹.

Olaf Walther

»Ja, ich glaube an die sanfte Gewalt der Vernunft über die Menschen«

Herbert Schui setzte sich im Laufe seines Schaffens immer wieder mit der Rolle der Intellektuellen in politischen Bewegungen und ihrer Bedeutung für die Analyse des Bestehenden auseinander.

Er arbeitete zuletzt an einem Artikel über die sogenannten »Kanalarbeiter« in der SPD der 1950er bis 1980er Jahre. Inspiriert worden war er zu diesen Überlegungen durch Auseinandersetzungen und Entwicklungen innerhalb der LINKEN. Das Agieren bestimmter Kreise erinnerte ihn – so schrieb er am 21.12.2015 in einer E-Mail – »an das Verhalten der Kanalarbeiterfraktion in der SPD der 60er Jahre. Die wurden wegen der 68er nervös, sie litten an Antiintellektualismus, an ihrer Angst vor Veränderungen. Nicht, daß die 68er nun durchweg Intellektuelle gewesen wären. Da gab es reichlich Schwadronierer, Wichtigtuer und all das, was eher etwas Abstößiges an sich hatte. Aber es gab ja auch das ernsthafte Bemühen, den Dingen auf den Grund zu gehen, auch, um die Aktionen begründen zu können«. Vor diesem Hintergrund plante er, einen Aufsatz zu diesem Thema zu verfassen: »[ü]ber Antiintellektualismus, Parteibürokratie und Kanalarbeiter«. Zu diesem Aufsatz kam es leider nicht mehr.[1] Das im folgenden dokumentierte Kulturprogramm wurde von den Überlegungen Herbert Schuis zu den »Kanalarbeitern von heute« angeregt.

---

1   Aufschluss über Herbert Schuis Haltung zur Frage der Intellektuellen gibt eine Glosse von ihm aus dem Jahre 2012, erschienen in der Zeitschrift der LINKEN Hamburg »Hamburg Debatte« im Vorfeld der Bundestagswahl 2013. Sie ist mit der provokanten Frage überschrieben: »Ist dumm wer arm ist?« (www.die-linke-hamburg-mitte.de/fileadmin/user_upload/bv_mitte/Schui_Debattenbeitraege_Web.pdf, S. 26 f.)

Olaf Walther und Herbert Schui haben, als sie noch in unterschiedlichen Parteien waren, manchen Strauß miteinander gefochten, viel freundschaftlich miteinander diskutiert und kennen sich aus vielen gemeinsamen politischen Kämpfen und fröhlichen Abenden.

Angeregt durch die bisherige Diskussion auf der Tagung, möchte ich zu Beginn Bertolt Brecht zitieren:

> »Die Klassiker lebten in den finstersten Zeiten. Sie waren die heitersten und zuversichtlichsten Menschen.« (»Die Klassiker und ihre Zeit«, aus: »Me-ti – Buch der Wendungen«, entstanden wesentlich im Exil der 1930 er Jahre.)

Ich hoffe, wir werden uns nicht langweilen und beginne jetzt mit dem ersten Teil. Der tugendhafte Kanzler Helmut Schmidt repräsentiert(e) noch den sogenannten »Rheinischen Kapitalismus« – mit Sozialstaat und Tarifverträgen. Ein Vergleich mit der Agenda von Schröder-Blair würde ergeben, wie sehr sich die europäische Sozialdemokratie mittlerweile zu ihrem Nachteil verändert hat.

Aus dem Stück »Etwas leisten«, einem Song mit Ausschnitten aus Reden von Helmut Schmidt, den Volker Kühn 1973 produziert hat:

> »Wir haben keine Rezession. Wir haben reale Zuwächse. Wir haben Vollbeschäftigung. Aber damit das alles funktioniert, müssen wir auch alle sparen. Und wer sparen soll, muss auch vorher gut verdient haben. Sonst geht das nicht. Ich habe da ein persönliches Langzeitmotto folgendermaßen formuliert. Das möchte ich hier gern sagen dürfen – das lautet so: Etwas lernen. Etwas leisten. Gut verdienen. Anständig und ehrlich seine Steuern bezahlen. Ordentlich was auf die hohe Kante legen. Und im Übrigen das alles nicht übertreiben, damit man genug Zeit und Muße hat, sich der, weiß Gott, angenehmen Seiten – die es ja auch noch gibt – des Lebens zu erfreuen. [...] Wenn das jedermann täte, und wenn ich noch hinzufügen würde, außerdem noch SPD wählen und die Gewerkschaft stützen, dann wäre die Gesellschaft besser dran, als sie bisher war.«[2]

---

2 www.youtube.com/watch?v=twUt2lzAZD8

Das war Helmut Schmidt, 1972, und das war die Zeit des versuchten Kompromisses zwischen Sozialismus und Kapitalismus, eine Zeit, wo der Liter Benzin gerade eine D-Mark kostete und wo die offizielle Erwerbslosenzahl in der alten BRD bei einer Million Menschen lag. 45 Jahre später hören wir nach Schröder-Blair und Agenda 2010 Herrn Scholz – seinen Vornamen spreche ich immer ungern aus ... – im SPIEGEL:

> **SPIEGEL:** Um die SPD aus dem Tief zu holen, blicken viele Genossen derzeit nach Großbritannien. Dort hat Labour-Führer Jeremy Corbyn seiner Partei mit einem konsequenten Linkskurs neues Leben eingehaucht. Ist das ein Vorbild?
> **Scholz:** Ich glaube, dass die Rechts-links-Debatte nicht viel bringt. Solche Begrifflichkeiten helfen nicht weiter. Es geht ja darum, wie wir fortschrittliche, humanistische Politik im 21. Jahrhundert definieren können. Ein Beispiel: In einer Gesellschaft, in der die Löhne unter Druck geraten durch Globalisierung und technischen Wandel, muss die SPD den Mindestlohn noch viel stärker als Korrekturinstrument einsetzen, als sie es bisher getan hat.
> **SPIEGEL:** Was schwebt Ihnen vor?
> **Scholz:** Wir sollten den Mindestlohn so anheben, dass ein fleißiger Mann und eine fleißige Frau, die Vollzeit arbeiten, im Alter nicht auf öffentliche Hilfe angewiesen sind. Ich bin deshalb der Auffassung, dass wir den Mindestlohn in einem überschaubaren Zeitraum auf zwölf Euro pro Stunde anheben sollten.
> **SPIEGEL:** Zwölf Euro Mindestlohn – das fordert auch die Linkspartei.
> **Scholz:** Na und?[3]

Dieses »Na und?« fordert heraus und ich denke, dass wir dieser Herausforderung mit Tucholsky begegnen. Und zwar einem Text von 1929, tituliert »Fabel«:

»Fabel«
Da stand der Hund vor der Hundehütte, sein Fell war gesträubt wie die Borsten einer Bürste, er lauschte in die weite Nacht. Aus der Nacht ertönte ein Geheul.

---

3 www.spiegel.de/spiegel/spd-vize-olaf-scholz-fordert-neuaufstellung-der-sozialde mokraten-a-1176402.html

Es begann hinter dem Wald, und es pflanzte sich zur Schlucht hinüber fort, sacht ansteigend; wenn es dort angekommen war, antwortete eine heulende Stimme, die so jäh anstieg, dass der Hund zitternd in sich zusammenkroch. Dann begann er zu bellen.

Er bellte, gleich heiser einsetzend, so aufgeregt war er; Schaum troff ihm aus dem Maul, er bellte mit der Seele, seine Flanken flogen, obgleich er gar nicht gelaufen war, er stemmte alle vier Pfoten fest auf die Erde, um bessern Halt zu haben – und Geifer, rasende Tobsucht und Wut waren in seiner Stimme ... Da erwachte sein Herr.

»Das sind die Wölfe«, sagte der Mann hinter sich in die Hütte und band den Hund los, der ihm nicht von den Hacken wich; er schritt in die Hütte zurück, entsicherte das Gewehr, das an der Wand hing, und legte sich zu seinem Weib. Das Herdfeuer glomm; der Hund träumte. Wenn das Geheul draußen von neuem einsetzte, richtete sich der Hund schnaufend auf, ein kurzer Ruf des Mannes zwang den Knurrenden in die Ruhestellung. Da lag er.

Da lag der Verräter.

Da lag der, der sich vor achttausend Jahren von den Wölfen losgemacht hatte: für Fressen, Sicherheit und einen warmen Platz in der Hütte. Sie hätten ihn zerrissen, wenn sie ihn bekommen hätten – mit ihren Zähnen zerknirscht, zermalmt, zunichte gemacht. Er gab vor, sie zu verachten; aber er haßte sie, weil er sie fürchtete. Der Herr nannte ihn treu und wachsam – es war ganz etwas andres. Um ganz etwas andres ging der ewig während Kampf zwischen den wilden Hunden und dem gezähmten Hauswolf. Der Kampf ging um die Seele.

Anklage und Urteil war ihr Erscheinen; tiefster Vorwurf ihre Witterung; Donnerspruch ihre Stimme; Glanz des Himmels vor dem Sünder in der Hölle ihre Gestalt – er krümmte sich, wenn er nur an sie dachte. Er wand sich: denn sie hatten recht! sie hatten recht! sie hatten recht! Er war abgefallen, zum Feind übergegangen: aus Feigheit, aus Verfressenheit, aus Faulheit; aus hündischem Stolz, sich in der Gunst seines Herrn sonnen zu dürfen, und womit war diese Gunst erkauft!

Er haßte sie um ihrer Freiheit willen – er war zu schwach, die noch zu wollen. Er ließ sie entgelten, was er nicht hatte werden können. Sie hatten die Freiheit, die herrliche Freiheit und ein hartes Leben – aber sie sollten gar nichts haben! Er haßte sie, weil sie nicht in der Wärme fressen wollten wie er, und er haßte sie, weil es ihm alles, alles nichts genutzt hatte: der Verrat nicht, die Wachsamkeit nicht, die gebratenen Fleischstücke nicht. Er war ein Verschnittener; was da draußen rief, war die Manneskraft, waren die Treue, der Wille und das Herz – was war ihm geblieben! Eine Hundehütte war ihm geblieben.

Ein besonders schriller Schrei drang in die warme Finsternis. Diesmal konnte der am halb verglommenen Feuer nicht an sich halten – laut bellend fuhr er in die Höhe. Mit einem jaulenden Schmerzenslaut duckte er sich nieder: ein Stück Holz war ihm krachend in die Weichteile gefahren. Der Wille des Herrn hatte gesprochen. In hohen Tönen wimmernd lag er gekauert und horchte auf die Stimme der Natur, auf die Stimme der ungebändigten Freiheit, auf die mahnende Stimme, anmahnend das verpfuschte Leben seiner Generationen. Da lag er: ein wohlgenährter Verräter. Ein in Sicherheit lebender Verräter. Ein zutiefst unglücklicher Verräter. Nun war es ganz still geworden. Der Hund schlief.

Zwischen Otto Wels und Lenin bestehen gewisse Gegensätze.«[4]

Worum geht es eigentlich? Für die Beantwortung dieser Frage möchte ich als Gewerkschafter und Kunstfreund ungehindert zu Antonio Gramsci überleiten. So heißt es in den Gefängnisheften (Heft 23, 1934) in dem Abschnitt »Kunst und Kultur«:

»Für eine neue Kunst kämpfen würde bedeuten, für die Hervorbringung neuer Künstlerindividuen zu kämpfen, was absurd ist, weil Künstler nicht künstlich hervorgebracht werden können. Es muss von Kampf für eine neue Kultur gesprochen werden, das heißt für ein neues moralisches Leben, das eng an eine neue Intuition vom Leben gebunden sein muss, bis diese eine neue Empfindungs- und Sichtweise der Wirklichkeit und somit eine Welt wird, die zumindest wesensgleich ist mit den ›möglichen Künstlern‹ und den ›möglichen Kunstwerken‹. Dass es nicht möglich ist, Künstlerindividuen künstlich hervorzubringen, bedeutet deshalb nicht, dass die neue kulturelle Welt, für die man kämpft, mit der Erzeugung menschlicher Leidenschaften und Wärme nicht notwendigerweise ›neue Künstler‹ erzeugt; man kann also nicht von vornherein sagen, dass Hinz und Kunz Künstler werden, aber man

---

4   Ignaz Wrobel, Die Weltbühne, 01.01.1929, Nr. 1, S. 36, wieder in: Lerne Lachen, www.textlog.de/tucholsky-fabel.html

kann behaupten, dass aus der Bewegung neue Künstler hervorgehen werden. Eine neue gesellschaftliche Gruppe, die mit hegemonialer Haltung ins geschichtliche Leben tritt, mit einer Selbstsicherheit, die sie vorher nicht hatte, kann gar nicht anders, als aus ihrem Innern Persönlichkeiten hervorzubringen, die vorher nicht genügend Kraft gefunden hatten, sich in gewissem Sinne vollends auszudrücken.«

Was nicht allzu spektakulär klingen mag, hat dennoch in historischen Umbruchzeiten spezielle Bedeutung.

So schreibt Heinrich Heine schon 100 Jahre vor Gramsci in »Die romantische Schule«:

»Aber nein, das Wissen, die Erkenntnis der Dinge durch die Vernunft, die Wissenschaft, gibt uns endlich die Genüsse, um die uns der Glaube, das katholische Christentum, so lange geprellt hat; wir erkennen, daß die Menschen nicht bloß zu einer himmlischen, sondern auch zu einer irdischen Gleichheit berufen sind; die politische Brüderschaft, die uns von der Philosophie gepredigt wird, ist uns wohltätiger als die rein geistige Brüderschaft, wozu uns das Christentum verholfen; und das Wissen wird Wort, und das Wort wird Tat, und wir können noch bei Lebzeiten auf dieser Erde selig werden; – wenn wir dann noch obendrein der himmlischen Seligkeit, die uns das Christentum so bestimmt verspricht, nach dem Tode teilhaftig werden, so soll uns das sehr lieb sein.«[5]

Nun kommen wir dazu, dass Vernunft, kritische Rationalität, ja auch immer umstritten ist – zuerst mit dem Wort und mit dem Wort zur Tat...

Auch hier wieder zwei klassische Autoren. Das eine mögt ihr schon kennen, aber es ist doch treffend an dieser Stelle und es bleibt schön. Also: Faust I:

Mephistopheles verkleidet sich mit Fausts Gewand, um den Schüler zu empfangen, und vorher sagt er folgendes:
Mephistopheles *(in Fausts langem Kleide)*:
  Verachte nur Vernunft und Wissenschaft,
  Des Menschen allerhöchste Kraft,

---

5   https://www.projekt-gutenberg.org/heine/romschul/chap003.html

Laß nur in Blend- und Zauberwerken
Dich von dem Lügengeist bestärken,
So hab ich dich schon unbedingt –
Ihm hat das Schicksal einen Geist gegeben,
Der ungebändigt immer vorwärts dringt,
Und dessen übereiltes Streben
Der Erde Freuden überspringt.
Den schlepp ich durch das wilde Leben,
Durch flache Unbedeutenheit,
Er soll mir zappeln, starren, kleben,
Und seiner Unersättlichkeit
Soll Speis und Trank vor gier'gen Lippen schweben;
Er wird Erquickung sich umsonst erflehn,
Und hätt er sich auch nicht dem Teufel übergeben,
Er müßte doch zugrunde gehn!
Ein Schüler tritt auf.
Schüler:
Ich bin allhier erst kurze Zeit,
Und komme voll Ergebenheit,
Einen Mann zu sprechen und zu kennen,
Den alle mir mit Ehrfucht nennen.
Mephistopheles:
Eure Höflichkeit erfreut mich sehr!
Ihr seht einen Mann wie andre mehr.
Habt Ihr Euch sonst schon umgetan?
Schüler:
Ich bitt Euch, nehmt Euch meiner an!
Ich komme mit allem guten Mut,
Leidlichem Geld und frischem Blut;
Meine Mutter wollte mich kaum entfernen;
Möchte gern was Rechts hieraußen lernen.
Mephistopheles:
Da seid Ihr eben recht am Ort.
Schüler:
Aufrichtig, möchte schon wieder fort:
In diesen Mauern, diesen Hallen

Will es mir keineswegs gefallen.
Es ist ein gar beschränkter Raum,
Man sieht nichts Grünes, keinen Baum,
Und in den Sälen, auf den Bänken,
Vergeht mir Hören, Sehn und Denken.
Mephistopheles:
Das kommt nur auf Gewohnheit an.
So nimmt ein Kind der Mutter Brust
Nicht gleich im Anfang willig an,
Doch bald ernährt es sich mit Lust.
So wird's Euch an der Weisheit Brüsten
Mit jedem Tage mehr gelüsten.
Schüler:
An ihrem Hals will ich mit Freuden hangen;
Doch sagt mir nur, wie kann ich hingelangen?
Mephistopheles:
Erklärt Euch, eh Ihr weiter geht,
Was wählt Ihr für eine Fakultät?
Schüler:
Ich wünschte recht gelehrt zu werden,
Und möchte gern, was auf der Erden
Und in dem Himmel ist, erfassen,
Die Wissenschaft und die Natur.
Mephistopheles:
Da seid Ihr auf der rechten Spur;
Doch müßt Ihr Euch nicht zerstreuen lassen.
Schüler:
Ich bin dabei mit Seel und Leib;
Doch freilich würde mir behagen
Ein wenig Freiheit und Zeitvertreib
An schönen Sommerfeiertagen.
Mephistopheles:
Gebraucht der Zeit, sie geht so schnell von hinnen,
Doch Ordnung lehrt Euch Zeit gewinnen.
Mein teurer Freund, ich rat Euch drum
Zuerst Collegium Logicum.

Da wird der Geist Euch wohl dressiert,
In spanische Stiefeln eingeschnürt,
Daß er bedächtiger so fortan
Hinschleiche die Gedankenbahn,
Und nicht etwa, die Kreuz und Quer,
Irrlichteliere hin und her.
Dann lehret man Euch manchen Tag,
Daß, was Ihr sonst auf einen Schlag
Getrieben, wie Essen und Trinken frei,
Eins! Zwei! Drei! dazu nötig sei.
Zwar ist's mit der Gedankenfabrik
Wie mit einem Weber-Meisterstück,
Wo *ein* Tritt tausend Fäden regt,
Die Schifflein herüber hinüber schießen,
Die Fäden ungesehen fließen,
Ein Schlag tausend Verbindungen schlägt.
Der Philosoph, der tritt herein
Und beweist Euch, es müßt so sein:
Das Erst wär so, das Zweite so,
Und drum das Dritt und Vierte so;
Und wenn das Erst und Zweit nicht wär,
Das Dritt und Viert wär nimmermehr.
Das preisen die Schüler allerorten,
Sind aber keine Weber geworden.
Wer will was Lebendigs erkennen und beschreiben,
Sucht erst den Geist heraus zu treiben,
Dann hat er die Teile in seiner Hand,
Fehlt, leider! nur das geistige Band.
Encheiresin naturae nennt's die Chemie,
Spottet ihrer selbst und weiß nicht wie.

Schüler:
Kann Euch nicht eben ganz verstehen.

Mephistopheles:
Das wird nächstens schon besser gehen,
Wenn Ihr lernt alles reduzieren
Und gehörig klassifizieren.

Schüler:
  Mir wird von alledem so dumm,
  Als ging, mir ein Mühlrad im Kopf herum.
Mephistopheles:
  Nachher, vor allen andern Sachen,
  Müßt Ihr Euch an die Metaphysik machen!
  Da seht, daß Ihr tiefsinnig faßt,
  Was in des Menschen Hirn nicht paßt;
  Für was drein geht und nicht drein geht,
  Ein prächtig Wort zu Diensten steht.
  Doch vorerst dieses halbe Jahr
  Nehmt ja der besten Ordnung wahr.
  Fünf Stunden habt Ihr jeden Tag;
  Seid drinnen mit dem Glockenschlag!
  Habt Euch vorher wohl präpariert,
  Paragraphos wohl einstudiert,
  Damit Ihr nachher besser seht,
  Daß er nichts sagt, als was im Buche steht;
  Doch Euch des Schreibens ja befleißt,
  Als diktiert, Euch der Heilig Geist!
Schüler:
  Das sollt Ihr mir nicht zweimal sagen!
  Ich denke mir, wie viel es nützt
  Denn, was man schwarz auf weiß besitzt,
  Kann man getrost nach Hause tragen.
Mephistopheles:
  Doch wählt mir eine Fakultät!
Schüler:
  Zur Rechtsgelehrsamkeit kann ich mich nicht bequemen.
Mephistopheles:
  Ich kann es Euch so sehr nicht übel nehmen,
  Ich weiß, wie es um diese Lehre steht.
  Es erben sich Gesetz' und Rechte
  Wie eine ew'ge Krankheit fort;
  Sie schleppen von Geschlecht sich zum Geschlechte,
  Und rücken sacht von Ort zu Ort.

Vernunft wird Unsinn, Wohltat Plage;
Weh dir, daß du ein Enkel bist!
Vom Rechte, das mit uns geboren ist,
Von dem ist, leider! nie die Frage.

Schüler:
Mein Abscheu wird durch Euch vermehrt.
O glücklich der, den Ihr belehrt!
Fast möcht ich nun Theologie studieren.

Mephistopheles:
Ich wünschte nicht, Euch irre zu führen.
Was diese Wissenschaft betrifft,
Es ist so schwer, den falschen Weg zu meiden,
Es liegt in ihr so viel verborgnes Gift,
Und von der Arzenei ist's kaum zu unterscheiden.
Am besten ist's auch hier, wenn Ihr nur einen hört,
Und auf des Meisters Worte schwört.
Im ganzen – haltet Euch an Worte!
Dann geht Ihr durch die sichre Pforte
Zum Tempel der Gewißheit ein.

Schüler:
Doch ein Begriff muß bei dem Worte sein.

Mephistopheles:
Schon gut! Nur muß man sich nicht allzu ängstlich quälen
Denn eben wo Begriffe fehlen,
Da stellt ein Wort zur rechten Zeit sich ein.
Mit Worten läßt sich trefflich streiten,
Mit Worten ein System bereiten,
An Worte läßt sich trefflich glauben,
Von einem Wort läßt sich kein Jota rauben.

Schüler:
Verzeiht, ich halt Euch auf mit vielen Fragen,
Allem ich muß Euch noch bemühn.
Wollt Ihr mir von der Medizin
Nicht auch ein kräftig Wörtchen sagen?
Drei Jahr ist eine kurze Zeit,
Und, Gott! das Feld ist gar zu weit.

Wenn man einen Fingerzeig nur hat,
Läßt sich's schon eher weiter fühlen.
Mephistopheles *(für sich)*:
Ich bin des trocknen Tons nun satt,
Muß wieder recht den Teufel spielen.
(Laut.) Der Geist der Medizin ist leicht zu fassen;
Ihr durchstudiert die groß, und kleine Welt,
Um es am Ende gehn zu lassen,
Wie's Gott gefällt.
Vergebens, daß Ihr ringsum wissenschaftlich schweift,
Ein jeder lernt nur, was er lernen kann;
Doch der den Augenblick ergreift,
Das ist der rechte Mann.
Ihr seid noch ziemlich wohl gebaut,
An Kühnheit wird's Euch auch nicht fehlen,
Und wenn Ihr Euch nur selbst vertraut,
Vertrauen Euch die andern Seelen.
Besonders lernt die Weiber führen;
Es ist ihr ewig Weh und Ach
So tausendfach
Aus *einem* Punkte zu kurieren,
Und wenn Ihr halbweg ehrbar tut,
Dann habt Ihr sie all unterm Hut.
Ein Titel muß sie erst vertraulich machen,
Daß Eure Kunst viel Künste übersteigt;
Zum Willkomm tappt Ihr dann nach allen Siebensachen,
Um die ein andrer viele Jahre streicht,
Versteht das Pülslein wohl zu drücken,
Und fasset sie, mit feurig schlauen Blicken,
Wohl um die schlanke Hüfte frei,
Zu sehn, wie fest geschnürt sie sei.
Schüler:
Das sieht schon besser aus! Man sieht doch, wo und wie.
Mephistopheles:
Grau, teurer Freund, ist alle Theorie,
Und grün des Lebens goldner Baum.

Schüler:
Ich schwör Euch zu, mir ist's als wie ein Traum.
Dürft ich Euch wohl ein andermal beschweren,
Von Eurer Weisheit auf den Grund zu hören?
Mephistopheles:
Was ich vermag, soll gern geschehn.
Schüler:
Ich kann unmöglich wieder gehn,
Ich muß Euch noch mein Stammbuch überreichen,
Gönn Eure Gunst mir dieses Zeichen!
Mephistopheles:
Sehr wohl.
(Er schreibt und gibt's.)
Schüler *(liest)*:
Eritis sicut Deus, scientes bonum et malum.
(Macht's ehrerbietig zu und empfiehlt sich.)
Mephistopheles:
Folg nur dem alten Spruch und meiner Muhme, der Schlange,
Dir wird gewiß einmal bei deiner Gottähnlichkeit bange![6]

Ein wenig griffiger ist da schon Brecht und das Zitat, dass wir an den Anfang der Lesung gestellt haben. Das folgende kommt triftigerweise aus dem »Leben des Galilei« (1939) und nunmehr daraus noch eine längere Passage:

Sagredo: Galilei, ich habe dich immer als einen schlauen Mann gekannt. Siebzehn Jahre in Padua und drei Jahre in Pisa hast du Hunderte von Schülern geduldig das ptolemäische System gelehrt, das die Kirche verkündet und die Schrift bestätigt, auf der die Kirche beruht. Du hast es für falsch gehalten mit dem Kopernikus, aber du hast es gelehrt.
Galilei: Weil ich nichts beweisen konnte.
Sagredo *ungläubig*: Und du glaubst, das macht einen Unterschied?
Galilei: Allen Unterschied! Sieh her, Sagredo! Ich glaube an den Menschen, und das heißt, ich glaube an seine Vernunft! Ohne diesen Glauben würde ich nicht die Kraft haben, am Morgen aus meinem Bett aufzustehen.

---

6   https://www.projekt-gutenberg.org/goethe/faust1/chap007.html

DIE SANFTE GEWALT DER VERNUNFT DER MENSCHEN 179

Sagredo: Dann will ich dir etwas sagen: ich glaube nicht an sie. Vierzig Jahre unter den Menschen haben mich ständig gelehrt, daß sie der Vernunft nicht zugänglich sind. Zeige ihnen einen roten Kometenschweif, jage ihnen eine dumpfe Angst ein, und sie werden aus ihren Häusern laufen und sich die Beine brechen. Aber sage ihnen einen vernünftigen Satz und beweise ihn mit sieben Gründen, und sie werden dich einfach auslachen.
Galilei: Das ist ganz falsch und eine Verleumdung. Ich begreife nicht, wie du, so etwas glaubend, die Wissenschaft lieben kannst. Nur die Toten lassen sich nicht mehr von Gründen bewegen!
Sagredo: Wie kannst du ihre erbärmliche Schlauheit mit Vernunft verwechseln!
Galilei: Ich rede nicht von ihrer Schlauheit. Ich weiß, sie nennen den Esel ein Pferd, wenn sie ihn verkaufen, und das Pferd einen Esel, wenn sie es einkaufen wollen. Das ist ihre Schlauheit. Die Alte, die am Abend vor der Reise dem Maulesel mit der harten Hand ein Extrabüschel Heu vorlegt, der Schiffer, der beim Einkauf der Vorräte des Sturmes und der Windstille gedenkt, das Kind, das die Mütze aufstülpt, wenn ihm bewiesen wurde, daß es regnen kann, sie alle sind meine Hoffnung, sie alle lassen Gründe gelten. Ja, ich glaube an die sanfte Gewalt der Vernunft über die Menschen. Sie können ihr auf die Dauer nicht widerstehen. Kein Mensch kann lange zusehen, wie ich – *er läßt aus der Hand einen Stein auf den Boden fallen* – einen Stein fallen lasse und dazu sage: er fällt nicht. Dazu ist kein Mensch imstande. Die Verführung, die von einem Beweis ausgeht, ist zu groß. Ihr erliegen die meisten, auf die Dauer alle. Das Denken gehört zu den größten Vergnügungen der menschlichen Rasse.«[7]

Damit ist es aber nicht so ganz einfach... Die »größten Vergnügungen« werden ja immer wieder bekämpft und deshalb zu dieser Problematik von Carl von Ossietzky der Text »Kulturbolschewismus« von 1931:

»Kulturbolschewismus«
Jede Phase der gesellschaftlichen Entwicklung hat ihre besonderen Schlagworte. Wenn der menschliche Verstand inmitten eines schnell fortschreitenden Prozesses zu fühlen beginnt, daß die anonymen sozialen Kräfte sich

---

7   Bertolt Brecht: Leben des Galilei, 40. Aufl. (1988), Frankfurt/M., S. 33 ff.

nicht bremsen lassen, dann flüchtet der empfindlich Organisierte in Mystik, während der Grobknochige sich nach Zeitgenossen umsieht, die er als greifbare Anstifter abscheulicher dunkler Vorgänge haftbar machen kann. So entstand im Mittelalter, das unter schrecklichen Epidemien von weiblicher Hysterie litt, der Hexenwahn. Weil man an die Ursache nicht herankonnte, hielt man sich wenigstens an den Opfern der Krankheit schadlos.»Meinetwegen, ihr werdet deswegen nicht heller sehen«, ruft in Georg Büchners »Danton« der junge Mann, den man an die Laterne knüpfen will. Hier liegt der Kern der Sache.

Auch in der heutigen krisenhaften Zeit geht die Razzia nach dem Feind, den man für alles belangen kann. Mit einem neuen Schlagwort sucht man den Feind, der das alles angerichtet hat, zu kennzeichnen, zu erfassen; deshalb verfemt man ganze Menschenklassen. Wir kennen diese großmäuligen, kurzbeinigen Schlagworte, deren Lebensdauer so eng an bestimmte Verhältnisse geknüpft ist. Im Krieg war der Feind das perfide Albion, die habgierige Britannia, unter deren Unterröcke sich seitdem unsre Diplomaten und Militärs bei jedem Unwetter verkrochen haben. Die Liberalen der Bismarckzeit sahen alle Tücke der Erde bei den Ultramontanen verkörpert, den »Römlingen«, und der große Kanzler hatte sich als Promotor aller Hindernisse den »Reichsfeind« konstruiert, ein Wesen in königlich hannoverschen Junkerstiefeln und mit der Ballonmütze auf dem Kopf, über dem roten Hemd eine schwarze Soutane, in deren Innentasche eine freimaurerische Satzung und ein noch druckfeuchtes Exemplar der ›Vossischen Zeitung‹ stak. Die Jagd nach diesem komischen Phantom hat tausenden von Deutschen Kerker und Verbannung eingetragen. Das herrschende Schlagwort von heute heißt: »Kulturbolschewismus« und wird in ein paar Jahren schon ebenso absurd und unverständlich erscheinen wie das Schnüffeln nach den »Reichsfeinden« und andern willkürlich gewählten Trägern des bösen Prinzips.

Das Komplement zum Kulturbolschewismus ist der »Marxismus«, eine vor etwa sieben Jahren im Dunkel von Miesbach oder München geborne Albernheit. Wer für den Kulturbolschewismus Autorenehren in Anspruch zu nehmen hat, wissen wir nicht, wahrscheinlich kommt auch diese nichtssagende aber einprägsame Formulierung aus dem Dunstkreis der Journale des Herrn Coßmann. Während der Marxismus sich auf die pronozierten Rechtsblätter beschränkt, ist der Kulturbolschewismus dagegen zum Gemeinplatz fast der gesamten bürgerlichen Presse geworden, mit Ausnahme großer liberaler Zeitungen, die ihre geistige Tradition nicht verleugnen und deshalb selbst der Verdammnis teilhaftig werden. In puncto Kulturbolschewismus sind sich auch Wirth und Goebbels einig, die beiden großen Josephe, von denen der Eine die Keuschheit auf sein Banner geschrieben hat; niemals werden wir verraten, welcher von beiden. Die sozialdemokratische Presse vermeidet noch die kompromittierende Vokabel, aber in der Sache macht sie rüstig mit, und wenn man manchmal liest, was gewisse kommunistische Blätter gegen die Leute von der ›Weltbühne‹ auf dem Herzen haben, dann möchte man oft gern nachhelfen und gut zureden: Kinder, sagt es doch, ihr möchtet uns am liebsten Kulturbolschewisten nennen! Sagt es doch endlich!

Es handelt sich also um ein devastierendes Schlagwort, leicht zu handhaben von Demagogen und Ordnungsrettern, von Kunst- und Strafrichtern. Wollen wir es näher bestimmen, so tappen wir allerdings im dicksten Finstern. Wenn der Kapellmeister Klemperer die Tempi anders nimmt als der Kollege Furtwängler, wenn ein Maler in eine Abendröte einen Farbton bringt, den man in Hinterpommern selbst am hellen Tage nicht wahrnehmen kann, wenn man für Geburtenregelung ist, wenn man ein Haus mit flachem Dach baut, so bedeutet das ebenso Kulturbolschewismus wie die Darstellung eines Kaiserschnitts im Film. Kulturbolschewismus betreibt der Schauspieler Chaplin, und wenn der Physiker Einstein behauptet, daß das Prinzip der konstanten Lichtgeschwindigkeit nur dort geltend gemacht werden kann, wo keine Gravitation vorhanden ist, so ist das Kulturbolschewismus und eine Herrn Stalin persönlich erwiesene Gefälligkeit. Kulturbolschewismus ist der Demokratismus der Brüder Mann, Kulturbolschewismus ein Musikstück von Hindemith oder Weill und genau so einzuschätzen wie das umstürzlerische Verlangen irgendeines Verrückten, der nach einem Gesetz schreit, das gestattet, die eigne Großmutter zu heiraten. All das sind bezahlte oder freiwillige Hilfsdienste für Moskau. Jede bürgerliche Zeitung beinahe hat ihren kulturschützenden Nachtwächter, der die heiligsten Güter der Nation mit der Stallaterne nach unzüchtigen Fingerabdrücken ableuchtet, wenn auch gottseidank nicht alle ihr Amt so torquemadahaft auffassen wie jener Fighting Paul von der ›Deutschen Allgemeinen Zeitung‹, dieser alten Heulhure von einer ausgedienten Offiziosin, die heute, fascistisch aufgemöbelt, eine zweite Jugend erlebt. Nur Marlene Dietrichs berühmte Spitzenhosen im Blauen Engel sind bisher noch nicht kulturbolschewistisch genannt worden, und das wahrscheinlich nur, weil sie ihr von der Ufa selbst angemessen worden sind. Hätte sich die Konkurrenz solche Extravaganzen herausgenommen, so würde Herr Hussong im ›Lokalanzeiger‹ längst nach der Polizei geschrieen und den baldigen Untergang der Welt infolge Sittenlosigkeit prophezeit haben.

Wenn heute von der Rednertribüne und in der Presse moralische Anschauungen verbreitet werden, die in einem schroffen Gegensatz zu denen der letzten hundert Jahre stehen, so hat das nichts mit einem sogenannten Sittenverfall zu tun; wenn einige Millionen Menschen den § 218 beseitigt wissen wollen, so heißt das nicht, daß Deutschland bis zum Ende seiner Tage in Lasterhaftigkeit verharren will. Das Laster hat sich noch niemals aufs Rednerpult gestellt und für sich Propaganda gemacht, sondern immer das nächtliche Dunkel gesucht. Der heimliche Excedent wird öffentlich immer nur sich selbst verteidigen und niemals sein Privatvergnügen mit der Gloriole der Moral zu umgeben versuchen. Wenn aber in Massenversammlungen eine Parole ausgegeben wird, wie »Dein Körper gehört dir!« oder wenn für die Legalisierung der sogenannten Kameradschaftsehe geworben wird oder für die Erleichterung der Ehescheidung, so hat sich die sittliche Anschauung der Volksmassen eben geändert. Neue Maximen suchen nach Anerkennung, ein Wendepunkt ist wieder da. Heute scheint alles auf dem Kopf zu stehen, morgen wird das eben noch Verpönte selbstverständlich sein. Faktisch aber tritt nur das ans Licht, was schon längst besteht, nicht die Menschen sind schlechter geworden, sondern die Gesetze. Sie sind zurückgeblieben und müssen neu geformt, neu gefällt werden. Was hat das mit Bolschewismus, mit kommunistischen Lehren zu tun? Die dezidierten Antibolschewisten leben nicht anders, treiben es nicht anders. Der Bolschewismus ist nur die besondere zeitgebundene Pointierung eines ewigen Prozesses, der auch dann nicht aufhört, wenn die Kulturbirnen der Reaktion ihn nicht beachten und einmal eine Epoche lang keine denunziatorischen Namen für ihn zur Verfügung haben.

Heute ist dieser Prozeß wieder sehr offensichtlich, es ist Termin anberaumt, und wir alle sind in den verschiedensten Eigenschaften geladen. Die katholische Kirche aber hat sich den scheinbar sichersten, in Wahrheit aber gefährlichsten Platz ausgesucht: den des Staatsanwalts. Denn die Kirche hat im Laufe der letzten hundert Jahre wiederholt in den Prozeß eingegriffen und immer wieder ist sie vom Tribunal der Zeit desavouiert worden. Wie der heutige Papst für die Aufrechterhaltung dessen kämpft, was er die christliche Ehe nennt, so haben seine Vorgänger gegen die Zivilehe und gegen die weltliche Schule protestiert. Sie haben mit ihren feierlichen und oft haßvollen Verwahrungen die Tatsache der fortschreitenden Säkularisierung des bürgerlichen Lebens nicht fortwischen können, sie haben nicht verhindern können, daß sich ein Staat nach dem andern von der Kirche getrennt hat. Die organisierte Religion ist nicht mehr stark genug, um eine Entwicklung von anonymen Triebkräften, die in sehr verschiedenartigen und sehr bunten Einzelheiten sichtbar werden, an ihren äußern Erscheinungen zu packen und aufzuhalten. Wer könnte einem auseinanderwimmelnden Ameisenhaufen Einhalt gebieten? Die Kirche müßte wie so oft Macht durch Geschmeidigkeit ersetzen, um mit vermindertem Prestige aber doch noch lebend durch die Quarantäne des Jahrhunderts zu kommen. Die augenblicklich geübte Methode, sich auf die Polizei zu stützen, ändert nichts Wichtiges, vermehrt nur die Zahl und die Entschlossenheit der offenen Gegner.

Nicht immer hat die Kirche sich gegen progressive Strömungen so feindlich, so ablehnend verhalten. Mindestens ihre vornehmsten Träger haben sich zu Zeiten offen mit dem neuen Geist verbündet. Wir brauchen nur der gewaltigen Päpste der Renaissance Erwähnung zu tun, die nicht nur als Kunstmäcene einem radikalen Zeitwandel Ausdruck gegeben, sondern auch als Politiker dazu beigetragen haben, die Gestalt einer werdenden Gesellschaft zu formen und das Mittelalter zu erschlagen. Clemens XIV. Ganganelli war es, der als Geistesgenosse Voltaires die Forderung des Jahrhunderts der Aufklärung vollstreckte, den Jesuitenorden aufzuheben, wofür er eines dunklen Todes starb. Der bedeutendste Papst des vorigen Jahrhunderts, der Pio nono, hat wenigstens in seinen Anfängen mit den Liberalen und den Carbonariten, den Bolschewisten von damals, paktiert. Und Benedikt XV., der große Papst des Weltkrieges, ging mit Demokraten, Pazifisten und Freimaurern zusammen und schuf damit jenes hohe politische Ansehen der päpstlichen Kurie, wovon sie bis jetzt gezehrt hat. Wieviel von dem Kapital verwirtschaftet ist, werden wir bald wissen. Jedenfalls ist die katholische Kirche nicht zu allen Zeiten so zimperlich, so altjüngferlich, so sauer und – Verzeihung! – so protestantisch gewesen wie heute. Es ist herzlich primitiv, für unsre gegenwärtigen Wirrnisse den »Bolschewismus« verantwortlich zu machen. Die tödlichen Verlegenheiten des Weltkapitalismus auf ein von Moskau und seinen

Sektionen ausgehecktes Komplott zurückführen zu wollen, zeigt nur, daß bei den Klagenden mit der Not nicht die geistigen Kräfte wachsen. Überall wird heute der Vorrang der Ökonomie diskussionslos zugestanden, das ist die überrumpelnde Tatsache für alle Köpfe von gestern. Es handelt sich bei solchen Thesen nicht um die ewige Richtigkeit. Unter andern Verhältnissen werden die Menschen auch wieder anders denken. Heute jedoch, wo Millionen, die eben noch auskömmlich lebten, nicht wissen, wo sie morgen das Brot hernehmen sollen, muß jedes übernommene geistige und sittliche Wertmaß schwanken und das, was gestern als unentbehrliche Kultur betrachtet wurde, dahinschmelzen wie Schnee. Die Zeterbolde, die den Zusammenbruch des Bürgertums mit Geschrei über Fäulnis und Zersetzung verfolgen, sollten nicht außer Acht lassen, daß Unzählige aus dieser wirtschaftlich degradierten Schicht einen wahrhaft heroischen Existenzkampf führen und daß sie in der schrecklichen Guerilla um ein Existenzminimum Kräfte entwickeln, die viel sympathischer sind als das traditionelle Bürgerbewußtsein, das seine Stellung als selbstverständlich nimmt und Privilegien fordert.

Die unberufenen Moralisten und Sittlichkeitsretter sind leider Gottes dort am stärksten vertreten, wo sie am wenigsten hingehören, nämlich an den Stellen, wo der geistige Niederschlag dieser Zeit begutachtet und zensiert wird. Dort tummeln sich vornehmlich Schwachköpfe, die nicht darüber hinwegkommen können, daß die Deutschen unter Hindenburg nicht mehr so züchtig leben wie damals, als Tacitus sie seinen Landsleuten unter die verwöhnten Nasen rieb. Wo tätige Hilfe am Platze wäre, kommen sie mit Untergangsprophezeiungen und künden das Ende des Vaterlandes an. In der Stunde der Gefahr desertieren sie aus den Bereichen des kämpfenden Geistes in das platte aber sichere Land einer weinerlichen und verlogenen Moralität. Kein abgestempelter Patriot, der rheinische Franzosenfreund und fatale jüdische Kulturbolschewik Heinrich Heine ist es gewesen, der für den Glauben an Deutschland den stärksten dichterischen Ausdruck gefunden hat:

Deutschland hat ewigen Bestand!
– Es ist ein kerngesundes Land!

Die Weltbühne, 21. April 1931[8]

Kommen wir mit der Lesung zum Abschluss: Wir vom Bündnis für Auf-

---

8 https://www.projekt-gutenberg.org/ossietzk/schrift6/chap021.html

klärung und Emanzipation (BAE!) geben jedes Mal, wenn der Akademische Senat der Uni tagt, ihm etwas zum Geleit. Und kurz vor der Bundestagswahl fand auch eine Sitzung des Akademischen Senats statt, und das folgende Stück ist zu diesem Zeitpunkt verfasst worden.

Zum Geleit CXXIV
*Zur Sitzung des Akademischen Senats
der Universität Hamburg am 21. September 2017*

Ruhe?
Schön, schön strahlt alles uns nun an –
liegt gar nichts mehr im Argen?
Der Lindner grinst so gut er kann –
soll'n Alle sich verzargen?
Schlecht, schlecht brodelt der Heimatsumpf –
weiß sei die deutsche Farbe.
Die Vorderzähne sind nicht stumpf –
der Hals trägt zwiefach Narbe.
Es tanzet in der Republik
gar mancher um die Mitte.
Dazu gehört nicht viel Geschick,
nur ein paar drehend Schritte.
Gleichwohl hat jeder, der Kritik,
ein hohes Maß Bedeutung.
Er oder Sie mit viel Geschick
wirkt für soziale Läut'rung.
Gerechtigkeit und Frieden gar
sind die gemeinsam' Sache.
Der Krieger wirkt recht sonderbar,
auf daß Mensch drüber lache.
Solch' Unruh' hat auch viel Verstand,
sie macht uns öfter heiter.
Der Schiffskoch sieht jetzt wieder Land
und kocht mit Freude weiter.
Die Wissenschaft ist Teil davon,
sie ist lebendig' Erbe.

Wenn Einer meint: Genug davon!,
haut sie in diese Kerbe.
Das Fazit dieser kleinen Schau
sei alleweil zugegen:
Am meisten scheint doch gut und schlau,
wenn wir uns immer regen.

Olaf Walther, 19.09.2017[9]

Ich danke für die konzentrierte Aufmerksamkeit.

---

[9] www.bae-hamburg.de/artikel_102.html

Fazit
Für eine Perspektive jenseits der neoliberalen Hegemonie

> »Aber die Bourgeoisie hat nicht nur die Waffen geschmiedet, die
> ihr den Tod bringen; sie hat auch die Männer gezeugt, die diese
> Waffen führen werden – die modernen Arbeiter, die Proletarier.«
> (Marx/Engels 1848: 21)

Der neoliberale Kapitalismus befindet sich insbesondere seit 2008 in einer tiefgreifenden und anhaltenden Krise. Diese Krise fordert alle heraus, sich neu gesellschaftlich einzumischen und die Ambitionen für eine positive Entwicklung zu weiten. Mit dem Symposium und dem Tagungsband in memoriam Herbert Schui wollen wir einen Beitrag zur humanen Lösung dieser Krise leisten.

Rund um den Globus sind Menschen in Bewegung für eine soziale, ökologische und solidarische Entwicklung der Gesellschaft im Interesse der 99 Prozent. Dies beantworten die Herrschenden damit, die Aggression nach Außen (Krieg) verstärkt mit Repressionen nach Innen (Austerität und »Ordnung«) zu verbinden. Extrem rechte Kräfte treten an, die überkommenen Verhältnisse aggressiv zu verteidigen und zuzuspitzen.

So, wie es ist, bleibt es nicht. Die Zukunft kann nicht die Fortschreibung der Gegenwart sein. Doch in welche Richtung wird es gehen? Worauf ist in diesen dynamischen Zeiten zu setzen?

»Die Widersprüche sind unsere Hoffnung« (Bertolt Brecht)

Der neoliberale Kapitalismus steckt in der tiefsten Krise seiner kurzen Geschichte. Der gesellschaftliche Charakter von Produktion und Lebensweise gerät zunehmend in Konflikt mit der kapitalistischen Organisationsweise. Die Krise ist ökonomisch eine Überproduktionskrise (vgl. Zeise in diesem

Band): »*Weil sie [die Gesellschaft, d. Verf.] zuviel Zivilisation, zuviel Lebensmittel, zuviel Industrie, zuviel Handel besitzt. Die Produktivkräfte, die ihr zur Verfügung stehen, dienen nicht mehr zur Beförderung der bürgerlichen Eigentumsverhältnisse; im Gegenteil, sie sind zu gewaltig für diese Verhältnisse geworden, sie werden von ihnen gehemmt; und sobald sie dies Hemmnis überwinden, bringen sie die ganze bürgerliche Gesellschaft in Unordnung, gefährden sie die Existenz des bürgerlichen Eigentums*« (Marx/Engels 1848: 20f.).

Im neoliberalen Kapitalismus sind durch Arbeitsteilung, Globalisierung und auch Monopolisierung nicht nur Profite, sondern auch Effizienz und Vergesellschaftung der Produktion, aber auch das Wissen und die Fähigkeiten gewachsen. Es lässt sich also darauf setzen, dass die Entwicklung der Produktivkräfte durch die Arbeiter*innen über die jetzige Form der kapitalistischen Organisation hinausdrängt und auf Grundlage dessen die Produktivkräfte durch die Arbeiterbewegung befreit werden müssen und auch können.

Das macht auch der Widerspruch zwischen Möglichkeit und Wirklichkeit deutlich: Laut UNO kann die Weltbevölkerung 2,5-mal ernährt werden. Gleichzeitig stirbt alle fünf Sekunden ein Kind unter 10 Jahren an Hunger. Aufgrund der Produktivkraftentwicklung hat die Menschheit historisch den Stand erreicht, dass ein Leben in Würde für alle materiell möglich ist. Die objektiven Möglichkeiten zur entsprechenden Einrichtung der Welt wachsen – zunehmend im Widerspruch zur Wirklichkeit. Es kommt darauf an, die Möglichkeit zur Wirklichkeit zu machen.

In diesem Widerspruch zwischen Produktivkräften und Produktionsverhältnissen tobt der Klassenkampf auch um die Köpfe, Kultur und Alltagspraktiken. Denn mit der Produktivkraftentwicklung treten die Arbeiter*innen zunehmend planerisch und koordinierend neben den Produktionsprozess. Die objektiven Möglichkeiten für die Einsicht in den Produktionsprozess und damit potentiell dessen Übernahme steigen.

Der Neoliberalismus war eine Reaktion auf die gewachsene Möglichkeit dieser Einsicht, sowie die von der Menschheit 1945 gewonnene Erkenntnis, dass sie mit Solidarität und Humanität in der Lage ist, den Faschismus zu bezwingen und den Weltkrieg zu beenden. Zur Einschränkung der subjektiven Möglichkeiten des Erkennens und Eingreifens wird das Marktgeschehen zur Natur erklärt. Die Gesellschaft wird negiert, und die Konkurrenz zwischen den Individuen verschärft. Das Bedürfnis nach Freiheit wird versucht, durch Flexibilisierung der Arbeit(szeiten) und Räume für Kreativität zu adaptieren bei gleichzeitigem Ausbau der (Selbst-)Kontrolle durch z. B. leistungsorientierte Bonus- und Mittelzahlungen und Selbstoptimierungsdruck (vgl. Schreiner und Goldschmidt in diesem Band).

An der EU-weiten Einführung des Bachelor-Master-Systems lässt sich exemplarisch dieser Klassenkampf von oben und seine Grenzen herausarbeiten. Den ersten Versuch, das Studium in zwei Stufen zu teilen und damit auch die Möglichkeit gestufter Lohnzahlungen und erhöhter Konkurrenz um die Fortführung des Studiums nach der ersten Stufe zu etablieren, unternahmen die sog. Arbeitgeberverbände in den 1960er Jahren. Sie scheiterten jedoch an der sozialistischen, antifaschistischen, friedensbewegten und antiimperialistischen Studentenrevolte rund um den Globus. Erst mit der Erzählung der EU-Integration im Zuge des neoliberalen Konterangriffs auf die Errungenschaften von 1945 und 1968 konnte das gestufte Studiensystem durchgesetzt werden. So ist das Bachelor-Master-System der Versuch der Herrschenden auf den Grundwiderspruch im neoliberalen Kapitalismus einzugehen: »*Einerseits wächst mit den Produktivkräften auch der Bedarf an wissenschaftlich qualifizierten Arbeitskräften, die neue Technologien entwickeln und bedienen können, an Sozialtechnologen, die die aus dem verschärften Widerspruch zwischen der Vergesellschaftung der Produktion und den privaten Formen der Aneignung und Verfügung entstehenden neuen sozialen Spannungen bewältigen helfen, usw. Andererseits aber wächst mit der im Kapitalinteresse notwendigen Verbesserung der Ausbildung zur Höherqualifikation von Arbeitskräften in verschiedenen Ebenen und Bereichen gleichzeitig das kritische Potential*« (Holzkamp 1977: 400 f.).

Die Absolvent*innen sollen also klug genug für den Produktionsprozess und Innovationen sein, aber dumm genug bleiben, ihre soziale Lage nicht zu erkennen. Diese Linie lässt sich beispielhaft für neoliberale Politik in der gesamten Hochschulpolitik beobachten. Sie stößt an Grenzen, weil sie die notwendigen – auch für den Konkurrenzkampf zwischen den Kapitalfraktionen – Quellen für Innovation, Kreativität und Fortschritt untergräbt (vgl. Bultmann in diesem Band).

Der Versuch der Herrschenden, dem Grundwiderspruch Herr zu werden, ist also zum Scheitern verurteilt. »*Wodurch überwindet die Bourgeoisie die Krisen? [...] Dadurch, daß sie allseitigere und gewaltigere Krisen vor-*

bereitet und die Mittel, den Krisen vorzubeugen, vermindert« (Marx/Engels 1848: 21). Der Grundwiderspruch lässt sich im Kapitalismus nicht lösen (vgl. Brückmann et al. in diesem Band). Im Gegenteil, die tiefgreifende und anhaltende Krise des neoliberalen Kapitalismus bringt das aktuelle Akkumulationsregime ökonomisch an seine Grenzen, bei gleichzeitiger ideologischer Erschöpfung.

Die ideologische Erschöpfung fußt auch darauf, dass die neoliberale Einrede, der Markt sei natürlich, das Individuum konkurrenzhaft und ohne Gesellschaft, zunehmend in Konflikt mit der Gesellschaftlichkeit der Lebensweise kommt. Aufgrund des technologischen Fortschritts, der Arbeitsteilung und auch der Globalisierung findet das Leben in dauerhaftem Austausch und dauerhafter gesellschaftlicher Einbindung statt. Die neoliberal propagierte »Konkurrenzbestie Mensch« – jeder sei seines Glückes Schmied – wird alltäglich widerlegt: in den öffentlichen Einrichtungen – von Schulen, Universitäten über Theater und Krankenhäuser – lassen viele Menschen unter hohem persönlichen und personellen Einsatz durch Bezugnahme, Interesse und Solidarität das Menschliche weiterleben. Dieser bereits praktizierte Widerspruch kann zu einem Ausgangspunkt der Organisation für die gesellschaftliche Verallgemeinerung dieses Anspruchs gemacht werden.

Auch ein Blick in die Geschichte – etwa auf die französische und die russische Revolution – offenbart, dass die Menschheit in solidarischer Bewegung progressive Verbesserungen durchsetzen kann. Die Welt ist erkennbar und veränderbar. Die Entwicklung des menschlichen Wissens vom Faustkeil der Urgesellschaft bis zum Smartphone der Gegenwart lässt sich als eine gewaltige Ansammlung von Erfahrungen fassen. Menschheitsgeschichtlich stehen wir auf den Schultern von Riesen.

Die Krise offenbart also: Der neoliberale Kapitalismus stößt an seine eigenen Grenzen. Die Produktionsweise, die erarbeiteten Möglichkeiten, die Alltagspraktiken und das Wissen drängen über die Enge des neoliberalen Akkumulationsregimes hinaus – umso aggressiver und brutaler die Verteidigung dessen bis hin zu den extrem rechten Kräften. In der Analyse der durch den Neoliberalismus in den letzten Jahrzehnten angerichteten Zerstörungen (vgl. u. a. Zeise, Goldschmidt, Ernst in diesem Band) spiegeln sich zugleich die notwendig durchzusetzenden Reformschritte: Alles muss ganz anders werden.

FAZIT

Das einfache, was schwer zu machen ist: Was hindert uns daran?
Mit Herbert Schui lässt sich der Neoliberalismus als »militante Gegenaufklärung« fassen: »*Die Menschen sollen ihre Lage nicht durch vermehrtes Wissen in einer kollektiven bewußten Anstrengung in den Griff bekommen. Denn dies würde mit der Herrschaft aufräumen müssen, die der Neoliberalismus mit all seinen Kunstgriffen zu legitimieren sucht*« (Schui 2000).

Der mit dieser Ideologie verbundene Widerspruch drängt immer mehr zu Bewusstsein – wie auch die verschiedenen Beiträge in diesem Band zeigen. Mit einem neoliberalen Menschen- und Weltbild ist die Krise nicht zu überwinden: Konkurrenz, Vereinzelung und Anpassung ermöglichen keine produktiven Antworten gegen Rechts, auf soziale Ungleichheit, die kriegerischen Zuspitzungen und die Klima-Katastrophe. Sie sind vielmehr Herrschaftsmittel zur Aufrechterhaltung des Status quo. Vor diesem Hintergrund stellt sich die Frage, was daran hindert, das neoliberale Menschenbild ad acta zu legen?

Herbert Schui bezeichnete die Beantwortung der Frage, was geeignet ist, »die Sozialisation des totalen Marktes, das System allumfassender Benutzungsverhältnisse und die priesterliche Rolle der Wirtschaftswissenschaften und des Fernsehens zu durchbrechen«, als »die wesentliche intellektuelle und politische Herausforderung der Gegenwart« (Schui 2000; vgl. auch Volkmann in diesem Band).

Die Erzählung des »Endes der Geschichte« ist spätestens seit 2008 ff. massiv erschüttert (selbst der Erfinder Fukuyama hat sie mittlerweile revidiert) und die gesellschaftlichen Ansprüche sowie die sozialen Bewegungen wachsen; angesichts von sozialer Spaltung, Klimakrise und atomarer Bedrohung wird immer mehr Menschen klar, dass es so nicht weitergehen kann.

Das Dogma der Eigenverantwortung (für den beruflichen Erfolg und das Glück im Privaten), der Konkurrenz und die Negation von Gesellschaft ist jedoch sehr tief in die Kapillaren der Gesellschaft eingedrungen und wirkt weiterhin. Patrick Schreiner betont jedoch, dass der Mensch auch in der Hochphase dieser Ideologie nie nur neoliberal gewesen ist. Vielmehr besteht ein großer Widerspruch zwischen dem Dogma der Eigenverantwortung der »Sozialatome« und dem Menschen als sozialem und solidarischem Wesen, das in der Lage ist, Gesellschaft vernünftig zu organisieren.

Homo politicus *statt* homo neoliberalissimus

Die historische Aufgabe der Linken ist es, diesen Widerspruch zu vertiefen und mit der Überwindung der (vermeintlichen) Alternativlosigkeit des »Sich gegen die anderen durchsetzen müssens« ein neues Bewusstsein für die Möglichkeit progressiver Entwicklung zu schaffen. Dafür lohnt es sich (im Alltag und überall) zu streiten: »*Solange die bewußte gemeinsame Planung menschlicher Lebensverhältnisse unter Beteiligung aller, darin die vielseitige Entfaltung menschlicher Lebensmöglichkeiten, nicht gesellschaftliche Wirklichkeit geworden ist, ist der bewußte solidarische Kampf um die Schaffung einer solchen gesellschaftlichen Wirklichkeit die einzige sinnvolle übergreifende Lebensperspektive. Die gemeinsame Sache, über welche die Menschen verbunden sind, ist hier die sozialistische Perspektive kritischer gesellschaftlicher Praxis; diese Perspektive mündet mit dem Grad ihrer Verwirklichung in die gemeinsame Sache bewußter gesellschaftlicher Lebensgestaltung unter Beteiligung aller ein*« (Holzkamp 1973: 263).

Werner Goldschmidt verweist in diesem Band auf Gramsci, der in den Gefängnisheften für die Überwindung der Krise und das Gewinnen einer besseren Welt die Notwendigkeit der Schaffung geduldiger Menschen sah. Geduldige Menschen, die bei einem Rückschlag nicht verzweifeln und in Ohnmacht fallen, die Lage historisch und gesellschaftlich einordnen können und mit dem »Optimismus des Willens« lernend weiterkämpfen.

In dieser Lage haben die linken Kräfte eine Beginner-Rolle für die (neue) Bewusstseinsbildung – durch Aufklärung, ein tätiges Geschichtsbewusstsein und auf dieser Grundlage eine erweiterte Konfliktfähigkeit und eine echte Demokratisierung des Alltags. Marx und Engels sahen die zentrale Aufgabe der Kommunist*innen darin, der arbeitenden Klasse die gesellschaftliche Bewusstlosigkeit auszutreiben, aus der »Klasse an sich« zur »Klasse für sich«, also von der bloß objektiv bestehenden Klasse auch zur subjektiv bewusst handelnden Klasse zu kommen.

Aus der eigenen gefühlten Ohnmacht kann so gemeinsames politisches Engagement gemacht werden. Mit Gramsci: Es geht darum, »als notwendiges Moment der Umwälzung der Praxis, die Regierten von den Regierenden intellektuell unabhängig zu machen, eine Hegemonie zu zerstören und eine andere zu schaffen« (Gramsci 1994: 1325), einen »Geist der Unterscheidung« auszubilden, der die eigene geschichtliche Handlungsmächtigkeit realisieren lässt. »*Ein Bewusstsein dieser Verhältnisse gewinnen, die eigene*

Persönlichkeit verändern heißt, das Ensemble dieser Verhältnisse verändern« (ebd.: 1348).

Es geht also um wechselseitige Bildung, Erziehung und darum, für die Perspektive nach der neoliberalen Hegemonie in den Konflikt zu gehen mit denjenigen, die am »Verhalten der Menschen zueinander als reine[m] Benutzungsverhältnis« (Schui 2000) festhalten. Das Demokratie-Prinzip im Sinne des produktiven Streits und der gemeinsamen planvollen Handlungen auf Grundlage gemeinsamer Beratung und Entscheidung hält so Einzug in jeder, auch der wirtschaftlichen, Sphäre der Gesellschaft. Bildung und Opposition stehen dabei in einem engen Zusammenhang: *»Weil diese Bildung Klarheit schafft über diejenigen Ursachen der eigenen Lage, gegen die die Einzelnen durch individuelles Handeln nichts ausrichten können, schafft diese Bildung ein gemeinschaftliches Bewusstsein. Das wäre der Anfang einer Veränderung«* (Schui 2014: 123).

Was tun?

Es kommt darauf an, konsequent über die neoliberalen Mythen, ihre Ursache und Wirkung aufzuklären, also die soziale Wirklichkeit durchschaubar zu machen als eine von Menschen gemachte und damit auch veränderbare. Die erreichte Entwicklung der gesellschaftlichen Produktivität beinhaltet die Möglichkeit, die Gesellschaft allgemeinwohlorientiert zu gestalten und erweiterte Handlungsfähigkeit kann erreicht werden durch eine solidarische Alltagspraxis und das tätige Lernen aus der Geschichte der Arbeiterbewegung. Mit alledem und einem echten Interesse am Mitmenschen sowie den sozialen Zusammenhängen lassen sich im Bündnis von Partei, Gewerkschaft und Wissenschaft – mit dem Dreiklang Soziales, Frieden und Demokratie – die Hetze und Lügen der extrem rechten Kräfte zurückweisen (vgl. Glaser et al. in diesem Band), kulturell eine Alternative zur neoliberalen Einrede der Alternativlosigkeit und so eine Perspektive nach ihrer Hegemonie realisieren. Es geht um nichts weniger als die Möglichkeit des Gewinns einer besseren Welt – oder, wie Friedrich Engels es gefasst hat:

»Mit der Besitzergreifung der Produktionsmittel durch die Gesellschaft ist die Warenproduktion beseitigt und damit die Herrschaft des Produkts über die Produzenten. [...] Die eigne Vergesellschaftung der Menschen, die ihnen bisher als von Natur und Geschichte aufgenötigt gegenüberstand, wird jetzt ihre freie Tat. Die objektiven, fremden Mächte, die bisher die Geschichte beherrschten,

treten unter die Kontrolle der Menschen selbst. Erst von da an werden die Menschen ihre Geschichte mit vollem Bewußtsein selbst machen, erst von da an werden die von ihnen in Bewegung gesetzten gesellschaftlichen Ursachen vorwiegend und in stets steigendem Maß auch die von ihnen gewollten Wirkungen haben. Es ist der Sprung der Menschheit aus dem Reich der Notwendigkeit in das Reich der Freiheit« (MEW 19, 226).

Also packen wir die Sache an, mit Solidarität und Elan!

Literatur

Gramsci, Antonio (1994): Gefängnishefte. Kritische Gesamtausgabe; hg. v. W. F. Haug; Hamburg

Holzkamp, Klaus (1973): Sinnliche Erkenntnis, Historischer Ursprung und gesellschaftliche Funktion der Wahrnehmung; Frankfurt am Main.

Holzkamp, Klaus (1977): Die gegenwärtige Situation an den Hochschulen und die Notwendigkeit einer Wende in der Hochschulgesetzgebung und Hochschulfinanzierung, In: Klaus Holzkamp, Kritische Psychologie als Subjektwissenschaft, Band VI (hrsg. von Frigga Haug, Wolfgang Maiers und Ute Osterkamp), Institut für kritische Theorie (InkriT), 2015, S. 400-415

Marx, Karl / Engels, Friedrich (1848/2003): Manifest der kommunistischen Partei; Berlin, 17. Auflage (MEW, Band 4, S. 459-493).

MEW 19: Friedrich Engels: »Die Entwicklung des Sozialismus von der Utopie zur Wissenschaft«, in: Karl Marx / Friedrich Engels – Werke; Berlin, Band 19, 4. Auflage 1973, unveränderter Nachdruck der 1. Auflage 1962, Berlin/DDR. S. 210-228.

Schui, Herbert (2000): Bemerkungen zur Nähe von Neoliberalismus und Rechtsextremismus. In: Forum Wissenschaft 4/2000, Online: https://www.linksnet.de/artikel/17635

Schui, Herbert (2014): Politische Mythen & elitäre Menschenfeindlichkeit; Hamburg.

Zu den Autor*innen und Herausgeber*innen

Stephanie Blankenburg ist Wirtschaftswissenschaftlerin, hat an der Hochschule für Wirtschaft und Politik in Hamburg studiert und war Dozentin für Volkswirtschaftslehre an der School of Oriental and African Studies an der Universität London. Aktuell ist sie Leiterin des Bereichs Schulden, Entwicklung und Finanzen in der Konferenz der Vereinten Nationen für Handel und Entwicklung (UNCTAD). Veröffentlichungen mit Herbert Schui: *Wollt ihr den totalen Markt?: Der Neoliberalismus und die extreme Rechte* (München 1997, mit Ralf Ptak, Günter Bachmann und Dirk Kotzur); *Neoliberalismus: Theorie, Gegner, Praxis* (Hamburg 2002); *Keynesianismus* (2008) in: Haug, Wolfgang Fritz/Frigga Haug/Peter Jehle (Hg.), Historisch-Kritisches Wörterbuch des Marxismus, Hamburg, Spalten 601-622

Artur Brückmann studiert am Fachbereich Sozialökonomie der Universität Hamburg (ehemalige HWP), ist dort im Fachschaftsrat aktiv und im Studierendenverband dielinke.SDS.

Torsten Bultmann wurde 1954 geboren, studierte Geschichte, Germanistik und Pädagogik, arbeitete lange in der Studierendenbewegung (u. a. MSB Spartakus) und interessiert sich auch heute noch zäh für Hochschulpolitik. Langjähriger Politischer Geschäftsführer des Bunds demokratischer Wissenschaftlerinnen und Wissenschaftler (BdWi). Er veröffentlichte zahlreiche Publikationen zu Problemen der Bildungspolitik und Hochschulentwicklung, unter anderen: *Zwischen Humboldt und Standort Deutschland* (Marburg 1993); *Die standortgerechte Dienstleistungshochschule* (in: PROKLA 104/1996); *Hochschule in der Ökonomie* (Marburg 1999; zusammen mit Rolf Weitkamp); *Kritische Wissenschaften im Neoliberalismus* (Marburg 2005); *Prekarisierung der Wissenschaft* (Berlin 2008, Hrsg.).

Klaus Ernst: Ausgebildet zum Elektromechaniker. Seit 1972 Mitglied der IG Metall. Studium der Sozialökonomie von 1979 bis 1984 an der Hochschule für Wirtschaft und Politik in Hamburg. Von 1995 bis 2010 gewählter erster Bevollmächtigter der IG Metall in Schweinfurt. Mitgründer von WASG und DIE LINKE. Mitglied des Bundestages für DIE LINKE seit 2005. Parteivorsitzender der LINKEN von 2010 bis 2012 zusammen mit Gesine Lötzsch. Student von Herbert Schui an der HWP sowie Mitstreiter in Gewerkschaft, WASG und LINKE.

Kristian Glaser hat Allgemeine Rhetorik an der Universität Tübingen studiert. Derzeit ist er Student der Germanistik und der politischen Wissenschaft an der Universität Hamburg und arbeitet als Journalist. Er ist Mitglied der Redaktion des Debatten-Magazins »Hamburg Debatte« der Hamburger LINKEN, deren Mitglied auch Herbert Schui war.

Werner Goldschmidt (†): Professor für Soziologie an der Hochschule für Wirtschaft und Politik. Mitglied des Redaktionsbeirats der Zeitschrift »Z. Zeitschrift Marxistische Erneuerung«. Zahlreiche Stichwortartikel im Historisch-Kritischen Wörterbuch des Marxismus. Fellow am Berliner Institut für Kritische Theorie (InkriT e. V.). Ausgewählte Publikationen: Zusammen mit Detlev Albers und Paul Oehlke: *Klassenkämpfe in Westeuropa – England, Frankreich, Italien*, Rowohlt, 1971. Mit-Herausgeber von *Freiheit, Gleichheit, Solidarität: Beiträge zur Dialektik der Demokratie*, 2008, Peter Lang. *Varianten des ›Postkapitalismus‹ – Ein unvollständiger Literaturbericht*, Neue Impulse Verlag, 2017. Langjähriger Kollege von Herbert Schui. Im Sommer 2020 erscheint bei VSA *Werner Goldschmidt. Kapital – Macht – Staat. Stichworte zur marxistischen politischen Theorie*, herausgegeben von Wulf D. Hund und Lars Lambrecht.

Justus Henze studiert am Fachbereich Sozialökonomie der Universität Hamburg (ehemalige HWP), ist dort im Fachschaftsrat aktiv und im Arbeitskreis Plurale Ökonomik Hamburg.

Paula Herrschel studiert am Fachbereich Sozialökonomie der Universität Hamburg (ehemalige HWP), ist dort im Fachschaftsrat aktiv und im Studierendenverband dielinke.SDS.

ZU DEN AUTOR*INNEN UND HERAUSGEBER*INNEN

Rudolf Hickel ist Wirtschaftswissenschaftler. 1971 wurde er an der Universität Bremen, an deren Aufbau er beteiligt war, zum Professor für politische Ökonomie (Schwerpunkt öffentliche Finanzen) ernannt. 1973 erhielt er die Professur für Finanzwissenschaften. 1975 wurde er Mitglied der Arbeitsgruppe Alternative Wirtschaftspolitik, in der auch Herbert Schui tätig war. 1989 wurde er Mitherausgeber der *Blätter für deutsche und internationale Politik*. Rudolf Hickel ist Mitglied im Wissenschaftlichen Beirat von Attac. Ausgewählte Publikationen: *Zerschlagt die Banken. Zivilisiert die Finanzmärkte*, Econ, 2012. *Sozialstaat im Abbruch. Die neoliberale Offensive. Kritik und Alternativen*, Hamburg, 2004.

Franziska Hildebrandt studiert am Fachbereich Sozialökonomie der Universität Hamburg (ehemalige HWP), ist dort im Fachschaftsrat aktiv und im Studierendenverband dielinke.SDS.

Sinah Mielich ist Promotionsstudentin in der Sozialpädagogik an der Universität Hamburg, Mitglied der Redaktion der »Hamburg Debatte« und der LINKEN, Mitglied im Fachschaftsrat Erziehungswissenschaft.

Florian Muhl ist Promotionsstudent in der Sozialpädagogik an der Universität Hamburg, wissenschaftlicher Mitarbeiter für Lehre und aktiv in der LINKEN.

Norman Paech: Studium der Geschichte und des Rechts an den Universitäten Tübingen, München, Paris, Hamburg und Berlin. 1968 bis 1972 tätig im Bundesministerium für Wirtschaftliche Entwicklung in Bonn. 1975 bis 1982 Professor für Politische Wissenschaft an der Einstufigen Juristenausbildung der Universität Hamburg, 1982 bis 2003 für öffentliches Recht an der Hochschule für Wirtschaft und Politik in Hamburg. 1969 Eintritt in die SPD, 1972 bis 1973 Mitglied im Juso-Landesvorstand Hamburg, 1977 bis 1986 Vorsitzender der Vereinigung demokratischer Juristen in der BRD, 2001 Austritt aus der SPD. 2007 Eintritt in die Partei DIE LINKE. 2005-2009 Mitglied des Deutschen Bundestages, Außenpolitischer Sprecher der Fraktion DIE LINKE. Kollege von Herbert Schui an der HWP, Genosse in SPD und LINKEN und enger Freund der Familie. Ausgewählte Publikationen: Norman Paech/Gerhard Stuby: *Völkerrecht und Machtpolitik in den internatio-*

nalen Beziehungen, VSA, 2013. *Menschenrechte. Geschichte und Gegenwart – Anspruch und Realität*, PapyRossa, 2019.

Till Petersen studiert auf Lehramt an der Universität Hamburg und ist aktiv in der LINKEN, u. a. im Studierendenverband dielinke.SDS.

Wolfgang Räschke hat Sozialökonomie an der Hochschule für Wirtschaft und Politik (u. a. bei Herbert Schui) studiert und ist ehemaliger 1. Bevollmächtigter der IG Metall Salzgitter-Peine.

Patrick Schreiner ist Publizist aus Bielefeld/Berlin. Zu seinen Arbeitsschwerpunkten gehören Finanz- und Wirtschaftspolitik, Verteilung, Nationalismustheorie und Diskurstheorie. Er betreibt das Blog www.blickpunktwiso.de. Bisherige Veröffentlichungen: *Unterwerfung als Freiheit: Leben im Neoliberalismus*, PapyRossa, 2016 und *Warum Menschen sowas mitmachen: Achtzehn Sichtweisen auf das Leben im Neoliberalismus«*, PapyRossa, 2017.

Rainer Volkmann war Dozent der ehem. Hochschule für Wirtschaft und Politik (HWP) und des Fachbereiches Sozialökonomie. Deputierter für die LINKE in der Finanzbehörde der Stadt Hamburg. Er hat in der Arbeitsgruppe Alternative Wirtschaftspolitik mitgearbeitet, als Referent das »Memorandum« regelmäßig in Hamburg vorgestellt und ist gegenwärtig sowohl Dozent als auch Beiratsmitglied der Rosa-Luxemburg-Stiftung. Veröffentlichungen u. a.: *Beschäftigungspolitik! Argumente zur Neubelebung einer demontierten Strategie*, Schriftenreihe der Hochschule für Wirtschaft und Politik, Band 6, Hamburg. Abschiedsvorlesung: »Vom Verlust des Politischen – VWL in unserer Zeit« (2012) (*https://lecture2go.uni-hamburg.de/l2go/-/get/l/3997*). Langjähriger Flur-Nachbar von Herbert Schui an der HWP.

Olaf Walther lebt in Hamburg, ist Journalist, Student (Germanistik und Geschichte), Mitglied im Bund demokratischer Wissenschaftlerinnen und Wissenschaftler (BdWi) sowie Mitwirkender der Künstlergruppe »Marx' Sisters and Brothers« (Rezitationen und Gesang). Er kennt Herbert Schui durch viele Tagungen, Veranstaltungen, Diskussionen und manchen Bierabend.

Lucas Zeise ist Finanzjournalist. Er hat Philosophie und Volkswirtschaft studiert und im Laufe seines Berufslebens u. a. für das japanische Wirtschaftsministerium, die deutsche Aluminiumindustrie, die Frankfurter »Börsen-Zeitung« und die »Financial Times Deutschland« gearbeitet, an deren Gründung er beteiligt war. Bis 2018 Chefredakteur der Zeitung »UZ – Sozialistische Zeitung – Zeitung der DKP«. Publikationen: *Euroland wird abgebrannt. Profiteure, Opfer, Alternativen*, PapyRossa, 2012. *Geld – der vertrackte Kern des Kapitalismus: Versuch über die politische Ökonomie des Finanzsektors*, PapyRossa, 2012. *Das Finanzkapital*, PapyRossa, 2019.

***

Auf der Webseite www.herbert-schui.de sind weitere Informationen sowie die gesammelten Nachrufe auf Herbert Schui zu finden.

Die aktuelle Ausgabe und das gesamte Archiv des von Herbert Schui, Jörg Huffschmid und Rudolf Hickel ins Leben gerufenen »Memorandum Alternative Wirtschaftspolitik« (1975 bis heute) kann bestellt werden unter: www.alternative-wirtschaftspolitik.de

Veröffentlichungen von Herbert Schui
Eine Auswahl

Bücher

Mit Jörg Huffschmid (Hg.): *Gesellschaft im Konkurs?: Handbuch zur Wirtschaftskrise 1973–76 in der BRD*. Pahl-Rugenstein, Köln 1976

Person(en)Geld- und Kreditpolitik in einer planifizierten Wirtschaft: Das französische Beispiel. Duncker und Humblot, Berlin 1977

Wirtschaftspolitik in der Krise: Ursachen der Stagnation, Unternehmerstrategien, Alternativen. Distel Verlag, Heilbronn 1983

Die Schuldenfalle: Schuldenkrise und Dritte-Welt-Politik der USA. Pahl-Rugenstein, Köln 1988

Ökonomische Grundprobleme des entwickelten Kapitalismus. Distel Verlag, Heilbronn 1991

Die ökonomische Vereinigung Deutschlands: Bilanz und Perspektiven. Distel Verlag, Heilbronn 1991

Mit Stephanie Blankenburg, Ralf Ptak, Günter Bachmann und Dirk Kotzur (Hg.): *Wollt ihr den totalen Markt? Der Neoliberalismus und die extreme Rechte*. Knaur, München 1997.

Mit Eckart Spoo (Hg.): *Geld ist genug da: Reichtum in Deutschland*. Distel Verlag, Heilbronn 2000

Mit Werner Goldschmidt (Hg.): *Neoliberalismus – Hegemonie ohne Perspektive: Beiträge zum sechzigsten Geburtstag von Herbert Schui*. Distel Verlag, Heilbronn 2000

Mit Stephanie Blankenburg: *Neoliberalismus: Theorie, Gegner, Praxis*. VSA, Hamburg 2002 (Kompletter Inhalt unter: www.vsa-verlag.de)

Keynes heute: Festschrift für Harald Mattfeldt zum 60. Geburtstag. VSA, Hamburg 2003

Gerechtere Verteilung wagen! Mit Demokratie gegen Wirtschaftsliberalismus. VSA, Hamburg 2009

Mit Ralf Krämer (Hg.): *Wachstum!?: Qualitativ, sozial-ökologisch, reguliert – oder schrumpfen?*. VSA, Hamburg 2010

Politische Mythen & elitäre Menschenfeindlichkeit. Halten Ruhe und Ordnung die Gesellschaft zusammen? VSA, Hamburg 2014

Artikel und Reden

Mit Stephanie Blankenburg: *Keynesianismus*. Historisch-Kritisches Wörterbuch des Marxismus. Argument-Verlag. Berlin 2008

In Erinnerung an Herbert Schui – Artikel in der *Hamburg Debatte* (2011-2016), dem Debattenorgan der Hamburger LINKEN, Sonderheft: www.die-linke-hamburg-mitte.de/fileadmin/user_upload/bv_mitte/Schui_Debattenbeitraege_Web.pdf

Das Profil zum Bundestagsmandat von Herbert Schui für DIE LINKE mit Reden, parlamentarischen Initiativen und Pressemitteilungen: www.linksfraktion.de/fraktion/abgeordnete/profil/dr-herbert-schui/

VERLAGSANZEIGE

Patrick Schreiner

Warum Menschen sowas mitmachen
Achtzehn Sichtweisen auf das Leben im Neoliberalismus

Paperback
165 Seiten; € 13,90 [D]
ISBN 978-3-89438-632-0

Der Neoliberalismus beeinflusst unser Leben stärker, als es auf den ersten Blick scheint: Marktgläubigkeit, Konkurrenzdenken und Selbst-Bezogenheit prägen längst auch so Alltägliches wie Fernsehen und Sport, Konsum und Lifestyle, Beziehungen und Soziale Netzwerke, Coachings und Bildung. Patrick Schreiner nimmt diesen Zeitgeist kritisch unter die Lupe. Dazu zieht er klassische ebenso wie aktuelle Denkerinnen und Denker heran: Was können wir etwa von Karl Marx, Michel Foucault, Max Weber, Naomi Klein und selbst von Friedrich August von Hayek über den Neoliberalismus in unserem Leben und Alltag lernen? Was sagen sie uns darüber? Welche ihrer Überlegungen lassen sich auf die heutige Gesellschaft übertragen? Anhand zahlreicher Beispiele macht Patrick Schreiner diese Denkansätze verständlich. Er zeigt: Der Neoliberalismus ist mehr als eine bloße politische Überzeugung – und es braucht mehr als eine einzige Perspektive, um ihn zu verstehen und seiner Ideologie nicht aufzusitzen.

VERLAGSANZEIGE

Norman Paech

Menschenrechte
Geschichte und Gegenwart –
Anspruch und Realität

Paperback
221 Seiten; € 16,90 [D]
ISBN 978-3-89438-710-5

Norman Paech beleuchtet das weit entfaltete Institutionengefüge, das sich seit Kodifizierung der Menschenrechte herausgebildet hat, deren Ursprung bis zur »Magna Charta libertatum« zurückverfolgt wird. Er diskutiert den Anspruch universeller Geltung der Menschenrechte, der schon durch die immer noch fortwährende Ungleichheit von Mann und Frau, den nach wie vor herrschenden eurozentrischen Blick und die Aufnahme des Eigentums in Frage gestellt wird. Große Bedeutung wird den sozialen und ökonomischen Rechten beigemessen ebenso wie den Menschenrechten der Dritten Generation, dem Minderheitenschutz, dem Recht auf Selbstbestimmung, auf Frieden, auf Entwicklung. Menschenrechte werden in jüngerer Zeit als Standardlegitimation einer aggressiven Außenpolitik und militärischer Interventionen herangezogen. Sie verdecken die strategischen Interessen der Sicherung von Rohstoffen, Handelswegen und Investitionen. Diese Instrumentalisierung für Weltmachtpolitik bedeutet jedoch ihre Perversion und den Verrat an ihren historischen Quellen.

VERLAGSANZEIGE

Lucas Zeise

Finanzkapital
**Basiswissen Politik/
Geschichte/Ökonomie**

Pocketformat
135 Seiten; € 9,90 [D]
ISBN 978-3-89438-688-7

Auch wenn es im Alltag parlamentarischer Republiken nicht immer offensichtlich ist, wird in Krisen deutlich, wie die Herrschaft des Finanzkapitals funktioniert. Wer ist dieses Finanzkapital, das Rudolf Hilferding 1909 und Lenin 1917 untersucht haben. Und wie herrscht es heute? Besonders interessiert Lucas Zeise dabei die Rolle des Geldkapitals, der Banken, Versicherungen, Hedgefonds und Schattenbanken. Wie kommt es, dass die Gläubiger-Schuldner-Beziehung die politischen Verhältnisse dominiert? Wie kommt es, dass sich die politisch Mächtigen unter dem Druck der Finanzmärkte befinden? Wer reguliert diese oder unterlässt es, sie zu regulieren? Wie funktioniert international die Hackordnung unter den Finanzkapitalisten? Warum dominiert immer noch der Dollar und wird er als dominante Währung abgelöst?

Basiswissen Politik/Geschichte/Ökonomie
kompakt, prägnant und kritisch